초등 독서의 중요성에 대한
선생님들의 한마디

어릴 때부터 차근차근 책읽기 습관을 길러 학습도구가 아닌 평생 친구가 되어야 하는 '초등 책읽기'를 놓치지 마세요.

- 남양주 글자람 논술 홍희경 선생님

나와 다른 세계를 보고, 이해하며, 상상하고, 마음으로 다가가는 책읽기가 아이에게는 삶의 지침이 됩니다.

- 시흥 수논술 이선이 선생님

쉽게 할 수 있는 독서, 하지만 쉽지 않은 시작입니다. 엄마가 내 아이의 독서 시작을 함께 해 주세요.

- 부산 생강논술 강정엽 선생님

독서는 아이에게 삶에 대한 자세과 올곧은 방향을 선물한다는 면에서 그 가치를 지닙니다. 참된 독서교육으로 아이의 소중한 삶의 물꼬를 터 주세요.

- 강서 다온논술 정은선 선생님

우리 아이! 창의적 인재로 키우려면 어릴 때부터 책과 함께 생각하고 글쓰며 말하도록 해 주세요.

- 남양주 스프링 논술 김영임 선생님

인생의 지도를 가진 아이는 성공할 수 있습니다. 책 읽는 아이는 자기만의 인생 지도를 그려갈 수 있죠. 초등 독서가 그 올바른 시작입니다.

- 경북 안동 글봄논술 이갑희 선생님

숙제같은 열 권의 책읽기보다 엄마와 즐겁게 읽은 한 권의 책이 아이를 평생 독자(책 읽는 사람)로 이끕니다.

- 안양 책과 함께 크는 아이들 김민정 선생님

독서교육에 대한 부모의 관심과 협조가 지속적이면 분명 아이들은 모든 방면에서 능동적인 모습으로 자라게 될 거예요.

- 평창 더함아카데미 전정은 선생님

독서교육에 힘쓰는 어머님들께
독서교사들이 응원합니다!

끊임 없이 꿈을 꾸고 그 꿈을 이루는 사람은 행복합니다. 소중한 아이의 가슴에 두근 거리는 꿈씨앗을 책으로 뿌리고 계시는 대한민국의 어머님들을 응원합니다.

- 시흥 수논술 이선이 선생님

엄마표 논술로 시작하여 논술 교육을 하는 선생님이 되었어요. 아이와 함께 책으로 공 감하시는 어머님들이 있어 미래가 밝은 것 같아요. 힘내세요!

- 남양주 스프링 논술 김영임 선생님

매일 매일 책 읽어 주느라 목이 아프신 어머님들, 시간이 흐른 후엔 기쁨의 환호로 목 이 메일 날이 올 겁니다. 파이팅!

- 경북 안동 글봄논술 이갑희 선생님

아이들의 평생독서를 위해 기초공사를 하고 계신 우리 어머님들 모두 힘내세요.

- 수원 글샘논술 이유미 선생님

점점 책과 친해지는 아이들, 이것만으로도 아이들의 미래는 훨씬 밝을거란 믿음이 절 대 틀리지 않을 거예요.

- 경남 삼천포 글놀이터 이채원 선생님

책 속에서 위로 받고 위로를 전하는 법을 배우는 아이들, 엄마표 독서교육을 응원합 니다.

- 대구 도담독서논술 우지영 선생님

우리 아이가 더 넓은 세상을 품길 바라는 엄마의 꿈, 지금 나누는 소소한 책대화에서 시작됩니다. 가정 독서교육을 응원합니다.

- 순천 다원논술 남기영 선생님

우리 아이 진짜 독서

17년차 독서지도사, 초등 독서교육을 말하다

우리 아이 진짜 독서
17년차 독서지도사, 초등 독서교육을 말하다

초판 1쇄 인쇄 2017년 3월 17일
초판 3쇄 발행 2018년 5월 15일

지은이 오현선

펴낸이 강기원
펴낸곳 도서출판 이비컴

디자인 이유진
마케팅 김선호, 박선왜
독자관리 이기석

주소 서울시 동대문구 천호대로81길 23 수하우스 201호
전화 02)2254-0658 팩스 02-2254-0634
메일 bookbee@naver.com
출판등록 2002년 4월 2일 제6-0596호
ISBN 978-89-6245-131-3 03370

「이 도서의 국립중앙도서관 출판예정도서목록(CIP)은 서지정보유통지원시스템 홈페이지
(http://seoji.nl.go.kr)와 국가자료공동목록시스템(http://www.nl.go.kr/kolisnet)에서
이용하실 수 있습니다.(CIP제어번호:CIP2017006424)」

우리 아이 진짜 독서

17년차 독서지도사, 초등 독서교육을 말하다

오현선 지음

이비락樂

2017년은 독서지도사라는 이름으로 아이들을 만난 지 17년째 되는 해이다. 그 때나 지금이나 나의 하루는 크게 다르지 않다. 해맑은 아이들을 만나 책 이야기를 하고 마음을 나누고 글을 쓰는 일로 하루하루를 보낸다. 그 동안 많은 아이들을 만났고 어느 새 성인이 된 아이들은 지금까지도 종종 안부를 물어오곤 한다. 그것이 내가 일에 보람을 느끼는 이유 중 한 가지이기도 하다.

17년을 쉬지 않고 달려오다 보니 독서교육의 변화를 늘 몸으로 느낀다. 우선 가장 큰 변화는 어린이책 시장이 날로 발전하고 있다는 점이다. 책이 팔리지 않는다고는 하나 여전히 어린이 신간 도서는 날마다 쏟아져 나오고 있다. 분야를 막론하고 참신하고 좋은 책들이 꾸준히 나오고 있어 책 선택의 폭도 넓어졌다. 새롭게 나오는 창의적인 기획의 책들을 보면 어떻게 이렇게 잘 만드나 자주 감탄한다.

책을 구하기도 쉬워졌다. 20여 년 전 신도시로 개발된 내가 사는 고양시는 운전하고 다니다보면 20~30분 거리마다 시립도서관이 하나씩 나온다. 운이 좋으면 걸어서 갈만한 거리에 도서관이 있는 것은 물론 어린이 전용 도서관도 많다. 시립 뿐 아니라 기타 다양한 형태의 도서관도 쉽게 볼 수 있는 편이다. 깨끗한 중고 책을 쉽게 구입할 수 있는 유명 중고서점도 가세해 책 천국이라 해도 될 정도이다. 도서관 혜택이 비교적 적은 곳이라고 해도 온라인 서점에서 주문만 하면 당일 배송으로 내 손에 책이 들어온다. 비용이 발생하지만 소액의 비용만 지불하면 책 대여가 가능하고 문 앞까지 가져다준다.

17년 전에 비해 독서지도에 대한 학부모들의 인식 수준도 많이 높아졌다. 그 때만 해도 독서지도라는 이름을 다들 낯설어 하셨고 그저 독후감 쓰기를 가르쳐 주는 수업, 국어 학습지보다 조금 더 깊이 있는 수업 정도로만 여기시는 분들이 많았다. 지금은 학부모들의 교육 수준도 더 높아졌고 독서지도에 대한 관심도 지대하며 인식 수준도 높아진 편이다. 여기저기 강연을 찾아다니시고 독서교육서를 읽으시는 학부모도 많다. 우리 아이 독서교육을 위해 독서지도사 자격증에 도전하는 분들도 심심찮게 볼 수 있다.

　그 뿐인가. 온갖 교육 업체들은 이제 막 태어난 아이들을 대상으로 한 전집부터 시작해서 책 관련 다양한 상품들을 내어놓고 있다. 책 읽어주는 선생님부터 시작해서 전집을 구입만 하면 선생님이 방문해서 간단한 독서지도도 해 준다. 독서논술 관련 각종 수업과 프로그램도 많아 마음만 먹으면 쉽게 독서 수업을 받을 수 있는 세상이 되었다.

　그런데 참 이상하다. 독서 환경은 이토록 풍요로워졌는데 이상하게도 더 나아지지 않는 것이 하나 있다. 그것은 책에 대한 아이들의 관심도나 독서 수준이다. 분명 많이 읽는 것 같은데도, 아니 많이 읽었음에도 불구하고 예전에 비해 더 좋아지기는커녕 책을 끔찍하게 싫어하는 아이들만 늘어나고 있다. 더불어 읽기 능력은 물론 어휘력 부족이 심각한 아이들도 많다. 글자는 읽어도 글은 읽지 못하는 아이들도 부지기수이다.

　도대체 무엇이 문제일까. 어디에서부터 잘못된 것일까. 나는 그 이유를 잘못된 독서교육에서 찾는다. 책읽기에 대한 학부모의 바른 인식에서 출발한 독서교육이 아니라, 주변에서 책읽기가 중요하다고 하니까 시작하는 독서교육은 그 결과가 좋을 리가 없다. 옆집 엄마가 논술이 중요하다고 하니까, 책 읽어야 좋은 대학 갈 것 같으니까, 주변을 보니 너도 나도 독서논술을 하니까 시작하는 독서교육은 아이들로 하여금 책에서 점점 더 멀어지게 만들 뿐이다.

정보가 너무 많아서 탈, 책이 너무 많아서 탈이기도 하다. 독서지도에 관한 정보를 쉽게 찾을 수 있다고는 하나 막상 검색을 해 보면 교육 업체들의 마케팅에 의해 포장된 정보들, 정보를 가장한 홍보만 가득하니 제대로 된 정보를 얻는게 오히려 더 어려워졌다. 책이 너무 많은 것도 오히려 책 선택에 어려움을 주는 요인이 되고 있다.

책이 책으로의 본질적 역할을 하지 못하고 어떤 목적성에 의해서만 접하게 된 아이들이 책을 싫어하는 것은 당연한 결과이다. 스스로의 필요나 동기를 갖기 전에 접하게 된 수많은 책과 과도한 독서지도가 오히려 아이들을 책에서 멀어지게 만들었다. 부모가 삶으로 보이는 책읽기 교육이 아니라 사교육에만 의존하는 책읽기 교육 또한 완전할 수 없다.

책에서 점점 멀어지는 아이들을 보며 나는 단순한 진리를 깨달았다. 부모가 먼저 읽어야 한다는 것이다. 부모가 먼저 삶으로 보여야 하고 먼저 책읽기를 경험하고 책읽기에 대해 알아야 한다. 부모가 독서교육에 무지하고 무관심하면 유명하다고 하는 학원을 찾아 보내봐야 큰 효과를 기대하기 어렵다. 좋은 책 아무리 사 줘봐야 장식품만 될 뿐이다.

17년째 아이들을 만나오면서 늘 마음이 아프고 답답했던 것이 바로 그런 점이었다. 나 혼자 노력한다고 한들 가정의 도움 없이는 완전할 수 없는 독서교육. 그래서 아이들을 만나 독서지도를 하는 것만이 전부가 아님을 늘 느껴왔지만 바쁘다는 핑계로 미루다 이제야 용기를 내었다.

이 책을 통해 말하고 싶은 것은 '진짜 책읽기'이다. 더 이상 아이들이 가짜 독서교육에 시달리며 책과 더 멀어지지 않기를 바라는 마음으로 썼다. 부모가 먼저 책읽는 사람이 되어야 한다는 것, 아이들 독서교육에 대해 알아야 할 점, 독서교육에 대한 많은 오해를 풀기 위해 노력했다. 하고 싶은 말이 넘치지만 필력 부족과 지면의 제한이 아쉬울 따름이다.

　끝으로 나에게 아이들을 맡겨주시는 학부모님들께 진심으로 감사드린다. 블로그로 소통하며 내가 외치는 독서교육의 중요성에 호응하고 실천해 주시는 학부모님들께도 감사드린다. 부족하지만 내가 만나는 아이들 뿐 아니라 더 많은 아이들의 독서교육을 바른 길로 인도하는 삶이 되기를 늘 소망한다. 그 소망을 품고 오늘도 아이들을 만나 책읽기로 삶을 나누는 내 직업은 독서지도사이다. 하지만 내 아이만의 일차적 독서지도사는 부모가 되어주기를 늘 바란다. 부족하나마 이 책 한 권이 그 시작이 될 수 있기를 간절히 기원해 본다.

2017년 따뜻한 봄을 앞두고
독서지도사 오현선

※ 이 책에 등장하는 모든 아이의 이름은 가명입니다.

차례

제5장

엄마와 아이 모두 행복한 진짜 독서교육

제1장

엄마가 읽어야
아이도 읽는다

내 아이가 평생 독자가 되게 하는 힘은
'책읽는 부모'에 있다.

'책 읽는 부모'라는
말에 담긴 진짜 의미

부모가 먼저 읽어야 한다는 '지겨운' 조언

독서교육에 대한 정보는 마음만 먹으면 어디서든 찾아볼 수 있는 시대가 되었다. 아이 독서교육에 관심이 없는 부모가 거의 없을 정도로 독서교육 열풍도 대단하다. 독서교육에 관심 있는 이런 부모들이 한 번쯤 들어봤을 만한 말이 있는데, 책 읽는 아이가 되게 하려면 '부모가 먼저 읽으라'는 말일 것이다. 상담을 하다 보면 어떤 학부모는 그 말은 이제 지겹다는 듯이 빼고 조언해 달라고까지 한다.

책읽기가 일상화되지 않은 부모가 어느 날 갑자기 책을 읽는다는 것은 그리 쉬운 일이 아니다. 도서관이든 서점이든 수도 없이 드나들면서 책에 대한 친근함을 먼저 가져야 하고 무엇보다 책을 읽어야 하는 이유에 대한 스스로의 내적 동기가 있어야 한다. 날마다 습관화된 책읽기를 하기까지 때로는 긴 시간을 필요로 하기도 한다. 그래서 하루하루 살기 바쁜 부모들에게 책을 읽으라는 말은 사치처럼 느껴지고 비현실적인 조언이라 생각할 수도 있다. 요즘 가정의 여러 상황을 고려해 보면 '부모가 먼저 읽기'는 빼고 조언을 해 달라는 말도 무리는 아니라는 생각이 든다.

그럼에도 불구하고 읽어야 한다. 부모가 먼저 책을 읽으라고 하는 이유는 단순히 행동을 보이는 것에서 얻을 수 있는 효과 때문만은 아니다. 물론 부모 행동을 보고 배우는 아이들은 책을 읽는 엄마 아빠의 모습만 보고도 따라 하기도 하고 당장은 아니라고 해도 책과 가까워질 가능성이 높다. 하지만 그것으로 얻을 수 있는 효과는 지극히 제한적이다.

정말 중요한 사실은 부모가 책을 읽어야 독서교육을 바르게 할 수 있다는 점이다. 우선 아이가 책을 잘 읽게 하려면 부모가 먼저 어느 정도 책에 대한 지식과 경험이 있어야 한다. 책의 종류에 따라 그 읽기법이 조금씩 다르기 때문에 그에 대한 적절한 지도도 필요하고 아이가 책을 읽고 나서 보이는 반응이나 독서교육을 하면서 부딪치는 수많은 문제 등에 대한 효과적인 대응도 해야 한다. 무엇보다 부모가 책으로 삶을 만들어 가는 사람이어야만 책을 읽어야 하는 이유에 대한 의심 없이 지속적인 열정을 가지고 독서지도를 할 수 있다.

수많은 독서논술 학원, 가정 독서교육을 대신한다?

독서지도 관련 전문가, 초등 독서논술 학원도 많은데 꼭 부모가 알아야 하나 반문할지도 모르겠다. 하지만 전적으로 의지해서는 안 된다. 수업을 하다 보면 부모님의 잘못된 지도로 오히려 역효과가 나서 책이 이미 싫어진 상태, 습관화가 안 된 상태로 오는 것을 자주 본다. 예를 들어 지식정보책은 한 번 읽으면 다 기억하지 못한다는 생각에 5번~6번 읽혀서 아이가 책에 질려버리게 하거나, 잘 읽었는데도 대충 읽었다고 오해하여 다시 읽게 하는 것, 아이의 나이나 독서력에 맞지 않은 책을 억지로 권하는 것 등이다. 가장 심각한 사례는 책을 사주지 않고, 읽을 시간도 주지 않으면서 '읽으라'고 잔소리만 하는 경우이다.

이 모든 실수는 부모가 책을 읽는 사람이 아니기 때문에 벌어지는 일이다. 독서지도 선생님이 0세부터 그 아이의 독서지도를 할 수는 없는 노릇이다. 이미 책에 대한 부정적 생각이 자리 잡힌 아이들을 다시 책의 세계로 이끄는 것은 여간 힘든 일이 아님을 늘 느낀다. 전문가에게 도움을 받더라도 가정 독서교육이 탄탄하게 자리 잡혀 있어야 시너지 효과를 얻을 수 있다.

독서지도를 하다보면 학부모님의 도움이 필요할 때도 많다. 가장 기본적으로는 우선 수업도서를 구입하거나 빌려서 읽도록 도와야 한다. 그런데 책을 읽지 않는 부모는 읽으라고는 하면서 책을 너무 늦게 구해주거나 심지어 구해주지도 않는다. 아이가 읽지 않으면 여러 방법을 동원하여 도와야 하는데 가장 기본이 되는 읽어주기도 잘 하지 않는다. 전문가의 독서지도 방법에 대해서도 의심을 품거나 이해를 못하시기도 하고 수업 방식에 대해 의문을 제기했을 때 설명을 드려도 잘 이해 못하시는 눈치다. 결국 책을 읽지 않는 부모는 당장 부모 입맛에 맞는 수업을 하는 학원이나 아이가 병들어가는 가장 최악의 학원을 찾는다.

책을 읽지 않는 부모가 자주 하는 실수는 또 있다. 독서교육의 바탕이 되는 기본 지식과 기준이 없다보니 독서교육에 관해 떠도는 수많은 잘못된 정보나 판단에 의지한다. 부모가 먼저 읽어보고 좋은 책을 권하는 것이 아니라 남들이 좋다고 하면 일단 아이 손에 쥐어준다. 늘 같은 강도로 권한다면 그나마 다행이다. 책을 읽지 않는 부모는 독서교육 열정이 들쑥날쑥이다. 전혀 신경 쓰고 있지 않다가도 관련 책을 읽거나, 강연을 듣거나 혹은 책 잘 읽는 옆집 아이를 보고 순간의 자극을 받았을 때에만 책을 읽으라고 한다. 시간이 흐르면 까맣게 잊고 있다가 생각나면 또 다시 책을 쥐어준다. 밥을 주다말다 하는 격이다. 부모의 이런 모습은 아이에게 책에 대한 혼란스러움은 물론 점점 안 좋은 경험과 인식만 가중시킬 뿐이다.

책을 읽지 않는 부모는 책을 읽어야 하는 이유에 대해서 삶으로 깨닫지 못하다보니 책읽기를 공부의 한 수단으로만 받아들이는 것도 문제가 된다. 책을 읽는 부모들이 아이들에게 책을 읽도록 하는 이유는 무엇일까. 책을 읽어 공부 잘하고 남들이 말하는 소위 좋은 대학을 가고 좋은 직장을 얻었기 때문에 부모처럼 살라고 읽으라고 하는 것일까? 그렇지 않다. 책을 통한 삶의 풍요와 행복 때문에 내 아이도 책읽는 사람이 되길 원하는 것이다. 만약 책을 읽는 부모인데도 아이의 공부 때문에 책읽기를 권유한다면 부모의 책읽기도 돌아보아야 할 것이나.

부모가 읽어야 모습으로 본을 보이고, 독서지도도 잘 할 수 있는 것, 전문가의 도움을 받더라도 이해하고 따를 수 있는 것 외에 정말 중요한 이유는 따로 있다. 책읽는 부모라는 말은 책을 들고 있는 부모, 읽기만 하는 부모를 뜻하는 것만은 아니다. 책읽기를 통해 날마다 삶을 변화시키며 행복을 만들 줄 아는 사람, 더 나아가 타인에게까지 선한 영향력을 끼치며 날마다 성장하는 사람을 뜻한다. 책과 삶이 따로 노는 것이 아니라 책으로 삶을 만들어가는 사람을 말한다. 이렇게 부모가 책읽기를 삶 속으로 가져왔을 때에 아이들은 비로소 책읽기의 위대함을 깨닫게 된다.

부모가 읽어도 안 읽는 아이

책을 읽지 않는 부모는 부모가 먼저 읽으라는 말을 부담으로 느끼는 반면 책읽는 부모인데도 불구하고 아이가 읽지 않을 때는 답답함을 느낀다. '우리 부부는 책을 읽는데 왜 아이는 안 읽을까요?'라는 질문도 심심찮게 들어보았다.

이런 예를 보면 독서교육에 대한 오해가 많다는 것을 알 수 있다. 부모가 먼저 책을 읽는다는 것은 독서교육의 필요조건이지 충분조건이 아니다. 그저 기본일 뿐이다. 요리를 하기 위해 재료를 준비한 정도라고 할까. 재료를 준비했다면 요리를 해야 한다. 부모가 먼저 읽는 모습을 보여 외적인 본보기를 보였고, 독서교육에 대한 기본적 지식이 있다면 독서교육은 그 다음부터 더 본격적으로 해야 할 일이다. 함께 책도 고르고, 읽을 수 있는 환경도 만들어주어야 하고, 서점으로 도서관으로 소풍 가듯이 나들이를 가야 한다. 아이에게 맞는 책을 꾸준히 읽어주고 흥미를 갖도록 다양한 방법을 시도해야 한다.

또 한 가지는 '우리 부부는 책을 읽는다'는 말의 모순에 있다. 대체로 분기에 한두 권, 취미 수준으로 읽는 부모도 읽는다고 말하지만 '책읽는 부모'는 '책읽기를 물마시듯이 자연스럽게 하는 부모'를 말한다. 독서교실을 운영하면서 새로운 아이가 오면 초반에 상담지를 받는다. 부모의 책읽기에 대한 간단한 질문이 있는데 주로 아빠는 업무 관련 서적이나 경영서, 엄마는 육아서나 에세이집을 읽는 경우가 많다. 그리고 그 양은 분기에 한 두 권 정도로 매우 적다. 그런 경우라면 사실 '책읽는 부모'라고 하기는 어렵다. 적은 양의 독서가 의미가 없다는 뜻은 아니다. 다만 나의 책읽기가 내 아이에게까지 전파되도록 한다는 측면에서 본다면 부족할 수도 있다는 것이다.

그럼 부모가 다독가라면 어떨까? 부부 모두 다독가인데도 아이가 읽지 않는다면 정말 답답할만하다. 앞서 말했듯이 책읽기가 삶에 어떤 형태로든 적용되어 날마다 새롭게 태어나는 부모인지 일단 돌아보자. 책은 많이 읽는데 삶으로 증명하지 못하는 부모는 오히려 아이들에게 원망을 듣는다. '왜 내 부모는 나보다 책을 더 사랑하는가?'하고 말이다. 오히려 부모의 사랑을 앗아간 책을 끔찍하게 싫어하게 될 가능성도 있다. 또는 다독가지만 맹목적이고 지나친 다독의 폐해로 폐쇄적이고 타인과 소통하지 못하는 부모라면 책을 읽는 모습이 오히려 아이에게 독이 될 것이다.

마지막으로 조금 실망할 만한 이야기를 해야겠다. 정말 부모가 책으로 삶을 변화시키고 바른 독서지도를 하는데도 불구하고 좀처럼 책읽기 습관이 안 들고, 읽는다고 헤도 큰 흥미 없이 부모의 요구로만 읽는 아이도 있다. 반대로 부모가 책은커녕 잡지도 읽지 않는데 아이는 독서왕일 때가 있다. 슬프게도 예외는 늘 존재한다. 완벽한 이론이란 없다. 또는 성향에 따라 활자 읽기 자체를 좋아하지 않을 수도 있으니 조급해 하지 말고 조금 더 멀리 시선을 두고 독서지도를 했으면 한다. 부모는 전 생애에 걸쳐 아이에게 영향을 준다. 어쩔 수 없는 예외도 고려하여 포기할 건 포기하고 그래도 '일단 책읽는 아이'가 되도록 노력해야 한다.

여기까지 읽고 깊은 한숨을 내쉬는 부모가 있을지도 모르겠다. 괜한 부담으로 책읽기의 시도조차 못하게 하는 것은 아닌지 쓰면서도 염려가 많다. 내가 주장하는 '진짜 책읽는 부모'가 과연 얼마나 될까 의문을 가질지도 모르겠다. 하지만 우리 아이들은 마음의 그릇이 크다. 정말 '그런 부모'보다는 '그렇게 되려고 노력하는 부모'가 아이들을 더 감화시킨다. 그 큰마음의 축복을 누리며 일단 한 발 내딛어보는 것은 어떨까.

부모의 독서를 점검하기 위한 질문

1	한 달에 평균 몇 권을 읽으시나요?	
2	주로 어떤 종류의 책을 읽으시나요?	
3	최근에 읽은 책 제목 3가지를 기재해 주세요.	
4	책을 읽는 이유는 무엇인가요?	
5	책이 내 삶에 준 영향은 무엇인가요? 지금부터 읽을 예정이라면 앞으로 내 삶에 책이 어떤 존재가 되기를 바라시나요?	

우리 아이 독서교육을 점검하기 위한 질문

1	우리 아이가 최근 2주일 간 읽은 책 목록을 써 주세요.	
2	아이 책을 고르는 기준은 무엇인가요?	
3	아이에게 책을 권하는 이유는 무엇인가요?	
4	아이가 책을 읽는 모습을 보면 어떤 생각이 드시나요?	
5	최근에 아이에게 어떤 책을 얼마나 읽어 주셨나요?	

부모의 독서를 점검하기 위한 질문

1	우리 부모님이 책을 읽는 모습을 본 적이 있나요?	
2	읽으신다면 주로 어떤 책을 읽으시는 것 같나요?	
3	부모님이 책을 읽으시는 모습을 볼 때 어떤 생각이 드나요?	
4	우리 부모님은 나에게 책을 얼마나 읽어 주시나요?	
5	책읽기와 관련해서 우리 부모님에게 하고 싶은 말, 바람이 있다면 써 보세요.	

★ 정답은 없다. 나와 자녀의 책읽기를 돌아보기 위한 질문지이다. 질문지에 답을 해 보는 과정만으로도 내 독서교육의 문제나 해결방안의 실마리가 보일 것이다. 단, 솔직하게 작성해야 앞으로의 독서지도에 도움이 된다는 것을 꼭 기억하기 바란다.

2

책읽기로 만드는 엄마의
비판력과 지적 능력

아이가 태어나는 순간부터 엄마들을 유혹하는 것들이 참 많다. 아니, 태어나기도 전부터 '좋은 엄마'가 되어야 함을 은연중에 강요하며 엄마들 지갑을 노린다. 그 중 빼 놓을 수 없는 것은 단연 교육 상품이다. 놀이터에만 가도 아이가 태어나자마자 고가의 화려한 교구를 들이밀며 뇌교육이 어떠니, 발달 단계가 어떠니 하며 엄마들을 유혹하곤 한다. 3~4살만 되어도 한글을 가르치라며 학습지를 내밀고 지금 당장 하지 않으면 평생 뒤처질 것처럼 무시무시한 말들을 늘어놓는다. 아이가 자람에 따라 단계별로 해야 할 것이 뭐가 그리도 많은지 엄마들의 마음을 끊임 없이 흔들어댄다.

온라인도 마찬가지이다. 엄마들을 중심으로 한 커뮤니티 사이트나 SNS 방에는 책을 포함한 여러 교육 상품과 학원에 대한 정보가 끊임 없이 오간다.

입시 정보, 아니 소소한 교육 정책이라도 바뀔라치면 엄마들의 불안 섞인 글과 동시에 새로운 정보도 올라오기 시작하고 이내 급속도로 퍼져 나간다. 학습 자료를 포함하여 검색만 하면 수많은 교육 정보를 비교적 쉽게 찾을 수도 있다.

비단 교육 정보 뿐 아니라 모든 정보가 마치 온라인 속에 다 있는 것만 같은 착각의 시대이다. 삶의 대변화를 가져다 준 인터넷의 보급으로 온라인 속에 많은 정보가 있음은 일부 사실이기도 하다. 그래서 사람들은 궁금한 것이 있으면 자연스럽게 '검색'을 하여 정보를 취한다. 맛집을 찾을 때도, 여행을 가서도 수시로 검색을 한다. 우리 아이 교육을 하며 궁금한 것은 물론, 요즘은 책 정보나 학원 정보를 온라인에서 찾는 엄마들도 많아졌다.

그런데 정말 온라인 정보는 믿을만한걸까? 결론부터 말하자면 온라인이 주는 정보는 이제 더 이상 '정보'가 아니다. 기업들이 펼치는 마케팅의 생생한 현장일 뿐이다. 예를 들어 아이들 책을 사려고 특정 전집 제목을 검색하면 무수한 후기들이 쏟아져 나오지만 상위에서 쉽게 보는 것은 대체로 책을 무상으로 제공받고 쓴 후기들이다. 상품을 무상으로 준다는 것은 비교적 '좋은 후기'를 요구 조건으로 하는 것이므로 그 후기는 객관적 정보라고 할 수 없다. 단순한 예를 들었으나 사실은 훨씬 더 복잡한 원리에 의해 우리는 마케팅에 휘둘려 산다.

얼마 전에는 우연히 포털사이트에서 독서교육 관련 용어를 검색했다가 놀라지 않을 수 없었다. 인내심을 갖고 몇 페이지를 넘겨보아도 정확한 정보를 찾아보기가 힘들었기 때문이다. 엄마들은 잘못된 정보를 알고 있었고 심지어 그것을 온라인이라는 공간을 통해 퍼뜨리고 있었다. 어느 독서지도 관런자 분은 상위에 보이는 정확하지 않은 정보의 글들을 이것저것 짜깁기한 수준의 정보로 재가공하여 전달하고 있었다. 그리고 엄마들은 그 정보에 감사하다는 반응을 보이고 있었다.

여러 글을 읽어보다가 그 정보의 시작이 어디일까 차근차근 생각해 보기로 했다. 글들을 분석하며 정리해보니 엄마들이 강하게 믿고 있는 독서교육에 대한 정보는 대체로 교육 상품을 판매하는 업체나 일부 비양심적 사교육자들이 주입한 생각과 크게 다르지 않았다. 가령 읽기 독립을 위해서는 모회사의 특정 책을 꼭 읽어야만 가능하다던가, 자기 회사 책을 읽히지 않으면 큰일 날 것처럼 말하는 것 등이다. 아무리 비판력을 갖고 보려고 해도 지속적으로 접하게 되면 또 쉽게 무너지는 것이 나약한 인간이다. 정보를 찾으면 찾을수록 헤어 나올 수 없는 구덩이 속에 빠지는 격이다. 업체들이 마케팅에 큰 비용을 투자하는 것 또한 사실 그만큼의 효과가 있기 때문이 아니겠는가.

오프라인에서 접하는 교육 상품 판매업자들의 마케팅 발언, 그것을 전하는 일부 옆집 엄마, 그것이 더 빠르게 확산되는 온라인이라는 공간. 이런 현실 속에서는 더 이상 외부에 의해 바른 정보를 접하기는 어렵다. 그렇다면 엄마들은 어디에서 정보를 얻어 교육에 적용해야 할까. 정답은 바로 '책읽는 엄마'에 있다.

책 속에 바른 정보가 있다는 뜻이 아니다. 책도 한 사람의 주장이 담긴 것이므로 비판적으로 읽어야 한다. 엄마가 책을 읽어야 하는 이유 중 한가지는 '비판력'과 '지적 능력'을 키우기 위해서이다. 비판력과 지적 능력이 있는 엄마만이 무수히 쏟아지는 정보를 맹신하지 않고 바르게 판단하여 취할 것은 취하고, 버릴 것은 버릴 수 있다.

비판적 시선은 하루아침에 길러지지는 않는다. 그래서 하루라도 빨리 책을 집어 들어야 한다. 책읽는 엄마가 가진 힘은 크다. 지금 말한 비판력과 지적 능력은 물론이고 세상을 바라보는 시선은 물론, 내 아이를 보는 시선이 달라진다. 거기에서부터 바른 교육이 시작된다.

누군가는 말한다. 아이의 성공적인 교육에 필요한 세 가지는 엄마의 정보력, 아빠의 무관심, 할아버지의 경제력이라고 말이다. 나는 이 말을 강력하게 비판하고 싶다. 아이들을 학원으로 돌고 돌리며 결국 아무것도 못하는 아이, 세상에 무비판적이고 적응하기 어려운 아이들을 기르고 있는 작금의 비정상적인 교육현실이 바로 그 '정보' 때문이다. 엄마에게 필요한 것은 정보력이 아니라 정보를 바르게 판단하고 받아들일 수 있는 비판력과 지적 능력이며, 더 나아가 바른 교육 가치관이다.

지적 능력이라는 말에 괜히 위축되는 엄마가 있을지도 모르겠다. 학벌이나 학력이 그다지 대단하지 않다면서 걱정하는 엄마도 있을 것 같다. 진정한 지적 능력은 대단한 학벌이나 학력이 만들어주지 않는다. 고령화 사회가 되어감에 따라 평생 교육이라는 기치아래 공부할 수 있는 수단이 넘쳐나고 있다. 가방끈이 아무리 길더라도 지속적으로 읽고 생각하지 않으면 학력과 학벌은 그저 간판이 될 뿐이다. 도서관이 도처에 널려 있다. 도서관에만 가도 지적 능력을 필요로 하는 부모들을 기다리는 책들이 무수히 쌓여 그들을 애타게 기다리고 있다.

교육을 백년지대계(百年之大計)라고 하였다. 내 아이의 미래가 달린 독서교육을 함에 있어 인터넷 정보를 맹신해서는 안 된다. 잘못된 정보에 의지한 독서교육은 아이를 더 피폐하고 하고 힘든 미래를 맞이하게 할 것이다.

📖 지혜와 통찰, 인문학적 소양을 위한 부모님 추천도서

『낭만의 소멸』 박민영 글 | 인물과 사상사

『인문내공』 박민영 글 | 웅진지식하우스

『엄마 인문학』 김경집 | 꿈결

『논어』 공자 글 | 홍익출판사

『책은 도끼다』 박웅현 글 | 북하우스

『공부 중독』 엄기호, 하지현 | 위고

육아서 너머의
책읽기

육아서 과잉의 시대

:

아이를 키우면서 많은 엄마들이 육아서를 찾는다. 아니, 이제 막 태아를 잉태한 엄마들도 좋은 엄마가 되고자 자연스럽게 육아서를 읽기 시작한다. 아이를 키우며 주변에 조언을 구하다가 답답할 때도 육아서를 집어 든다. 전투육이니 독박육이니 하는 신조어도 계속 등장하며 육아 트렌드는 빠르게 변한다. 육아도 유행이 있는지 현재 사회 분위기에 맞는 제목을 단 육아서가 계속 나오니 한 번도 읽지 않았다는 것이 더 이상할지도 모르겠다.

육아나 자녀교육 관련 강의도 마음만 먹으면 비교적 쉽게 들을 수 있다.

육아 강의를 들으면서 위로받고 조언을 구하는 엄마들도 많다. 아이를 키워낸 한 엄마의 경험담과 조언은 옆집 언니 이야기를 듣는 것처럼 마음에 닿아 울기도 하고 웃기도 하며 엄마들은 그렇게 공감육아의 길을 찾고 힘을 얻는다.

이런 육아서, 저런 육아서

:

여러 종류의 육아서가 있겠지만 크게 전문가가 쓴 육아서와 내 아이 잘 키운 엄마가 쓴 육아서가 있다. 내 아이 잘 키운 엄마가 쓴 육아서도 굳이 나누다면 현재진행형 육아서와 다 키운 후, 그러니까 자녀가 성인이 되고 나서 회상하며 쓴 육아서일 것이다. 내용으로 나누어 본다면 책 육아(독서교육) 관련, 엄마표 영어 성공기, 공부 잘 하는 아이를 키우는 엄마의 육아서, 그 밖에 다양한 상황에서의 대처법을 담은 육아서, 종교적 관점에서 서술한 육아서, 아이보다 부모의 마음가짐이나 자세 등에 초점을 둔 육아서 등이 있을 것이다. 아들과 딸을 나누어 그에 맞는 육아법을 쓴 책도 꽤 많다.

전문가의 육아서는 전문가의 말이기에 당연히 아이 키우는데 소중한 지침이 된다. 한 아이를 잘 키우고 있는 엄마의 육아서 또한 생생한 경험담이니 어디서도 들을 수 없는 소중한 이야기이며 때로는 그 자체가 감동이기도 하다. 더구나 동시대를 살아가며 아이를 키우는 고충을 공유하고 공감할 수 있기에 그것만으로도 이미 큰 힘이 될 것이다. 자녀가 이미 성인이 되어 누구나 다 알 정도의 유명인이 되거나 흔히 말하는 사회적으로 성공한 사람의 엄마가 쓴 책 또한 엄마들에게 도전이 된다. 나도 잘 키우며 저 엄마처럼 잘 키울

지도 모르겠다는 의지도 다져준다.

육아서 맹신의 부작용

:

과유불급(過猶不及)이라고 했던가. 문제는 늘 그렇듯이 지나치게 맹신하거나 아이보다 육아서와 육아 강의에 빠져 있는데서 시작된다. 지인 한 분은 유명한 강사의 강의를 전국적으로 따라다니며 늘 힐링을 하고 온다고 한다. 그 분의 강의 일정을 여기저기 전파하는 것은 물론이고 옆집 엄마를 설득해 데려가기도 한다. 육아 강의는 대체로 오전이지만 시간이 맞지 않으면 아이를 어딘가에 맡기고 듣고 오는 수고도 감행한다.

하지만 내 아이의 성향을 가장 잘 아는 사람은 가장 많은 시간을 보내는 엄마이다. 육아서를 낸 엄마는 자기 자녀의 이야기, 자신의 육아법을 이야기한다. 이렇게 해서 아이가 책을 잘 읽었고, 이렇게 해서 아이가 영어를 잘했다고 한다. 이렇게 해서 아이가 바르게 자랐고 이러이러한 성과를 냈다고 한다. 아이들의 보편적 특성이 있으니 공감되는 부분도 분명 있을 것이다. 아이 키우며 마주하는 문제도 어쩌면 비슷비슷할 수 있다. 하지만 본질적으로 아이들은 저마다 다르다. 한 배에서 난 아이들마저도 얼마나 다르던가. 게다가 엄마들 역시 모두 다르다. 내 성향과 특성, 나의 생활환경과 상황 등에 맞는 육아법이 있다는 뜻이다.

어느 수필집에서 본 글이 기억난다. 글쓴이의 아이들은 병원에 가서 주사를 맞으면서 한 번도 울지 않았다고 한다. 그런데 병원에 가면 늘 우는 아이와 달래느라 쩔쩔매는 엄마를 보게 되고 그럴 때마다 의아해했다고 한다.

"도대체 저 엄마는 어떻게 하길래 아이가 저렇게 울지, 안 울게 할 수도 있는데 아이를 잘 못 다루는구나." 생각했단다. 그런데 셋째 아이를 낳고 자신의 생각이 참으로 부끄럽고 창피했다고 한다. 셋째는 병원에 가서 그 누구보다 자지러지게 울었던 것이다. 엄마가 아무리 달래려고 해도 되지 않았다. 두 아이는 자신이 잘 다루어서 울지 않았던 것이 아니라 원래 그런 아이였던 사실을 확인하니 그동안 병원에서 아이의 울음을 못 말리는 엄마들을 한심하게 생각했던 것이 부끄러웠다는 글이었다.

만약 이 엄마가 셋째를 낳기 전 육아서를 썼다면 어떻게 썼을까. 병원에서 '원래' 울지 않는 아이들이 자신의 어떠한 '방법'에 의해 울지 않았을 거라 오해하고 있을테니 그 방법을 '노하우'라며 공유했을 것이다. 그 내용을 읽은 엄마들 중 일부는 내 아이에게 적용해 보았을 것이고, 효과를 보지 못한 엄마들이 '그 방법을 써 보았는데 왜 우리 아이는 우는 걸까', 궁금해 하는 모습이 떠오르지 않는가?

이렇게 일부 육아서에는 엄마 한 사람 개인의 상황에 맞는 육아법들이 노하우라는 이름으로 공유되고 있고 그것은 저마다 다른 특성을 가진 아이와 엄마에게 일괄적으로 적용되고 있다. 소소한 예를 들었지만 독서지도나 교육법에 대한 것도 이런 방식으로 공유된다면 생각해 볼 문제이다.

어떤 엄마들은 아직 어린 자녀를 둔 엄마들이 쓴 육아서는 끝(?)을 모르기 때문에 믿을 수 없다고 한다. 그래서 아이들을 훌륭하게 다 키워내고 나서 쓴 육아서적들만 보기도 한다. 이미 성인이 된 자녀들이 해외 유명 대학에 입학했거나 사회적으로 인정받는 직업을 가진 경우, 큰 성과를 낸 경우에 쓴 책들이다. 이런 책은 설득력이 더 있을 수도 있다. 어찌되었든 아이가 결론적으로는 무언가 성과를 냈기 때문이다.

하지만 이런 책이 더 위험하다고 생각한다. 이미 사회적 성공을 거둔 이들의 엄마가 쓴 책을 읽는 엄마들은 의식적이든 무의식적이든 내 아이도 '그 집 아이처럼' 키우고 싶다는 생각을 마음에 깔고 있을 것이다. '내 아이의 장점을 살려주어야겠다.'는 마음이 있어도 나도 모르는 사이에 책 속의 아이를 그리고 있을지 모른다. 그런 마음으로 읽는다면 책을 읽은 후에 엄마는 어떤 행동을 하게 될까. 분명 그 집 아이를 롤 모델로 하여 그 집 엄마가 키웠다는 방식을 은연중에 따라할 것이다. 내 아이는 그 집 아이가 아닌데 말이다. 아무리 좋은 교육법도 내 아이에게 맞지 않으면 오히려 독이 될 수도 있는데 말이다. 옆집 아이와 비교당하는 것도 억울한데 얼굴도 모르는 책 속 아이와 비교당하는 아이는 또 얼마나 억울하겠는가.

물론 남의 아이 키운 이야기를 맹목적으로 따를 엄마는 없다고 믿는다. 정말 육아법을 배우려기보다는 아이 키우면서 힘들고 지친 마음 위로 받기 위한 목적으로 읽는 엄마도 있을 것이다. 그냥 남들은 어떻게 키웠나 궁금해서 읽기도 할 것이다. 다만 그 도가 지나쳤을 때에 발생하는 문제들이 있고, 육아서나 육아 강의에 지나치게 빠져 정작 내 아이가 원하는 것을 놓칠 우를 범할 수 있다. 머리로는 '그냥 참고로 읽는 거지 뭐.'라는 생각을 하면서도 막상 읽으면 흔들리는 것이 사람마음이다.

내 아이를 키우며 겪는 어려움과 문제를 해결하려면 내 아이의 눈을 바라보아야 한다. 내 아이의 마음을 읽어야 한다. 내 아이는 어떤 특성을 가진 어떤 아이인지 면밀히 관찰해야 한다. 아이들은 어릴수록 자신의 요구를 있는 그대로 표현하지 못하다보니 엄마가 빨리 파악하지 못할 뿐 아이는 이미 여러 번 엄마에게 SOS를 쳤을 것이다. 자신을 어떻게 해 주어야 하는지 눈빛으로, 몸으로 이미 많은 말을 했을 것이다. 엄마라면 육아서가 아니라 그 순간들에 집중해야 한다.

육아서 너머의 책읽기

현재진행형 육아법을 쓴 엄마든, 아이들을 다 장성시키고 자녀교육책을 쓴 엄마든 지금 새롭게 아이를 키운다면 절대 같은 방식으로 키울 수 없을 것이다. 지금은 지금 시대에 맞는 육아 지혜가 필요하기 때문이다. 아이를 키우며 겪는 여러 어려움은 사회적 문제와 맞닿아 있는 경우가 많다는 사실을 우리도 알고 있지 않은가. 그렇다면 과연 어디에서 답을 얻어야 하는지 생각해 볼 일이다.

혹시 육아서를 읽고 나서의 단 며칠만 읽은 효과가 발휘된 적이 있는가? 육아 강의를 들은 당일에는 배운 대로 실천했지만 돌아서면 또 같은 일상의 반복이지는 않은가? 들을 때는 끄덕끄덕 고개가 움직였지만 막상 우리 아이에게 적용하려니 무언가 안 맞는다고 느낀 적은 없는가? 아니, 오히려 역효과가 난 적은 없는가? 그 집 아이는 이렇게 해서 책을 잘 읽었다고 하는데 왜 우리 아이는 그렇지 않은지 의아하거나 답답했던 적이 있지는 않은가?

단 한 번이라도 그런 경험이 있었다면 이제는 육아서 너머의 책읽기를 할 때이다. 소설도 있고 인문학 책도 있고 수필집도 있다. 때로는 시집에서도 지혜를 얻을 수 있다. '이럴 때는 이렇게 키워라.'처럼 당장의 답이나 지침을 주는 책이 아니라 은근히 내 삶에 들어와 머물러 있다가 상황에 맞는 지혜로 발현되는 책, 그런 책을 읽어야 할 것이다. 그런 책이라면 엄마에게는 다 육아서이다.

육아서를 폄하하는 것은 아니다. 읽지 말자는 뜻도 아니다. 육아서는 필요하기도 하다. 내용이 상당히 심층적이며 육아 상식을 넘어 심리서나 인문서에 가까운 책들도 안다. 내가 쓰는 이 책 또한 독서교육서니 자녀교육 관련 책이다. 다만 육아서만 읽었을 때보다는 책읽기가 더 확장되었을 때 육아서에서 읽은 내용도 더 지혜롭게 활용된다는 점을 강조하고 싶다.

육아서 너머의 책읽기를 시작해보자. 아이를 키우며 만나는 문제는 엄마가 가장 잘 해결할 수 있다. 그 답은 엄마와 아이 사이에 있을 때가 많다. 때로는 엄마의 내면에 있기도 하다. 방법보다 지혜가 필요할 때도 많다. 남이 아이를 키운 이야기보다 내 내면을 들여 보았을 때 지혜가 생기기는 경우 또한 많다. 엄마도 사람이기에 부족하고 실수한다. 하지만 육아서 너머의 책을 읽으며 자신을 성찰하는 엄마는 결정적 순간에 지혜를 발휘할 것이다.

엄마 독서 점검하기

내가 읽은 육아서 제목	상세 분야 (독서교육, 영어교육, 부모 처세 등)	읽은 소감	책이 나와 아이에게 미친 영향

나의 책읽기를 돌아본 소감, 앞으로의 책읽기에 대한 구체적 계획이나 다짐

★ 내용을 정리하다보면 내가 읽은 책이 나에게 어떤 도움이 되었는지, 나의 책읽기가 어떻게 확장되어야 하는지 알 수 있을 것이다. 생각만 하는 것과 글로 써 보는 것은 하늘과 땅 정도의 차이이다. 꼭 펜으로 기록해 보기를 권한다.

어린이책 읽는
엄마의 힘

모든 어린이책은 어른을 위한 책이다. 어린이책을 읽어본 사람이라면 공감할 것이다. '아이가 아니라 어른이 읽어도 되겠네.' 라는 생각이 드는 책부터 오히려 '아이들은 이해하기 어렵지 않을까.' 싶은 책까지 어린이책은 수준 있으며 그 스펙트럼도 상당히 넓다. 나 역시 독서지도를 시작하며 어린이책을 접하면서 어린이책은 쉬울거라고 생각했던 그간의 편견과 오해가 무척 부끄러웠다. 또한 어린이책을 읽어감과 동시에 삶의 많은 진리를 깨닫고 성장했음도 부정하지 못하겠다.

그렇다면 어린이책 읽는 어른들에게는 어떤 힘이 있는 것일까. 어린이책을 이야기책과 지식정보책으로 나눈다고 했을 때 두 가지 측면으로 어린이책 읽기의 힘에 대해 이야기하고자 한다.

이야기책을 읽는 엄마가 가진 힘

이야기책은 아이들이 겪을 법한 일상의 이야기를 담고 있거나 아이들의 정서를 반영한다. 소재 또한 아이들이 흔히 겪을 수 있는 친구 문제나 가정 문제, 내적인 고민들을 담고 있다. 신간 도서에는 시대의 변화도 꾸준히 담긴다. 예를 들어 편부모 가정, 과도한 사교육으로 인한 아이들의 고민과 아픔 등을 다룬 책들이다. 한 마디로 이야기책, 그 중에서도 성장 동화와 생활 동화는 변화하는 시대와 그 시대에서 살아가는 아이들의 고민과 갈등, 아픔을 담은 우리 아이들의 이야기, 내 아이의 이야기이다.

이런 이야기책을 읽은 엄마는 자연스럽게 아이들의 고민을 이해하게 된다. 어떤 생각을 하는지, 어떤 고민이 있는지, 학교에서는 어떤 일들을 겪게 될 지 짐작할 수 있다. 엄마들은 흔히 내 아이를 잘 안다고 생각하지만 꼭 그렇지만은 않다. 엄마가 보지 않는 시간에서의 우리 아이는 전혀 다른 모습일 수도 있고, 내가 상상하지도 못하는 고민과 방황을 겪고 있을 수도 있다. '우리 아이는 학교 일도 스스럼없이 다 이야기해서 알아요.' 라고 말하는 엄마도 있지만 한 사람을 둘러싸고 일어나는 일상과 사건을 안다고 그 사람을 다 안다고 할 수는 없다. 일상 속에서 다양한 사건들을 만나며 만들어지는 한 사람의 감정과 내면의 변화는 때로 자기 자신도 모르기 때문이다.

엄마는 물론 늘 아이들과 함께 생활하는 사람들도 아이들을 잘 모르는 경우가 있다. 아이들을 이해하지 못하거나 아이들을 안다고 착각하는 어른들이 자주 하는 말이 있다.

"나 어릴 적에는 그렇지 않았는데."

"그게 뭐가 고민이라고 그러니?"

"학교 다닐 때가 가장 행복한 줄 알거라."

따위의 말들이다. 간혹 매스컴에 비친 일부 모습만으로 아이들을 속단하기도 한다. '버릇이 없다'거나 '영악하다' 따위의 생각이다. 가만 듣고 있노라면 아이들을 잘 모르는 어른들의 색안경 속에 만들어진 이미지는 시대를 막론하고 왜 그리도 한결 같은지 모를 일이다.

왜 어른들은 자신이 지나온 시간을 기억하지 못하는가. 내 어린 시절을 떠올려보면 쉽게 알 수 있을 텐데 말이다. 나 역시 '어린 아이가 뭘 안다고'라는 시선으로 내 생각을 쉽게 무시당하거나 애써 말한 깊은 고민이 아무것도 아닌 어린 아이의 시답잖은 고민으로 취급당했을 때의 수치가 가슴에 남아 있다. 아이들 마음을 몰라주었던 어른에 대한 섭섭함이 없는 이가 과연 있을까.

그렇다면 지금 우리 아이들은 어떠할까. 지금 부모세대가 자란 시대와 많이 다른 시대를 살아간다. 그만큼 아이들의 고민과 아픔이 지금의 어른들에게는 생경할 수도 있다. 하지만 어른이 만든 세상 속에서 살아가는 아이들이기에 우리는 그 아픔과 고민을 의도적으로라도 이해하려고 애써야 한다. '편해진 세상, 더 나아진 세상 속에서 사니까 행복한 줄 알라'는 말은 차라리 폭력에 가깝다. 아이들이 밤새워 고민하는 문제가 시답잖아 보여도 그 나이의 아이들에게는 인생 최대의 고민일 수 있다는 점을 알아야 한다.

이야기책 속에서 내 아이가 마주할 만한 수많은 문제와 아픔을 공감하며 읽다보면 결국 내 아이도 이해하게 된다. 자식은 겉을 낳지 속을 낳지는 못한다는 말처럼 한 사람에 대한 이해는 많은 노력과 수고를 요한다. 이야기책을 읽는 것이 그 노력과 수고의 일환이며 첫 단추가 될 수 있다. 그 노력을 꾸준히 해 온 엄마는 아이들의 정서를 이해하고 마음을 알게 된다. 나아가 아이와 건강한 관계도 유지할 수 있다. 한 살 한 살 더 먹을수록 엄마와 멀어지는 아이를 우리는 심심치 않게 보고는 하는데 아이가 사춘기여서 그렇다는 탓만 할 수는 없지 않을까.

김애란의 『두근두근 내 인생』이라는 소설에 보면 "사람은 자신이 기억하지 못하는 생을 다시 살고 싶어 아이를 낳는다." 는 대사가 나온다. 엄마는 아이의 나이를 따라가며 삶을 다시 살고 두 번째 성장을 한다. 아이와 함께 성장하는 엄마가 되기 위해 함께 어린이책을 읽으면 어떨까. 어린이책은 곧 '내 아이 이해 지침서'가 된다는 사실을 기억하면서 말이다.

지식정보책을 읽는 엄마가 가진 힘

:

아이들이 무언가 질문을 하면 엄마는 친절하게 대답해 준다. 그런데 그 질문이 점점 부담스러워지는 시기가 온다. 대체로 아이가 나보다 아는 것이 많아질 때이다. 어른들은 학창 시절 이후, 공부라는 것을 하지 않고 배운 것조차 다 잊었기 쉬우므로 분야에 따라서는 어린이들이 아는 것이 더 많다. 교과 과정에서 날마다 배우는 지식의 양만해도 많고, 특히 책읽기를 즐겨 하는 아이들이 가진 지식은 놀라울 정도이다.

그런 아이들이 엄마가 모르는 질문을 했을 때의 난감함은 한 번쯤 겪어 보았을 것이다. 모른다고 말하기도 부끄럽고 그렇다고 그 자리에서 인터넷 검색을 하기는 더 부끄럽다. 그래서 '책 찾아보라고' 말하지만 이런 제안은 그나마 점잖은 편이다. '그러니까 책 좀 읽으라고 했지.' 라거나 '학교에서 배웠는데 몰라?' 등의 말은 순간의 위기를 모면할 수 있을 뿐 아무런 도움이 되지 않는다.

그럴 때 어린이 지식정보책 만큼 좋은 책도 없다. 이야기책이 그러했던 것처럼 나 역시 초등 지식정보책을 처음 접하면서 놀란 순간들이 많았다. '어린이 지식책 수준이 이 정도였던가?'라는 놀라움부터 시작해서 그 많은 영역의 지식을 모두 어린이책에서도 만날 수 있다는 사실이 정말 감사했다. 수업 준비를 하면서 도서를 여러 번 읽고 교재를 만들고 관련 도서를 찾아 읽는 과정에서 많은 지식이 함양되었음도 또 고백할 수밖에 없다.

'초등학생 책이 뭐가 어려울까?'라는 의문이 생긴다면 일단 읽어보라. 초등 대상 도서도 각 분야의 전문가가 쓰거나 내지는 감수한다. 전문가가 전문적 지식을 어린이 수준으로 용어를 풀어 알기 쉽게 이해하도록 쓴 것이다. 용어를 풀어 쓰고 쉽게 서술하려고 노력했어도 담긴 내용은 결코 가볍지 않다.

물론 일부 어른이 읽어도 이해하지 못할 만큼 어린이를 배려하지 않은 지식정보책도 있다. 그런 도서는 어린이가 읽기에 적절하지는 않지만 어른에게라도 도움이 되거나 그 분야 지식이 잘 정리되어 있다면 책의 의미는 있다고 생각한다.

어린이 지식책을 권하는 이유는 같은 분야의 성인 도서는 상당히 부담되고 어려워 포기하기 쉽기 때문이다. 늘어가는 아이의 지식을 따라가기 위해 엄마가 정치, 경제, 역사, 과학 등 다양한 분야의 성인 도서를 찾아 읽는다고 생각해 보자. 과연 모두 읽고 섭렵할 수 있을까? 해당 분야의 배경지식이 부족하면 단 5장을 넘기기도 힘들 것이다. 읽기도 힘들겠지만 각 분야의 깊이 있는 전문적 지식까지 다 갖출 필요도 없다. 하지만 상식과 교양 수준에서의 지식은 아이들 질문에 답을 해 주기 위해서가 아니라 세상을 살아나가는데 있어 필요하다. 그야말로 '지적대화를 위한 넓고 얕은 지식'이 있어야 교양 있는 시민이 된다는 것이며 어린이 지식정보책이 교양 시민이 되도록 돕는 첫 단추가 될 것이다.

다시 학창시절로 돌아가 공부할 수는 없지만 '어린이책'이 있으니 가능하다. 특히 각 학년별 지식정보책은 그 나이 아이들의 지적 수준과 독서력을 고려하여 만들어진 책이므로 아이들이 대략 어느 정도의 분야별 지식을 갖추어야 하는지 가늠할 수 있는 좋은 척도가 된다. 5학년 수준의 경제 도서를 읽으면 그 나이에 어느 정도 경제 관련 지식을 갖출 수 있는 역량이 되는지, 또는 갖추어야 좋은지 알 수 있다.

이왕이면 아이 학년보다 1, 2년 위 수준의 지식정보책을 읽는 것이 더 좋다. 한 권씩 꾸준히 읽어 나가보자. 부담가질 것 없이 일단 내가 관심 있는 분야부터 시도하면 좋다. 정치든 과학이든 책을 읽어보겠다고 마음먹은 성인 초보 독자에게도 어린이책은 매우 유용하니 일단 시작하기를 권한다. 어린이책을 함께 읽는 어른의 모습은 그 자체로도 귀감이 될 것이다.

아이의 마음을 이해하기 위해 읽기 좋은 성장 동화와 생활 동화

● 학교생활 친구 관계를 다룬 동화

저학년

엄마 왕따

까마귀 소년

내 짝꿍
최영대

지각대장 존

고학년

양파의
왕따일기

내 친구 비차

문제아

굿바이
마이프렌드

● 가족 간의 문제나 갈등을 다룬 도서

저학년

따로따로
행복하게

돼지책

엄마친구
아들

마법의 설탕
두 조각

고학년

나는 천재가
아니야

내 친구에게
생긴 일

헨쇼 선생님께

너도
하늘말나리야

● 아이들 질문에 답할 수 있는 여러 분야의 지식 정보책 목록

과학·환경				

미래 과학 이야기　　아하! 그렇구나 세상 모든 과학자들　　최열 아저씨의 지구촌 환경 이야기 1.2　　어, 기후가 왜 이래요?

역사

술술 넘어가는 우리 역사　　박병선 박사가 찾아낸 외규장각 도서의 귀환　　처음 만나는 세계 문명　　공부가 되는 세계사 1~3권

정치·경제·법

아빠 법이 뭐예요　　좋은 정치란 어떤 것일까요　　아하! 그렇구나 경제의 모든 것　　지구를 구하는 소비

사회·문화·예술

어린이 이슬람 바로 알기　　김나미 아줌마가 들려주는 세계 종교 이야기　　느낌 있는 그림 이야기　　풍속화로 배우는 옛 사람들의 삶

인물

마틴 루터 킹　　아름다운 부자 이야기　　나는 무슨 씨앗일까　　청년 노동자 전태일

책읽기로 행복한 엄마가
행복한 아이를 키운다

오늘도 아이에게 윽박지르고 화를 내고야 말았다. 늘 잘 하는 아이인데 엄마 욕심에 더 다그치는 것 같다. 아이의 잠든 얼굴을 보면 미안한 마음에 그러지 말아야지 한다. 세상에 나만큼이나 못난 엄마가 있을까 싶다. 하지만 다음날이 되면 나는 또 같은 일상을 반복한다. 때로는 내 앞에서 주눅 든 아이 모습에 미안해지지만 이런 날의 반복이 멈추지 않는다.

엄마들의 블로그나 엄마들의 모임 커뮤니티에 종종 올라오는 글이다. 한 엄마의 이런 고백에 많은 엄마들이 공감하며 서로 위안하고 때로는 반성도 한다. 공감이 많다는 건 그만큼 많은 엄마들의 공통된 고민이라는 증거이다.

아픈 엄마, 아픈 아이

:

그런 일상을 반복하는 엄마들은 죄책감에 시달린다. 도대체 나는 왜 이럴까. 내 성격이 문제인 걸까. 그렇다면 왜 고쳐지지 않는 걸까. 나도 나지만 왜 아이는 내 마음만큼 따라주지 않는 걸까. 다른 엄마들도 그런다고 하니 위안은 되지만 왜 이리 가슴 깊은 곳에서는 죄책감이 올라오는 것일까. 나 때문에 아이가 잘 못 크는 것은 아닐까.

아이를 키우는 문제는 그 누구에게도 쉽지 않은 만큼 아이 문제로 상담을 하는 프로그램도 꾸준히 있어왔다. 흐름도 대체로 비슷하다. 처음에는 아이의 문제라고 생각하고 상담을 요청하지만 결국 부모의 양육 태도에서 비롯된 문제가 많다는 사실을 알게 된다. 그리고 부모의 문제는 단순한 개인의 성향이나 성격 문제가 아니라 자라온 성장 과정에서부터 시작된 경우가 대부분이다. 어릴 적 사랑받고 보호받지 못한 상처 입은 어린 아이, 심리학에서 말하는 '내면 아이'가 엄마 마음속에도 자리 잡고 있어 행복하지 못한 엄마는 상처도 대물림한다는 것이다.

아이 문제로 시작했지만 결국 엄마의 내면 아이를 치료하며 문제는 해결의 실마리를 찾는다. 상처 받은 내 어린 영혼을 만나 '참 많이 힘들었구나.' 위로해주고 안아주는 과정을 통해 문제의 원인을 깨닫는다. 문제의 원인을 깨달았다고 해도 변화하려는 의식적 노력은 다시 엄마의 몫이지만 문제의 원인을 알았다는 것만으로도 큰 변화의 시작이기에 희망이 보인다.

하지만 모든 엄마가 심리치료센터나 전문가를 찾을 수는 없다. 전문 치료를 받을 만큼의 엄마도 있겠지만 애매한 경계선 정도에 있다고 여겨지는 경우도 있을 것이다. 비용 부담도 무시할 수 없다. 기관의 도움도 좋지만 상처 받은 내면 아이를 위로해 주는 것은 단기간 치료가 아닌 전 생애를 걸쳐 해야 하는 일, 천천히 그러나 오래 해야 할 일이기에 나름의 방법을 찾아야 한다.

대부분의 엄마들은 본능적으로 일상 속에서 각자 상황에 맞는 방법을 찾는다. 그 중 한 가지는 또래의 아이를 키우는 엄마들과 소통하고 대화하며 문제를 해결하는 것이다. 이야기를 공유하며 울고 웃고 하는 과정에서 후련해지는 기분을 느끼기도 한다. 하지만 보통은 일시적 위로로 끝나는 경우가 많다. 순간의 후련함은 있으나 돌아보면 남는 것이 없기도 하다. 사람과 사람의 관계이다 보니 스트레스 해소와 동시에 또 다른 피로감을 느끼기도 한다. 아무리 친한 사람이라고 해도 나와 아이 사이에 늘 부딪치는 문제와 상처를 다 드러내놓는 것이 쉬운 일은 아니다. 같은 방식의 대화를 반복하다보면 해결이 아닌 문제만 늘 확인하며 같은 자리를 맴도는 느낌이 들기도 한다.

해소와 치유는 다르다. 진정한 치유는 조용한 곳에서 내 안의 자신과 대면해야 한다.

엄마 행복의 시작, 책읽기

내면의 상처를 치유하고 행복해지기 위한 방법은 무엇이 있을까. 여러 방법이 있겠지만 그 중 한 가지는 책읽기이다. 책읽기는 일부 사람들의 고상한 취미 같지만 그렇지 않다. 책 속의 이야기들은 모두 우리가 살아가는 세상의 이야기이자 나의 이야기이다.

나 역시 어린 시절을 떠올리면 힘들고 아팠던 기억으로 가득 차 있다. 또래와는 확연히 다른 가정환경 속에서 사랑과 관심은커녕 늘 외로움과 가난 속에서 허덕였다. 경제적, 심리적 안정이 전혀 없는 삶은 늘 불안했고 그 안에서도 혼자 살아남아야 한다는 생각에 일찍부터 어른이 되어 열심히 살아왔지만 내면은 늘 불안과 열등감으로 가득했다. 열등감이 강한 사람은 인간관계는 물론 사회생활 속에서 마주하는 수많은 상황들이 모두 문제 상황이 되어 다시 나를 파고든다. 그런 일을 반복해서 겪다보면 영혼이 침잠하는 느낌마저 든다.

그런 위기의 나를 구한 것은 책이었다. 학창 시절에는 띄엄띄엄 취미 정도로 읽던 책이 성인이 될 무렵부터 내 일상의 많은 부분을 차지하기 시작했다. 도서관을 드나들며 한 권씩 빌려 읽고 어느 날은 도서관 한 귀퉁이에서 하루 종일 읽기도 했다. 방문 수업을 하던 시절 수업이 취소되어 1시간이라도 여유 시간이 생기면 도서관으로 직행해 책을 읽었다. 어느 순간부터는 서점을 드나들며 마음에 드는 책을 사기도 하고 독서 모임에 참여하면서부터는 이야기를 나누며 위로를 받고 치유를 경험하며 그렇게 내 삶의 행복의 씨앗을 키워나갔다.

책으로 상처를 치유하고 행복해진다는 개념이 막연하게 느껴질 수도 있다. 나도 돌이켜보면 어떤 책을 통해, 어느 순간부터 어떠한 경유로 치유되었는지 명확히 정리하기가 어렵다. 그만큼 인간의 마음 상태는 매우 복잡하다는 뜻일 것이다. 저마다 내면에 자리한 상처의 색과 종류도 다 다르기 때문에 어떠한 책을 읽어야 치유와 행복이 따른다고 말하기도 어려운 문제이다.

그래도 애써 떠올려 본다면 때로는 소설 속 주인공이 나를 위로하고 때로는 심리서가 내 마음 상태를 이해하게 도왔다. 사회생활 초반에 갈길 몰라 읽었던 타인들의 성공기는 이 세상에서 아무것도 못할 것 같던 자존감 낮고 열등감 많은 나에게 용기를 주었다. 누군가의 삶과 생각이 담긴 수필집 또한 삶은 다 그러하구나, 누구나 아프구나 하는 공감과 힘을 주었다. 읽어온 책들이 쌓여감에 따라 내 안에서 서로 조화를 이루면서 내 내면이 행복으로 차오른다는 것을 느끼는 것 자체가 또 다른 기쁨이 되어 나를 살아가게 했다.

책을 읽으며 가장 중요한 것은 자신과의 소중한 만남이 이루어진다는 것이다. 타인과의 관계 속에서 자신을 알게 되기도 하지만 책을 읽는 과정에서도 자신을 만나고 알게 된다. 책을 읽다보면 끊임없이 책의 내용과 자신을 연관지어 생각하고 책 속 이야기를 삶 속으로 끌어와 생각하게 되는데 그 과정의 끝에는 결국 온전한 자신과의 만남이 있다. 책은 내 안의 상처 받은 어린 영혼을 만나게 해 주는 다리가 되는 것이다. 그리고 그 아이를 달래주고 위로해주는 과정을 반복하면서 진정한 내적 행복으로 다가갈 수 있음을 알게 된다.

행복하지 않은 엄마는 아이에게 내적 불행을 물려줄 수밖에 없다. 아무리 좋은 옷, 좋은 학원, 좋은 음식을 다 제공해 준다고 해도, 남들이 보기에 '사랑'도 주는 것 같아도 진정으로 행복하지 못한 엄마의 품에서 자란 아이는 근본적으로 불안하고 아플 수밖에 없다. 엄마의 불안이 자신도 모르는 사이 여러 감정과 말로 표출되어 아이에게 뻗어나가고 아이는 상처를 받는다. 심지어 엄마가 말과 감정으로 드러내지 않아도 불안하고 불행한 엄마에게 자란 아이는 그 영향을 받는다고 한다. 상처는 쌓이게 마련이고 그것을 회복하지 못하는 아이는 결국 행복하지 못한 어른이 된다.

혹시 오늘도 아이에게 한 말 때문에 자괴감이 들고 힘들다면 읽어야 한다. 나는 좋은 엄마가 아닌 것 같다는 생각이 수시로 든다면 역시 읽어야 한다. 아이는 성장하는데 나는 자라지 않는 것 같아도 읽어야 한다. 어제 아이에게 한 말과 행동이 부끄럽고 자책되는데도 여전히 반복하고 있다면 읽어야 한다. 읽고 또 읽어야 한다. 결국 읽어야 산다, 아이와 엄마가 모두.

가난의 대물림이 무섭다고들 한다. 하지만 나는 엄마의 내적 불행을 대물림하는 것이 훨씬 더 무서운 일이라고 생각한다. 돌이켜보건대 자라오면서 내가 가장 힘들었던 건 가난이 아니었다. 앞만 보고 미친 듯이 일을 하니 부자는 아니지만 당장 쌀독의 쌀은 채울 수 있었고 한 인간이 행복하게 살아가는 데 있어 그 이상의 부는 필요치 않다는 사실도 깨달았다.

여전히 두려운 건, 어린 시절의 상처와 그 상처를 고스란히 받은 내 안의 내면 아이가 완전히 치유되지 못할까 하는 것이다. '완전히'라는 것은 원래 없겠지만 적어도 나의 불행이 누군가에게 전달되는 것은 온전히 나의 책임이라는 생각에 마음이 무겁다. 나에게 독서지도를 받는 수십 명의 아이들이 결국 나의 아이와도 같다는 것을 알기 때문에 더욱 책임감이 느껴진다. 그래서 오늘도 여전히 나는 읽고 또 읽는다.

책을 읽으며 많이 치유했지만 여전히 진행 중이다. 시인 랭보는 '상처 없는 영혼이 없다'고 하였다. 이 땅의 수많은 엄마들 또한 색은 달라도 누구나 다 아픔이 있을 것이다. 누구나 상처는 있을 수밖에 없지만 치유할 지, 나를 더 아프게 할 지 선택하는 것은 자신의 몫이다. 내 아픔을 그대로 두면 아이도 아프다. 내가 행복하지 않으면 아이도 행복하지 못한 삶을 살 가능성이 다분하다. 책읽기로 행복한 엄마가 아이를 행복한 삶으로 인도할 수 있다.

📚 **책읽기로 행복한 엄마가 되기 위한 추천 도서**

『아픈 영혼, 책을 만나다』 김영아 글 | 삼인출판

『살아온 기적, 살아갈 기적』 장영희 글 | 샘터사

『사람 풍경』 김형경 글 | 사람 풍경

『미움 받을 용기』 기시미 이치로, 고가 후미타케 글 | 인풀루엔셜(주)

『이주향의 치유하는 책읽기』 이주향 글 | 북섬

『두근두근 내 인생』 김애란 글 | 창비

『어른으로 산다는 것』 김혜남 | 걷는 나무

엄마 책읽기의 시작은
읽어주기부터

앞에서 계속 엄마(부모) 책읽기의 중요성을 이야기하였다. 하지만 막상 책을 집어 들려고 하면 또 막막할 것이다. 가장 손쉽고 좋은 방법은 아이들에게 읽어주기로 시작하는 것이다. 읽어주기도 엄마 입장에서는 '책읽기'이다. 보통은 읽어주기를 내가 아이에게 '해 주는 것'이라고 생각하기 쉽지만 그렇지 않다. '함께 읽기'가 더 정확한 표현이다. 엄마가 읽는 효과 또한 크기 때문이다. 실제로 아이들 책을 읽어주다가 책에 관심을 갖게 되어 독서가가 되는 엄마들도 있다.

하지만 아이들에게 책을 읽어준다는 것은 생각만큼 쉬운 일이 아니다. 부모의 기본 역할만으로도 벅차고 힘든 일상에서 아이에게 책을 읽어주려면 늘 긴장하고 깨어있어야 한다. 나도 수업을 하며 아이들의 수업 도서를 되도록 읽어주시기를 부탁드리는데 매번 읽어주시는 학부모를 볼 때면 진심으로 존경스럽다.

나뿐만 아니라 수많은 독서지도사가 강조하듯이 책읽어주기는 중요하다. 책 읽어주기를 강조하는 이유는 무엇일까, 그리고 도대체 언제까지 읽어주어야 할까.

읽어주기, 아이와 함께 하는 시간

우선 책을 읽어준다는 것은 아이와 같은 시간과 감정을 공유한다는 것이다. 책을 읽어줌으로써 아이는 자연스럽게 부모와의 스킨십을 하게 되고 오로지 서로에게만 집중하는 시간을 갖게 된다. 그 시간이 아이에게는 더없이 편안하고 하루 동안 힘들었던 마음이 쉬는 시간이 된다. 한 번이라도 읽어준 엄마라면 비단 아이에게만 좋은 시간이 아니라 엄마에게도 행복한 시간이라는 것을 알 것이다. 엄마가 책을 읽어주는 시간의 경험이 반복될수록 아이는 심리적으로 안정되고 건강한 정서를 가지고 자란다.

『여우의 전화박스』(도다 가즈요 글, 크레용하우스)는 아기 여우를 하늘나라로 보낸 엄마 여우가 동네 사내아이를 보면서 위안을 얻고 그 슬픔을 이겨낸다는 이야기이다. 이 책을 수업할 때마다 엄마가 읽어주었다는 아이들이 전해주는 이야기는 한결 같다. 엄마가 책을 읽어주시다가 눈물을 흘리셨다는 것이다. 아기를 잃은 엄마 여우의 절절한 슬픔이 담겨 있는 동화라 그 어떤 엄마도 울지 않을 수 없으리라. 아이들에게 전해 들으면서 나는 엄마들의 마음을 상상해본다. 아마도 내 아이를 더욱 사랑해주어야겠다고 생각하지 않았을까. 그리고 아이를 한 번 더 안아주지 않았을까. 읽어주는 시간, 아이와의 사랑을 다지는 그 시간 속에서 엄마도 행복하다는 것은 말하지 않아도 알 것이다.

아이의 독서를 지속시키는 힘, 읽어주기

책을 읽어주어야 하는 이유 중 또 한 가지는 아이들이 독서전환기를 잘 넘기도록 도와야 하기 때문이다. 읽기 발달 단계에 따라 학년별로 읽어야 할 책의 종류가 늘어나거나 글줄이 늘어나고 읽지 않았던 새로운 분야를 접하게 된다. 그런데 바로 이 시기를 잘 넘겨 한 단계 더 능숙한 독자가 되도록 도울 수 있는 가장 쉬운 방법이 바로 '읽어주기'이다.

예를 들어 그림책을 읽던 시기를 지나 조금씩 글줄이 늘어나는 책을 읽는 1, 2학년이 되면 아이들이 갑자기 책을 잘 보지 않는 현상이 생기기도 한다. 등장인물의 수가 많아지고 사건이 조금씩 복잡해지며 글줄도 많아지니 그 전의 책에 비해 혼자 읽기가 어려워 조금 읽다가 포기하는 것이다. 이 과정이 반복되다 보면 책과 멀어지는 것은 시간 문제이다. 바로 이 때 엄마의 도움이 필요하다. 이런 시기에 엄마가 읽어준다면 아이가 책을 조금 수월하게 받아들일 수 있다.

실제로 몇 년 전에 수업하던 한 학생의 어머님이 이를 잘 도와주셨다. 평소보다 약간 글줄이 많은 동화를 읽고 수업을 하기로 한 날이었다. 『우당탕탕 2학년 3반』이라는 학교생활 동화였는데 등장인물이 꽤나 많았다. 어머님은 자신이 먼저 한 번 읽으시고 줄거리를 파악하신 후에 아이에게 읽어주셨다. 게다가 종이에 등장인물 이름을 쭉 적으시고 인물의 특징과 대략의 설명까지 해 놓으셨다. 아이가 평소 읽던 책보다 인물수도 많고 사건도 복잡하니 헷갈려 할 것 같아 도움을 준 것이다. 물론 매번 책마다 이렇게 할 수는 없지만 독서전환기에는 그래도 조금 더 신경을 써야 한다.

3학년의 경우도 살펴보자. 3학년이 되면 학습독서기라고 하여 말 그대로 학습 관련 지식정보책을 읽기 시작하는 나이이다. 책을 꾸준히 읽어온 아이라고 해도 새로운 분야를 접할 때는 도움이 필요하다. 아이들은 익숙한 것만 찾는 경향이 있어서 보통 이런 새로운 도서는 스스로 집어 들지 않는다. 특히 3학년부터 책을 읽지 않는 아이가 서서히 늘기 시작하는데 1, 2학년까지 읽던 쉬운 동화만 반복해서 읽다가 어떤 도서로 확장해야 하는지 모르니 독서 공백이 생기고 결국 책을 읽지 않는 아이가 되는 것이다. 이럴 때 엄마가 읽어주어서 새로운 분야에도 적응할 수 있도록 도와야 한다.

책 읽어주기의 힘은 여기에서 그치지 않는다. 많은 부모가 아이가 혼자 책 읽기를 바라는 마음으로 한글교육을 시킨다. 하지만 한글을 떼고 나서 가장 많이 해야 할 일이 바로 읽어주기이다. 한글을 배웠다는 것은 기호를 익힌 것에 불과하다. 그래서 읽어도 이해를 못하기 때문에 귀로 들으며 눈으로 글자를 보는 과정을 반복해야 한다. 그래야 해독에서 독해로 나아갈 수 있다.

책 읽어주기는 어휘력 상승도 돕는다. 수업 시간에 종종 책을 읽어주고는 하는데 아이들이 모르는 어휘가 나오면 뜻을 물어본다. 나는 뜻만 알려주지 않고 그 어휘가 사용되는 다양한 예를 들어준다. 하나의 어휘는 각각 다른 문장에서 최소 7번 정도를 만나야 뜻을 정확히 이해하기 때문에 그 어휘가 사용되는 다양한 사례를 들어주는 것이다. 그런데 만약 아이가 혼자 읽는다면 모르는 어휘가 나와도 굳이 찾아보지는 않을 것이다. 따라서 읽어주며 소통을 했을 때에 어휘 습득이 더 쉽게 잘 이루어진다.

서로가 행복해지는 일, 책 읽어주기

책 읽어주기의 가장 큰 효과로 서로의 마음 이해를 들고 싶다. 가족들은 소중한 일상을 공유하는 사이이다. 하지만 그렇기 때문에 또 늘 비슷한 일상 속에서는 알 수 없는 서로의 마음이 있다. 가족 갈등이 생기는 이유를 잘 보면 서로의 마음을 헤아리지 못한 오해에서 시작된 문제가 많다. 부모와 아이의 대화도 숙제, 공부, 학교 등 그 날 그 날의 일상 이야기로 채워지는 경우가 많다. 일상대화도 중요하지만 그런 이야기만 하다보면 마음 이야기를 나눈다는 것이 새삼스러워 부끄럽기도 하고 따로 자리를 마련하자니 어색하기도 하다. 무턱대고 마주 앉아 '요즘 너의 마음이 어떤지 이야기해 보자.'고 할 수도 없는 노릇이다. 아이의 학년이 오를수록 더욱 그러기가 쉽지 않다.

그런데 책을 읽어주다 보면 아이의 마음 읽기가 자연스럽게 된다. 수업 시간에 책을 읽어주다 보면 아이들이 책 내용과 관련된 자신의 경험을 이야기할 때가 종종 있다. 자신도 모르는 사이 아주 자연스럽게 이야기하며 나와 대화하는 과정에서 더 깊은 이야기로 흘러가기도 한다. 그 과정에서 자연스럽게 자신의 마음도 드러낸다. '요즘 걱정 있니?', '요즘 마음이 어떠니?'라는 질문은 직접적이라서 오히려 아이들이 부담을 느끼고 한 걸음 물러선다. 하지만 책을 읽어주다 보면 일부러 묻지 않아도 알 수 있게 되니, 이 얼마나 감사한 일인가. 수업 중 책 읽어주기를 통해 마음 대화를 나눌 때마다 나는 이 순간을 공유하는 것이 나보다는 '부모님'이어야 한다는 생각에 책 읽어주기를 권유한다.

아이의 마음을 안다는 것은 아이의 행동을 이해할 가능성이 더 커진다는 뜻이다. 간혹 아이들의 행동을 보면 '왜 그러는 것일까?' 이해가 되지 않을 때가 있다. 물어보아도 잘 이야기하지 않거나 무엇보다 아이 스스로도 자신이 왜 그러는지 잘 모른다고 한다. 그리고 실제로 아이들은 자신이 왜 그러는지 모른다. 오늘 나의 행동은 지난 과거 수많은 경험과 생각의 복합적 산물이기 때문이다. 그것을 말로 조리있게 표현하는 것은 매우 어렵다. 성인도 그런데 아이들은 오죽할까. 그런데 책을 읽어주며 책 대화를 하면서 아이의 여러 이야기를 듣다보면 아이의 마음 변화와 행동을 자연스럽게 이해할 수 있고 또 서로의 관계도 좋아진다.

평소 대화가 없는 부모 자식 간에 자주 하는 말은 '너 도대체 왜 그러니?'와 '이리 와서 얘기 좀 하자.'는 말이다. 아이 마음을 모르니 왜 그런지 묻게 되고, 이야기를 하려고 하면 자리라도 마련해야 한다. 하지만 책을 읽어주면 이런 대화는 자연스럽게 사라진다. 더불어 아이도 엄마 마음을 이해하게 된다. 아이가 마음 속 이야기를 꺼내면 엄마도 이야기를 할 수 있는 분위기가 조성된다. '아, 그랬구나. 그래서 지난번에 그런 말을 했구나. 생각해보니 엄마도 그런 일이 있었는데 그 때 속상했어.'라고 말하면 아이도 엄마 마음을 알고 위로해 줄 것이다. 서로 마주 앉아 위로해 주는 시간의 행복, 그 매개체가 우리 주변에서 널린 '책'이라는 사실은 차라리 축복이 아닐까.

인간관계의 모든 갈등은 오해 또는 몰이해에서 시작된다. 사람은 아는 만큼 이해하며 공유하는 시간만큼 사랑하게 된다. 당장 눈앞의 갈등은 물론 아이가 크면서 시시때때로 마주하는 수많은 갈등도 함께 읽었던 책읽기의 시간으로 극복할 수 있지 않을까. 함께 읽기는 함께 행복해지기 위한 시작이다.

📖 읽어주기 좋은 책

『여우의 전화박스』 도다 가즈요 글 | 크레용하우스

『언제까지나 너를 사랑해』 로버트 먼치 | 북뱅크

『개구리네 한솥밥』 백석 동화시 | 보림

『개구쟁이 노마와 현덕 동화나라』 현덕 | 웅진주니어

『꽃장수와 이태준 동화나라』 이태준 | 웅진주니어

『아기 소나무와 권정생 동화나라』 권정생 | 웅진주니어

『아낌없이 주는 나무』 쉘실버스타인 | 시공주니어

『똥벼락』 김회경 | 사계절

『팥죽 할머니와 호랑이』 조대인 글 | 보림

『어린왕자』 생떽쥐베리 글 | 비룡소(기타 여러 출판사)

『안데르센 동화집』 안데르센 글 | 지경사(기타 여러 출판사)

『마티유의 까만색 세상』 질 티보 | 어린이 작가 정신

📖 읽어주기 좋은 시, 어린이글

『달팽이는 지가 집이다』 김용택 엮음 | 푸른숲주니어

『학교야 공차자』 김용택 글 | 보림

『엄마 없는 날』 어린이신문 굴렁쇠 | 굴렁쇠

『학원가기 싫어』 이주영 글 | 우리교육

『비교는 싫어!』 이영근 엮음 | 우리교육

책 읽어주기,
계속되어야 할 일

    부모와 아이가 함께 책 읽는 시간의 행복에 대해 이야기하였다. 그런데 가끔 엄마가 책을 읽어주는 것이 싫다고 하는 아이들이 있다. 여러 가지 이유가 있겠지만 이야기를 나누다보면 그 이유가 책을 읽어주는 과정에서의 부정적 경험 때문인 경우가 종종 있다. 예를 들어 읽어주다가 자꾸 내용 이해와 관련된 질문을 한다거나 사랑을 바탕으로 읽어주는 것이 아니라 의무감에 읽어줄 때이다.

책읽기가 싫어지는 읽어주기 방식

:

책 읽어주기도 잘못하면 오히려 역효과가 나타날 수도 있으니 주의할 점에 대해 이야기하고자 한다. 우선 언급했듯이 책을 읽어주면서 자꾸 내용 이해 질문을 하는 것은 삼가야 한다. 책은 읽는 것이지 공부하는 것이 아니다. 아이가 잘 들으며 이해하고 있는지 궁금한 마음을 이해 못하는 바는 아니다. 하지만 자꾸 내용 이해 질문을 하면 아이는 그 시간이 공부 시간처럼 느껴져 싫어할 뿐 아니라 책과도 멀어질 수 있다.

또 한 가지는 부모가 의무감에 읽어준다고 느낄 때이다. 책 읽어주기가 중요하다고 하여 읽어주기를 지속하는 엄마도 많지만 사실 쉬운 일은 아니다. 그렇다보니 생각과 마음이 따로라 읽어주면서도 힘들어 억지로 읽어주는 경우가 생긴다. 책 읽어주는 시간은 서로의 마음 교류 시간이라고 말했듯이 억지로 읽어주다 보면 마음 교류가 아닌 마음 마찰만 생기기 십상이다. 피곤하고 힘든 날은 억지로 읽어주기보다 차라리 쉬는 편이 나을 것이다.

주의해야 할 일

:

책을 읽어주며 주의할 점은 부모의 속도가 아닌 아이의 속도를 따라야 한다는 점이다. 그런데 읽어주는 사람의 속도를 따를 때가 많다. 이는 특히 그림책을 읽어줄 때 자주 하는 실수이다. 그림책을 볼 때 어른들은 글을 중심으로 보지만 아이들은 그림을 본다. 그림에 많은 내용이 담겨 있기 때문이다. 그런데 어른은 한 페이지에 달랑 몇 줄인 글을 읽으면 다 읽었다고 생각하여 책장을 넘겨버리기 쉽다. 아이가 그림을 보며 한창 책에 빠져 있는 것을 모른 채 말이다. 아이의 책읽기 속도에 맞추어 읽어주어야 의미가 있다.

책을 읽어주면서 무조건 끝까지 다 읽어주어야 한다는 부담도 버리면 좋다. 읽어주는 사람은 아무래도 한 권을 끝까지 읽어주어야 한다는 부담을 가지기 쉽다. 그래야 할 일을 다 마친 것 같은 기분도 들기도 하다. 하지만 그런 마음으로 읽어주다 보면 아이가 하는 질문이나 반응을 무시하고 넘어가기 쉽다. 실제로 아이는 질문을 하는데 엄마는 일단 다 듣고 나서 하라고 하고는 읽어주기를 계속 하는 경우를 종종 본다. 책 읽어주기는 한 권을 그 자리에서 마쳐야 하는 숙제가 아니라 아이와의 상호작용 시간이다. 끝까지 읽어주어야 한다는 부담을 버리고 아이의 움직임에 반응해가며 편하게 읽어주면 어떨까.

한 권을 그 자리에서 다 읽어주어야 한다는 부담 때문에 아이가 연령이 높아져도 계속 아이 수준보다 낮은 책을 읽어주는 경우도 있다. 반대로 글줄이 늘어나면 엄마도 힘드니 점점 안 하게 된다. 글줄이 많은 책은 나누어서 여러 날에 걸쳐 읽어주어도 좋다. 예전에 한 학부모님은 『어린왕자』를 읽어주셨다고 한다. 명작은 여러 가지 버전이라 짧게 축약된 『어린왕자』도 있지만 아이가 고른 책은 글줄이 꽤 많은 책이었고 어머님은 걱정이 되어 나에게 조언을 구하셨다. 나는 날마다 나누어서 조금씩 읽어주실 것을 권하였고 어머님은 나의 권유대로 하셨다. 나누어 읽어주다보니 어느새 아이가 그 다음을 궁금해하며 읽어주는 시간을 기다렸다고 한다. 책을 다 읽어준 약 2주 뒤에 아이가 행복해하는 모습을 보며 다음 책도 내용이 꽤 긴 명작을 고르셨다는 훈훈한 후일담을 들려주셨다.

요즘 책을 읽어주는 디바이스(장치)들이 많은데 이 또한 짚고 넘어가야 한다. 책 읽어주기가 힘든 엄마는 그런 제품을 보면 구입하고 싶은 유혹에 빠지기 쉽고 실제로 많은 부모들이 대신 읽어줄만한 것을 찾는다. 도구나 장치로 책의 텍스트를 소리로 전달받는 도서관이 있다는 이야기도 들었다. 하지만 거듭 강조하듯이 책 읽어주기는 상호 작용을 기본으로 한다. 그런데 기계장치는 아이의 반응이나 움직임을 감지하지 못하고 혼자 읽기만 한다. 아이가 질문을 할 기회도 주지 않고, 들으면서 하는 반응에 응답할 수도 없다. 아이의 미세한 마음 변화도 감지할 수 없이 그저 읽어주기만 한다. 생각하면 순간 무섭기도 하다. 책을 읽어주라는 것이 단순히 오디오의 역할이 필요해서는 아니다. 아이가 어릴수록 책 읽어주는 기계장치의 사용은 자제하는 것이 좋다.

서점이나 도서관에 가면 구연동화 수준으로 책을 읽어주는 부모를 어렵지 않게 볼 수 있다. 등장인물의 목소리를 흉내 내기도 하고 다양한 몸짓을 취하기도 한다. 나 역시 구연동화를 배운 적이 있어서 저학년 아이들에게 구연동화를 해 주듯이 읽어줄 때가 종종 있다. 한 마디로 실감 나게 읽어주는 것이다. 하지만 모든 책을 매번 그렇게 읽어줄 수는 없는 노릇이고 그럴 필요도 없다. 아이의 상상력 차원에서 아주 바람직하다고 볼 수만은 없다.

특히 그림책에서 줄글 책으로 넘어가는 시기에는 더 유의해야 한다. 책은 글이기 때문에 비언어적 표현이나 반언어적 표현이 없다. 우리가 서로 마주보고 말할 때에는 비언어적 표현인 상대의 몸짓, 손짓, 표정 등도 함께 보며 말의 의미를 파악한다. 말의 속도나 어조, 억양인 반언어적 표현도 의사소통을 돕는다. 그런데 글에는 두 요소가 포함되어 있지 않아 읽는 이가 문맥 속에서 파악하며 읽어야 한다. 예를 들어 '왜 그랬어?'라는 짧은 대화도 화를 내며 이야기하는 것인지, 안타깝다는 듯이 이야기하는 것인지 독자가 글의 흐름 속에서 파악해야 하는 것이다. 그런데 읽어주는 이가 미리 판단하며 비언어, 반어요소를 포함해 읽어주면 아이들이 오히려 능동적으로 이해하지 않으려 할때가 있다. 따라서 읽어주는 이의 해석을 배제하고 그저 편안하게 읽어주는 것도 때로는 필요하다.

부담 갖지 말고 하루 10분

:

엄마들이 책읽어주기에 부담을 느끼는 이유 중 한 가지는 일부 독서교육서나 부모교육서에서 보는 내용 때문이기도 하다. 독서를 잘 하는 아이로 키운 부모가 목이 쉬도록, 또는 입에서 단내가 나도록 읽어주었다는 내용이 많다보니 일단 부담부터 느낀다. 마음으로 부담이 되는 일은 막상 해 보면 별거 아닌 경우가 많다. 책 읽어주기도 그 중 한 가지라 생각한다. 긴 시간이 필요하지는 않다. 하루 10분~15분이면 충분하다.

아이와 부모가 함께 할 수 있는 위대한 일 중 한 가지는 바로 함께 책을 읽는 것이다. 엄마가 나이가 들어 기력이 없어 누워있을 때 아이가 나에게 책을 읽어주는 장면을 상상해보라. 이보다 더 행복한 일과 인생의 큰 선물이 있을까. 그러기 위해서는 내가 먼저 읽어주어야 한다. 아이가 자라면 해 주지 못하는 것이 많다. 열 살만 지나도 곁을 내 주지 않는 아이들도 있다. 지나고 나서 후회하기보다 지금 소중한 내 아이가 옆에 있을 때 하기를 권한다.

책 읽어주기 Q&A

1. 아이가 잘 듣지 않아도 읽어주어야 하나요?

간혹 읽어주려고 해도 아이가 거부한다는 고민을 듣는다. 혹은 싫어하는 것 같지는 않은데 읽어줄 때 옆에 앉아있지 않고 자리를 떠나는 아이도 있다. 그래도 읽어주기는 중요한 일이다. 꼭 서로 붙어 앉아 읽어준다는 편견을 버리면 마음이 한결 편할 것이다. 아이가 혼자 장난감을 갖고 놀고 있을 때도, 혼자 밥을 먹고 있을 때도 적당히 떨어져 앉아서 소리 내어 읽어보자. 안 듣는 것 같아도 다 듣는다.

2. 도대체 언제까지 읽어주어야 하나요?

정말 많이 들어왔던 질문이다. 하루 10분 아무리 짧은 시간이라고 해도 꾸준히 한다는 것은 결코 쉽지 않다. 우선 3학년까지는 일단 읽어주는 것이 여러 면에도 도움이 되므로 힘들더라도 조금만 더 힘내시기를 응원해 본다. 책 읽어주기는 아이가 원하는 한 계속 되어야 할 일이다. 고학년이 되어도 아이가 원하면 읽어주어야 한다. 대신 고학년이 되면 조금씩 비중을 줄이는 것으로 부담을 줄여보자. 주 3회에서 주 2회로, 그러다 주 1회로 줄이면서 아이 혼자 읽는 시간을 늘리도록 하는 것이다. 초반 10여 년이 힘들면 이후 몇 십 년이 편하다고 한다. 딱 10년만 고생하자.

3. 연령이 다른 두 아이의 책 읽어주기는 어떻게 해야 하나요?

아이가 둘인 경우 엄마는 정말 힘들다. 한 아이도 힘든데 두 아이 모두 날마다 읽어주는 것은 시간적으로도 그렇지만 아이들을 각자 돌봐야 하기 때문에 더욱 힘든 일이다. 아이들이 엄마 마음처럼 시간 차를 두고 순서대로 자는 것도 아니고 한 아이하고만 온전히 보낼 시간이 늘 확보되는 것도 아니기 때문이다. 그럴 때는 두 아이 책 수준의 중간 정도 수준의 도서를 선택해서 읽어주는 것이 좋다. 아니면 아이들이 각자 책을 고르라고 해서 원하는 책을 하루씩 번갈아가며 읽어주는 방법도 권한다. 만약 아이들이 나이 차가 많다면 첫째가 둘째에게 읽어주도록 독려해 보라. 5학년인 첫째가 5살 둘째에게 읽어줄 때는 5살 수준의 책이어도 상관없다. 읽어주는 과정에서 정서도 자라기 때문에 분명 좋은 효과를 거둘 것이다.

책 읽어주기 Tip

1. 녹음을 해서 들려주자

엄마는 바쁘다. 날마다 챙겨야 하는 일이 얼마나 많은가. 그럴 때 좋은 방법은 아이에게 책을 읽어주는 시간에 녹음을 한 후 반복해서 들려주는 것이다. 요즘은 스마트폰으로도 쉽게 녹음할 수 있기 때문에 더욱 간편하게 시도해 볼 수 있다. 앞에서 책 읽어주는 '기계장치'의 위험성을 이야기했지만 이는 그것과는 다르다. 엄마가 한 번 읽어준 시간의 행복을 다시 느끼는 것이므로 오히려 정서에 좋다.

2. 아이와 번갈아가며 읽자

나도 수업 중에 종종 책을 읽어주기 때문에 그림책이라고 해도 한 권 읽어주기가 여간 힘든 것이 아님을 잘 안다. 그럴 때는 아이와 한 페이지씩 번갈아 읽기를 시도해 보아도 좋다. 엄마는 바탕글, 아이는 대화글을 읽는 식의 방식도 좋다. 아이가 심하게 거부한다면 어쩔 수 없겠지만 간혹 시도하면 좋은 방법이다.

3. 엄마가 피곤한 날은 읽어달라고 하자

컨디션이 안 좋거나 피곤한 날은 '오늘은 힘드니 좀 쉬자.'고 생각할 수 있다. 정말 힘들면 차라리 쉬는 것이 낫다. 하지만 이럴 때라도 지혜를 발휘하려면 그건 아이에게 읽어달라고 하는 것이다. '오늘은 엄마가 힘든데 좀 읽어주면 안 될까?'하면서 도움을 요청해보라. 사실 아프지 않아도 가끔 아픈 척하며 아이에게 요청하는 엄마도 있다. 하지만 아이들은 눈치가 빠르다. 정말 힘들거나 아픈 날만 읽어달라고 해야 한다. 책도 아이 스스로 고르게 하고 감사의 마음까지 표현하면 아이 또한 읽어주는 기쁨도 누리고 스스로 읽게 하는 효과도 얻을 수 있다. 수업 중 가끔 '효도'에 대해 이야기할 때면 아이들은 나중에 커서 돈 벌어서 뭘 사드린다고 한다. 하지만 지금 이 순간, 엄마에게 책읽어주는 것이 최고의 효도임을 알려주는 것은 어떨까.

4. 클라이맥스 전까지만 읽어주자

이야기는 보통 [발단]-[전개]-[위기]-[절정]-[결말]의 구조를 따른다. 보통 전개가 시작되기 전까지는 등장인물이나 여러 배경 소개가 되는 부분이라 긴장감이 없다. 그러다 이야기가 진행될수록 긴장감이 고조되며 재미있어지고 책읽기 속도도 붙는다. 아이가 한창 빠져들어 있을 때에 읽어주기를 멈추어보라. 궁금해서 혼자라도 읽을 것이다. 혹은 그렇지 않다고 하더라도 다음 날의 책 읽기 시간을 기다리게 될 것이다.

5. 한 권이 부담스러운 날은 짧은 동화 모음집이나 시도 좋다

책을 한 권 다 읽어준다는 부담은 버려도 좋다고 언급하였다. 긴 동화라면 나누어서 읽어주어도 된다. 그런데 아이가 꼭 끝까지 읽어달라고 해서 엄마가 힘든 경우도 있다. 그럴 때는 어린이 시가 실린 책을 구해 시를 읽어주어도 좋다. 또는 단편 동화집처럼 아주 짧은 동화가 한 권에 묶인 책을 읽어주면 된다. 책 읽어주기는 많은 텍스트를 전달하는 것이 목적이 아니라 함께 하는 그 시간의 힘 때문에 위대하다.

8
함께 읽기의 시작,
환경 변화

함께 읽기로 엄마의 책읽기도 시작될 수 있음을 이야기하였다. 이 때 또한 가지 돌아보아야 할 것 중 한 가지가 바로 '환경'이다.

거실 서재화의 결과는?

꽤 오래 전 거실의 서재화가 유행했던 적이 있었다. 독서지도 방문수업을 오래 다닌 나도 각 가정을 방문하면서 서재화된 거실을 어렵지 않게 보았다. TV를 안방으로 옮기거나 아예 없애고 거실에 큰 책장을 들여 그야말로 서재처럼 꾸미는 것이었다. 거실의 서재화는 당연히 책 읽는 아이를 위한 부모의 큰 결단이었을 것이다. 가족 구성원 중 한 사람이라도 반대하면 시도하기 어려운 일이기 때문이다.

그 결과 재미있는 현상도 많이 생겼다. 거실에는 책만 가득하다보니 가족들이 텔레비전이 있는 방으로만 모이는 것이다. 각자 쟁반에 자기가 먹을 음식을 가지고 TV 앞에 옹기종기 앉아 시청을 하는 가정도 보았다. 가족이 함께 하기 편한 넓은 공간인 거실은 오히려 텅텅 비어서 생활의 불편함만 초래한 웃지 못 할 광경이었다.

우리 아이가 책을 읽게 하려면 책을 읽을 수 있는 환경을 만들어주라는 말을 한 번도 들어보지 않은 엄마는 없을 것이다. 많은 독서 전문가들이 하는 가장 기본적인 조언이기도 하다. 그래서 큰 맘 먹고 거실 서재를 마련했지만 그 이후 책 읽는 아이, 책 읽는 부모가 된 가정이 과연 얼마나 있을까? 지금은 유행이 아니라 일반화 되었는지 그런 가정을 어렵지 않게 본다. 그런데 환경이 바뀌었다고 해도 우리 가족의 책읽기가 실천이 되지 않는다면 분명 문제가 있다.

책 읽을 수 있는 '진짜' 환경

:

우선 '환경 변화'를 이야기할 때의 '환경'은 여러 의미가 있다. 거실을 서재화한 것이 물리적 환경 조성이라면 아이들의 심리적인 환경도 조성해 주어야한다. 책을 읽을 수 있는 정서적인 안정을 주어야 한다는 것이다. 책만 잔뜩들인다고 해서, 거실에 책이 가득 차 있다고 해서 아이들이 바로 책을 읽지는 않는다. 오히려 보기만 해도 갑갑한 책무덤이 될 공산이 크다. 가득 찬 책을 보면서 거부감이 들 수도 있다. 책을 읽도록 하려면 아이가 책을 읽을 만한 시간과 읽을 수 있는 편안한 분위기 조성을 해 주는 것이 많은 책을 구비하는 것보다 더 중요하다.

물론 물리적 환경도 돌아보아야 한다. 보통은 큰 책장이 늘어서 있고 책이 가득 꽂혀 있으면 그 집에 사는 사람들은 모두 책을 잘 읽을 것만 같다. 실제 내가 운영하는 논술 교실도 거실 한 벽면은 모두 책장이고 맞은 편에 책상이 있다. 책과 책상 말고는 놀거리도 볼거리도 없다보니 아이들이 논술 교실에 오면 책만 읽을 것 같다고 한다. 하지만 실제로 읽는 아이는 따로 있다. 원래 책을 좋아하는 아이들이다. 좋아하지 않는 아이는 조금 일찍 오기라도 하면 책밖에 없는 논술 교실에서 무엇을 할 지 몰라 안절부절못하거나 스마트폰을 들여다보곤 한다. 결국 책이 많은 것이 좋은 환경이라는 오해는 버려야 한다.

그렇다면 도대체 어떤 환경이 좋은 환경이라는 뜻일까. 일단은 그저 여기 저기에 책이 있으면 될 뿐이다. 많은 책을 이야기하는 것이 아니다. 손닿는 곳에 책이 있으면 된다. 그런 의미에서 크고 무거운 책장은 권하고 싶지 않다. 특히 중학년 이하의 아이들이 있는 가정에서는 큰 책장이 오히려 아이들에게 위압감을 주기 쉽다. 내가 아이 키가 되어 위를 바라보면 그 느낌을 알 것이다. 큰 책장 자체가 위압감을 주는데 그 안에 잔뜩 꽂힌 책은 또 오죽할까.

책장은 아이 손이 닿는 높이면 충분하다. 아이가 쉽게 꺼내들고 읽을 수 있어야 한다. 정말 책을 좋아하는 아이가 아니라면 받침대까지 두고 올라가 높은 곳에 있는 책을 꺼내보지는 않는다. 만약 아이가 책을 정말 좋아해서 공간이 부족하거나 높이 있어도 알아서 받침대를 딛고 올라가 본다면 상관없겠지만 아이에게 책에 대한 흥미를 느끼게 해 주는 단계라면 생각해 볼 일이다.

그렇다면 높이가 낮은 책장이 더 좋을 텐데 그 책장도 한 곳에 몰아두기보다 여기저기 두는 것이 좋다. 쉽게 옮길 수 있는 작고 가벼운 책장은 배치하기도 쉽다. 집에 들어와 현관 앞, 거실 소파 옆, 텔레비전 옆, 주방 식탁 옆 등 곳곳에 작은 책장을 배치하여 아이가 어디에 앉아서도 쉽게 꺼내볼 수 있어야 한다. 물론 아이가 자라는 동안 인테리어는 포기해야 한다.

앞에서 이야기한 '함께 읽기'는 같은 책을 읽는 것이었다면 더 나아가서 각각 다른 책을 한 공간에서 읽는 함께 읽기로 발전해야 한다. 그러기 위해 필요한 것이 책상이다. 아이와 마주 앉아 읽을 수 있는 정도의 책상이면 충분하다. 실패하는 독서교육 방식 중 대표적인 것 한 가지는 엄마는 TV나 스마트폰을 보면서 아이에게 방에 들어가 책을 읽으라고 하는 것이다. 책읽기는 함께여야 한다. 물론 각자의 일이 있으니 아이가 읽을 때마다 함께 읽을 수는 없다. 하지만 하루 30분 정도라도 엄마와 마주 앉아 함께 읽는다면 아이들에게 그보다 더 좋은 독서교육은 없다.

또 한 가지는 책의 배치에 대해 이야기하고 싶다. 전집의 경우 책 번호가 있기 때문에 순서대로 가지런히 꽂힌 경우가 많다. 하지만 이렇게 천편일률적으로 꽂힌 책은 좀처럼 꺼내들지 않는다. 늘 그 자리에 있는 장식품일 뿐이다. 전집이 단행본들과 섞여 있어도 상관없다. 순서대로 보기 좋게 꽂힌 모습은 그냥 '보기만' 좋을 뿐이다. 전집이 아니라 단행본조차 어른들 눈에 보기 좋게 크기나 기타 외형을 고려하여 꽂아두는 경우도 많은데 이 또한 책읽기의 효과를 오히려 떨어뜨릴 수 있다.

전집의 다양한 배치가 주는 효과에 대해서도 언급하고 싶다. 우선 위에서 말한 대로 전집을 여기저기 꽂아두면 좋은 점이 있다. 아이와 찾기 놀이를 할 수 있다는 것이다. 책이라는 실물 자체를 가지고 노는 것도 독서교육이다. 다 읽은 전집은 아예 다른 책장에 따로 두어서 줄어드는 기분을 맛보게 하는 것도 좋다. 아이의 성취감이 클 것이다. 엄마들에 따라 다 읽은 전집은 거꾸로 꽂아 구분하기도 하는데 이 또한 배치가 자유롭다는 발상이 있어 가능한 일이다. 전집도 세부 내용에 따라 몇 권씩 구분되기도 하는데 한 묶음씩 다른 책장에 꽂는다면 이 또한 아이에게 새로움을 선사할 것이다.

책 읽는 환경 변화 중 책 배치에 있어서 가장 중요한 것은 아이가 원하는 대로 책을 배치하도록 하는 것이다. 엄마가 보기 좋은 것과 아이가 보기 편한 것은 다르다. 만약 아이가 어떻게 배치할지 모르겠다고 하면 엄마가 살며시 기준을 제시하는 것도 좋다. 예를 들어 가장 일반적인 것이 분야별로 정리하는 것이다. 아이가 책의 분야도 알 수 있게 되고 제목만 보고 모르면 들추어 보면서 읽거나 읽기 욕구를 가지게 되기도 한다. 또는 재미있게 읽었던 책, 보통이었던 책, 재미없었던 책으로 나누는 것도 좋다. 이런 식으로 하다보면 아이가 상상 이상의 기발한 기준을 제시할 수도 있다.

책을 잘 읽는 아이들의 특징이 있다. 한 눈에 보면 책장이 대체로 지저분해 보이고 책이 기준 없이 마구 꽂혀 있는 것 같다는 점이다. 그런데 놀랍게도 어느 책이 어디에 있는지 알고 구석에 있는 것까지 다 찾아낸다. 자기가 읽은 책이고 스스로의 기준에 의하여 기억하기 좋도록 꽂아두었기 때문이다. 침대 밑에 두고 자기 전 읽으면 좋은 책, 화장실에서 읽으면 좋은 책, 소파에 앉아 읽으면 좋은 책이 다를 테니 다 자신의 독서 성향이나 상황에 맞게 꽂아둔 것이다. 나 역시도 내가 머무는 공간들마다 그 공간에 어울리는 책들을 배치해 두었다. 책을 좋아하면 의도적이 아니라 자연스럽게 하게 된다.

주기적으로 책장 회전을 해 주는 것도 좋다. 말 그대로 배치를 전부 다시 하는 것이다. 나도 논술 교실의 책장을 주기적으로 회전해준다. 그럼 놀랍게도 완전히 다른 집 책장으로 보이는 효과가 있다. 아이들은 새로운 책이 들어왔냐며 좋아한다. 예전 어느 학부모님은 아이가 안 읽어서 버리려고 앞에 빼두었더니 우리집에 이런 책이 있었냐며 읽기 시작했다고 한다. 집 안에서의 책의 위치가 달라졌을 뿐인데 아이는 새로운 책으로 받아들인 것이다. 가만 보면 있는지 몰라서 못 읽는 책도 많다.

정말 책을 좋아하는 아이는 위의 물리적 환경과 상관없이 잘 읽기도 한다. 지금까지 말한 환경조성이 책읽기의 필수 요소 또한 아니다. 아이가 책을 좋아하지 않는 경우에 최대한 다양하게 시도해보자는 의미이다. 아이의 독서를 위한 노력은 다각도로 꾸준히 이루어져야 한다.

우리집 독서 환경 점검표

분류	질문	
심리·정서 환경	1. 우리 아이 자존감은 높은가요?	그렇다 / 아니다
	2. 부부의 행복한 모습을 보여주는 편인가요?	그렇다 / 아니다
	3. 아이와 마음 대화를 나누는 시간이 하루 30분 이상 되나요?	그렇다 / 아니다
	4. 가정이나 아이 주변에 아이가 불안해 할 만한 요소가 있나요?	그렇다 / 아니다
생활환경	1. 학원과 숙제 등 아무 것도 하지 않아도 되는 편안한 시간이 하루 3~4시간 이상 주어져 있나요?	그렇다 / 아니다
	2. 아이의 나이에 맞는 적정 시간의 수면을 하고 있나요?	그렇다 / 아니다
	3. 자투리 시간이 아닌 책을 읽을 만한 연속 시간이 하루 1~2시간 이상 있나요?	그렇다 / 아니다
	4. 가족들이 함께 모여 책읽는 시간이 일주일에 2회 이상 있나요?	그렇다 / 아니다
물리적 환경	1. 전체 책 중 아이의 독서력에 맞는 책, 아이가 좋아하는 분야의 책이 최소 80% 이상 비치되어 있나요?	그렇다 / 아니다
	2. 책이 집안 곳곳 아이 손에 잘 닿는 곳에 비치되어 있나요?	그렇다 / 아니다
	3. 6개월에 한 번씩 책장 회전을 해 주고 있나요?	그렇다 / 아니다
	4. 한 달에 한 권이라도 새로운 책을 꾸준히 구입하거나 주 1회 이상 도서관을 방문하나요?	그렇다 / 아니다

⇨ 각각의 분류 문항에 '그렇다'라고 표기한 것이 2개 이하, 총 6개 이하라면 독서 환경을 점검해 보아야 한다.

9

책이 많은 집은
독서 환경이 좋은 것일까?

2015년 논술 교실을 오픈하기 전 15년 간 방문 수업을 해 왔다. 독서지도를 방문 수업으로 진행하는 경우 큰 장점이 하나 있다. 바로 가정의 독서 환경을 두 눈으로 확인할 수 있다는 점이다. 상담을 위해 집에 들어서자마자 나는 빠른 눈동자의 움직임으로 책장을 둘러본다. 물론 집안 구석구석을 다 볼 수는 없지만 거실에 앉아서 눈에 들어오는 것만 보아도 많은 것이 파악된다. 아이와 수업을 진행하면서 아이 방에 있는 책이나 다른 도서들도 보기 때문에 시간이 흐름에 따라 독서 환경을 더 정확히 파악할 수 있게 되며 이는 아이 독서교육에 큰 도움이 된다.

우선 독서 환경을 보고 알 수 있는 사실이 있다. 첫째로 부모의 책읽기 여부이다. 이는 초기 상담지에도 작성을 하시도록 부탁드리지만 사실 집안의 환경을 보면 단번에 더 정확히 파악할 수 있다. 책읽는 부모를 찾아보기는 쉽지 않다. 대부분은 부모의 책보다는 아이들 전집이나 기타 단행본들만 빼곡한 경우가 많다. 부모님의 책이 있다고 하더라도 아주 소량이거나 아빠의 경우 직업 관련 서적 몇 권, 엄마의 경우에도 관심사 도서 몇 권인 경우가 대부분이다.

독서 환경을 보면 부모가 아이의 나이와 독서 발달 단계에 따라 책을 잘 권해주고 있는지의 여부도 알 수 있다. 아이가 책을 읽지 않는다고 고민하시는 경우를 보면 대체로 이 부분에서 문제가 있다. 엄마는 책을 읽지 않는다고 하는데 막상 아이는 읽을 책이 없다. 답답한 건 엄마도 마찬가지이다. 사 준지 몇 년이 지나도 읽지 않는 책도 있고, 비교적 큰돈을 투자하여 들인 전집이 몇 년째 자리만 차지하는 경우가 다반사이기 때문이다.

아이 수준에 맞지 않은 책은 무용지물

:

오래 전 방문했던 한 가정의 아이는 2학년이었다. 상담 도중 아빠가 퇴근하셔서 부모님과 함께 독서교육을 상담을 했다. 늘 그렇듯 독서논술 수업을 요청하시는 어머님들은 '아이가 책을 보지 않는다.'라는 말을 꺼내신다. 이 가정의 부모님은 부부 모두 책을 잘 읽는데 아이가 안 읽어 답답하다는 말씀을 여러 번 강조하셨다. 나는 눈으로 책장을 훑어보며 독서 환경을 파악하고 부모님이 하신 말씀을 조합해서 아이가 읽지 않는 이유를 파악해 갔다.

판단 결과 아이가 책을 읽지 않는 이유는 명확했다. 거실 책장에는 눈을

씻고 찾아보아도 2학년 아이가 읽을 만한 책이 거의 없었다. 대략 눈에 띄는 것이 10권 남짓이었는데 그것도 아이 손에 닿지 않는 가장 맨 위에 있었다. 그리고 아이 손에 가장 편하게 닿는 곳에는 아빠가 보는 전문 서적들과 엄마의 책, 그리고 아이 수준에 맞지 않는 책들이 섞여 있었다. 이웃의 고학년 언니가 이사 가면서 주고 간 책들이라고 하셨다. 그 중에서 지금 떠오르는 것은 『몽실 언니』와 『샬롯의 거미줄』이었던 것 같다. 2학년 아이가 읽기에 상당히 무리가 있는 책이다.

넌지시 그 말씀을 드리니 어머님은 아이 수준에 맞지 않는 책들을 몇 권 뽑아 가장 맨 위로 올리셨다. 그 책 이외에 남아있는 책들도 마음에 걸렸지만 무엇보다 2학년 아이가 '몽실 언니'를 당연히 읽을 거라고 생각한다는 아버님의 답변에 마음이 아려왔다. 부모가 책을 읽는다고 해도 2학년 아이가 어느 정도의 책을 읽어야 하는지를 모르니 벌어지는 일이었다. 이런 경우에는 책이 아무리 많아도 무용지물이다.

반대의 경우도 있다. 중학교 3학년이었던 민후는 자신의 방이 곧 책장이었다. 침대가 있었지만 그 주변으로 책상과 책들이 쌓여 있어서 그야말로 학자의 방 같았다. 민후는 나와 4학년까지 수업하다 중단하고 중3이 되어서 다시 만났다. 오랜만에 나를 본 어머님은 반가움을 표현하시자마자 책을 읽지 않는 민후에 대한 고민을 풀어놓으셨다. 단계별로 꾸준히 읽어나가야 하는 독서가 수업을 중단한 동안 거의 전무했던 모양이다.

그 많은 책을 읽지 않는 민후가 답답하다는 어머님의 말씀과 함께 몇 년 만에 민후 방에 들어선 나는 또 가슴이 저려왔다. 민후 방에는 초등 3, 4학년, 심지어 그 이전의 아이들이 읽을 만한 전집만이 가득했기 때문이다. 10년 전에 구입해 놓은 전집도 아이가 읽지 않는다는 이유로 버리지 않으셨다. 수업을 위해 아이와 함께 책상에 앉으니 내 눈에 들어오는 책은 초등 중학년 정도 수준으로 나온 삼국유사였다. 단행본들도 학교의 독서 활동 때문에 산 청소년 도서 몇 권 빼고는 모두 초등 저·중학년 수준의 책들이었고 손을 뻗으면 가장 가까이 닿는 곳에 중3 문제집들과 섞여 있었다. 아이가 책을 읽지 않는다는 이유로 초등 중학년 이후에는 책을 거의 사 주지 않으셨다고 했다. 큰돈을 주고 구입했지만 읽지 않아 처분을 못하는 전집들이 민후의 독서를 가로막았다는 사실은 더 말할 필요도 없다. 이것이 내가 전집을 권유하지 않는 이유이기도 하다. 책을 모두 정리할 것을 권유 드리자 다행히 어머님은 이웃에게 주시거나 중고로 판매를 하셨다.

많은 책보다 아이 수준에 적절한 책

거실 한 면을 책으로 가득 채운 집, 도서관 저리가라 할 정도의 책들이 집 안 이곳저곳에 놓인 집, 얼핏 보기에는 참 그럴 듯하다. 아이가 책을 안 읽고는 못 베길 것도 같다. 하지만 정말 그럴까? 초등학생 아이에게 분유만 주면서 안 먹는다고 하고, 젖먹이 아이에게 밥을 주면서 왜 못 먹느냐고 하는 일들이 우리 가정 독서교육 현장에서는 아주 흔하게 벌어진다. 많은 책은 필요하지 않다. 아이 수준과 흥미도에 적절한 책이 필요할 뿐이다.

지금 우리집 책장을 살펴보기를 권한다. 엄마는 읽으라고 하고 아이는 읽을 책이 없다고 한다면 그 책장은 남의 집 책장일 뿐이다. 비싸게 샀기 때문에 읽어야 하고, 큰 맘 먹고 사 주었기 때문에 읽어야 하는 책은 없다. 남들이 좋다고 해서 읽어야 한다는 법도 없다. 옆집 아이가 좋아한다고 우리 아이가 좋아하란 법도 없다. 그저 아이가 집어들 수 있는 책이면 단 100권이라도 충분하다.

엄마가 하는 독서기록

책 제목		함께 한 날	
아이의 반응 그 때 일어난 일 아이와 나눈 대화			
엄마의 소감, 느낌			

★ 작성법

1. 책 제목

아이와 함께 읽은 책 또는 아이 혼자 스스로 읽은 책 제목을 기록한다.

2. 함께 한 날

책 읽은 날을 기록한다. 며칠에 걸쳐 있었다면 시작한 날과 마친 날을 적는다.

3. 아이의 반응, 그 때 일어난 일, 아이와 나눈 대화

책을 읽어주다 보면 아이와 자연스럽게 대화를 나누게 된다. 혹은 책 내용에 대하여 나누게 된 이야기, 아이가 부정적 반응을 보였다면 그것까지 모두 기록한다. 이 기록이 쌓이다보면 아이의 독서 역사가 되는 것은 물론 앞으로의 책읽기에 어떤 도움을 주어야 할 지 자연스럽 게 알게 된다. 아주 소소한 것이라고 해도 기록한다면 분명 독서교육에 도움이 된다. 만약 아 이 혼자 읽고 있다면 읽는 모습을 관찰하여 쓰기를 권한다. 사진으로 남겨도 좋을 것이다.

4. 엄마의 소감, 느낌

책을 읽어주며 나눈 대화는 물론 일련의 과정을 통해 엄마가 생각한 것, 내 아이의 반응을 본 소감, 혹은 책에 대한 소감을 적어도 좋다. 같은 책이어도 엄마와 아이의 느낌은 다를 수 있다. 이 역시 앞으로의 책 선택이나 내 아이의 독서 성향 등에 대해 알 수 있는 좋은 지침이 된다.

★ 유의할 점

1. 아이가 혼자 책을 읽는다면 앞에 앉아서 조용히 기록하는 것도 좋겠지만 만약 읽어주는 상황이라면 그 시간이 다 지난 후에 조용히 하는 것이 좋다. 책을 읽어줄 때에는 온전히 아 이에게만 집중해야 한다.
2. 아이의 책 읽는 모습 등을 영상으로 남기는 경우도 있는데 되도록 글로 함께 정리하기를 권한다. 천천히 글로 정리하는 과정에서 아이를 한 번 더 생각하게 된다. 또한 글은 그 시간 을 성찰하게 하는 힘이 있다. 성찰은 엄마와 아이 모두에게 더 나은 내일을 선사한다.

⇨ 독서기록은 아이만 하는 것이라고 생각하기 쉽지만 그렇지 않다. 이 기록을 모아두면 내 아이 성장 보고서도 될 뿐 아니라 엄마가 성장하는 기회가 되리라 확신한다.

책 제목	난 형이니까	함께한 날	2017. 2. 16

아이의 반응 그 때 일어난 일 아이와 나눈 대화	"엄마, 난 오빠니까로 제목을 바꿔보고 싶어요." 제목을 보더니 처음 내뱉은 말이었다. 어쩐일인지 소리내서 읽고 싶다길래 마음대로 하라고 했다. "엄마, 다카사가 엄청 개구쟁이라서 내동생이라면 진짜 힘들 것 같아요." "여동생 없는게 더 좋아?" "설이는 그래도 장난은 안 치니까 더 좋은 것 같아요."
엄마의 소감, 느낌	여동생의 존재를 언젠가부터 귀찮아 했다. 또한 "넌 오빠니까, 네가 더 크잖아" 하는 얘기에 부담을 느끼곤 했다. 난 그러지 말아야지 하면서도 먼저 양보해주길 원했다. 얼마나 속상했을까 다시 생각하게 됐다. 나도 첫째로 자랐는데 우리 아들에게 첫째의 숙명을 느끼게 해줘서 미안했다. 그림책을 읽고 나서 나를 돌아보게 됐다.

책 읽는 엄마의 독서기록

번호	읽은 날	책 제목	간단 소감
1			
2			
3			
4			
5			
6			
7			
8			
9			
10			

★ 작성법

이 서식은 엄마가 엄마 독서를 기록하기 위한 것이다. 책읽기는 늘 '함께'여야 한다. '해라'가 아닌 '하자'일 때 아이들의 책읽기도 날개를 단다. 엄마가 읽은 그 어떤 책이라도 좋다. 아이와 함께 하며 엄마 성장을 보일 때 아이도 성장한다는 것을 생각하며 작성해보자.

제2장

📖

엄마와 아이를
모두 힘들게 하는
가짜 독서교육

과도한 욕심으로 인한 가짜 독서 교육은
아이를 책에서 멀어지게 한다.

1

아이를 병들게 하는
극단적 책읽기 교육

    초등 책읽기의 중요성을 늘 주장한다. 하지만 책이 전부는 아니다. 책읽기는 결국 우리 삶을 풍요롭기 위한 것이라는 전제를 다시 상기한다면, 책읽기만큼 책 밖의 세상도 중요하다. 책읽기만이 능사도 아니고 아주 안 읽는 것도 바람직하지 않다.

    책읽기는 세상을 바로 읽을 수 있는 좋은 지침이자 나침반이 되어 준다. 또한 미리 경험한 세상을 다시 상기하며 더 나은 삶, 바른 가치를 실현할 수 있는 삶으로의 물꼬를 트게 해 준다. 책 안에 세상이 있고 세상 속에 책이 있다. 책을 읽고, 세상을 읽고, '나'를 읽을 줄 알면, 그리고 더불어 살아야 하는 '우리'를 읽을 줄 알면 그 어떤 모습의 삶이든 행복할 것이라고 확신한다.

열정이 지나친 책읽기 교육의 끝

그런데 가끔 안타까운 현상을 목격하고는 한다. 갓난아이를 처음 만난 엄마들의 마음은 다 비슷할 것이다. 행복한 아이로 키우고 싶은 열망, 더불어 이왕이면 공부도 잘하고 책도 잘 읽는 아이가 되길 바란다. 실체는 뚜렷하지 않지만 그래도 무언가 이 세상 속에서는 적응하는 데 문제가 될 것 같지 않은 '바른 사람'이 되기를 바라고, 그래서 그것을 도울 수 있다고 막연히 생각되는 '책'을 가까이 했으면 하고 바란다.

열정이 넘치다보니 아이가 어릴 때부터 책을 들여놓기도 한다. 나이별로 꼭 읽어야 한다는 판매원의 말을 들으면 내가 유혹에 넘어가는 것이 아닌가 내심 염려하면서도 듣고 보면 또 틀린 말은 아닌 것 같아 하나하나 사다보면 어느 새 책장에는 책이 가득하다.

책 육아에 관한 책, 독서교육에 관한 책도 읽는다. 특히 실제 부모의 경험담은 솔깃하다. 독서 영재로 키웠다느니 책 육아로 잘 키웠다느니 하는 글을 읽으면 열정이 불끈 솟아오른다. 오늘부터는 꼭 날마다 읽어주리라 다짐도 한다. 배운 대로 실천하리라 의지도 다진다.

불행은 여기에서 시작된다. 왜 우리 아이는 책 속 아이처럼 되지 않을까, 책 속 아이가 잘 읽었다는 책 목록을 왜 우리 아이는 읽지 않을까, 적기(適期)가 있다고 하는데 왜 아이는 이 중요한 시기에 엄마 마음도 모르고 태평하기만 한 걸까, 온갖 생각이 들고 그러다보면 아이를 다그치게 된다. 보상 심리도 생긴다. 내가 이토록 노력하는데 왜 따라주지 않는지 아이를 원망하기도 한다.

이런 상황의 반복은 엄마를 좌절하게 한다. 열심히 정보를 모으고 돈과 시간을 투자하여 온갖 노력을 다 했는데 따라주지 않는 아이를 보면 은근히 화가 난다. 혹은 늘 아이를 다그치는 자신을 보면서 '이건 아니라는 생각'이 지속되고 이것은 곧 자신에 대한 한계와 분노의 감정으로 귀결된다. 이렇게 여러 심경의 변화를 겪다 보면 '그래, 이건 아니야.'라는 깨달음에 직면하는 순간이 온다.

더 큰 불행은 여기에서 시작된다. 깨달았는데 무엇이 불행이라는 것일까. 무엇이든 적당하면 문제가 되지 않는다. 지나치게 극과 극을 달리는 것이 문제이다. 과도한 열정으로 달리다가 지친 엄마는 마침내 '다' 그만 두어 버린다. '아이는 놀면서 크는 거야.'라는 책 내용이나 외부 메시지에 자극 받아 이제는 아예 쳐다도 보지 않는 것이다.

실제 그런 사례들과 종종 마주한다. 독서교육에 열정이 있는 엄마가 있듯이, 한 차례 폭풍을 겪고 회의감을 느끼는 엄마도 있다. 어떤 엄마는 100미터 달리기처럼 열심히 달리다가 이건 아니다 싶어 열심히 사들인 전집을 다 처분했다고 한다. 책은 쳐다도 안 보고 아이와 몸으로 놀아주기로 했다고 한다. 비단 책읽기뿐만이 아니다. 어떤 엄마는 아이가 숨 쉴 틈 없이 학원으로 돌리다가 아이가 숙제를 제대로 하지 않는다는 선생님의 전화 한통에 화가 나 모든 학원을 다 끊어버렸다고 한다.

깨달음? 지친 감정의 표현

:

이 순간에 흔히 하는 말이 '깨달음'이라는 표현이다. 하지만 이는 깨달음이 아니다. 그냥 지친 것이다. 아이가 책을 잘 읽었으면 해서 질주하다가 아이가 따라주지 않고 역효과만 내니 다 그만두자라고 한 건 깨달음이라기보다 분노의 다른 표현이다. 아이가 지치도록 학원으로 돌리다가 제대로 하지 않으니 다 그만두라며 일시에 정리해 버리는 것 또한 분노의 다른 표현이다.

문제는 지친 감정이 다시 회복되거나 시간이 좀 흘러 그 때의 결심을 조금씩 잊게 되면 제자리로 돌아온다는 점이다. 또 어떤 책을 읽고 자극받거나 전문가의 강연을 듣기라도 하면 다시 상황을 바꿀 가능성도 많다. 책 잘 읽는 옆집 아이를 보거나 학년이 올라가면서 성적이 떨어지기 시작하는 것을 보면 불안감에 슬며시 학원을 하나씩 등록하고 있는 자신을 발견할 수도 있다.

과도한 열정으로 엄마 혼자 앞서나가다가 따라주지 않는 아이를 보면 화가 나 모두 그만두었다가 잊을만하면 다시 달려가는 엄마. 아이의 속도는 10인데 엄마는 100을 달려가며 자꾸만 따라오라고 하다가, 잘 못 따라오는 아이를 보며 다 그만두자고 말하는 엄마. 그리고 다음 날 다시 해 보자며 또 혼자 100을 달려가는 엄마. 좀 너그러워질 때면 '공부 못해도 괜찮아.' 하다가 어떤 자극에 의해 예민해지면 '못해도 정도가 있지. 좀 해야 하지 않겠니?'하는 엄마.

극과 극을 달리는 이런 교육과 엄마가 던지는 메시지는 아이에게 어떤 영향을 줄까. 책 읽으라고 했다가 놀라고 했다가, 공부 못해도 된다고 했다가, 그래도 어느 정도는 해야 하지 않겠니 하는 엄마를 보며 아이는 신뢰감을 잃는다. 부모에 대한 신뢰감 저하는 세상으로 이어져 세상도 신뢰하지 못하는 아이로 만든다. 내가 어떻게 해야 사랑받는지 혼란스러워하며 가치 존재를 확인하지 못해 자존감마저 낮아진다. 책을 읽어도 마음이 궁핍한 사람이 되며, 공부를 잘해도 인성이 부족한 아이가 되어 세상 속에서 행복한 사람이 되기 어렵다.

외부의 자극이나 일시적 열정에 의한 독서교육은 매우 곤란하다. 아무것도 하지 않는 것만 못하다. 이 책의 맨 앞장에서 '책읽는 부모'가 되어야 하는 이유를 강조한 것도 이 때문이다. 부모 스스로의 삶으로 깨달아 독서교육을 한다면 외부 자극에 흔들리지 않는다. 굳건한 믿음과 방향성이 있기 때문이다. 책 읽는 부모는 독서왕 옆집 아이에 자극받았다는 이유로 아이에게 책을 읽히지는 않는다. 남들이 다 중요하다고 해서 읽히는 것도 아니다. 그저 묵묵히 할 뿐이다. 아이에게 밥을 주어야 하는지 말아야 하는지 고민하지 않고 당연히 주는 것처럼 '당연히' 한다. 삶으로 보이고 행동으로 함께 한다.

교육 메시지를 비판적으로 듣는 지혜로운 엄마

외부 자극에 흔들리거나 귀 기울이면 안 되는 이유를 덧붙이려고 한다. 이 세상은 교육에 대해 부모에게 많은 메시지를 던진다. 어떤 책에서는 책을 많이 읽히라고 하고 어떤 책에서는 노는 게 최고라고 한다. 어떤 책에서는 사교육 다 필요 없다고 하고 어떤 책에서는 학원 안 보내면 뒤처지니 도움을 받으라고 한다. 이들이 던지는 메시지는 상황에 따라서는 다 맞는 말이다. 책을 쓰는 사람의 입장과 상황이 있고 전달하는 방식에 따라 한 가지만 강조되는 것처럼 보이기도 한다. 이렇게 수많은 책과 전문가들이 때로는 완전히 반대의 교육법을 제시하지만 흔들려서는 안 되고 흔들릴 필요도 없다.

흔히 엄마들이 '여기서는 이게 맞다고 하고, 저기서는 저게 맞다고 하니' 뭐가 맞는지 혼란스럽다고 한다. 엄마의 확고한 가치관과 교육에 대한 나름의 소신이 있으면 혼란스러울 필요가 없다. 아무것도 없는 상태에서 너무 많은 정보를 받아들이니 혼란스러운 것이다.

그래서 엄마는 교육에 관한 모든 메시지를 비판적으로 읽고 들어야 한다. 교육서를 읽으면서 '몇몇 구절은 나와 생각이 좀 다르네.'라는 생각에서 멈추는 것은 비판이 아니다. 비판적 책읽기란 책을 통째로 흡수하여 나의 가치관과 사유 방식에 대입해 본 후 삶에 통과시켜 나만의 또 다른 메시지로 만드는 것이다. 책이 비로소 책이 되는 순간은 비판적으로 읽었을 때이다.

교육에 관해서는 그 어느 것도 무조건 필요할 수도, 다 필요 없을 수도 없다. 책읽기 역시 무조건 좋은 것도, 무조건 나쁜 것도 아니다. 상황에 맞는 적절한 지혜와 속도가 필요할 뿐이다. 아이의 눈빛과 속도, 마음을 보며 천천히 걸어가 보면 어떨까. 외부자극에 의해 이랬다 저랬다 하지 말고 열정 속도를 아이에게 맞추어 보면 어떨까.

결국 엄마에게 열정보다 중요한 것은 교육 가치관이다. 초보 부모가 어떻게 교육 가치관이 있을 수 있는지 의아할 수도 있을 것이다. 아이를 일단 키워 보면서 시행착오를 겪어야 하지 않느냐고도 말할 수도 있을 것이다. 맞는 말이다. 하지만 엄마의 시행착오가 아이에게 돌이킬 수 없는 영향을 줄 수도 있다는 점을 생각한다면 마냥 시행착오라고만 위안할 수는 없지 않을까. 그런 점에서 좋은 부모는 아이를 낳고부터가 아니라 어린 시절부터 꾸준히 만들어지는 것이라고 생각한다. 그래서 더욱 책읽기가 중요하다.

부모가 된 이후의 모든 소소한 상황을 미리 대비하라는 것이 아니다. 대비할 수도 없다. 적어도 내가 먼저 한 인간으로서 삶의 주관과 바른 가치관을 가지고 살아간다면 언제 결혼을 하고 언제 아이를 낳든 아이를 키우면서 필연적으로 접하게 될 여러 상반된 메시지에 흔들리며 아이를 극단으로 몰아갈 가능성은 적어질 것이라는 뜻이다. 글의 결론이 이 책의 첫 장, 원점으로 돌아가게 되어 송구스럽다. 하지만 강조해도 모자라지 않다. 아직 아이가 없거나 미혼이라면 '책 읽는 부모'에 앞서서 '책 읽는 사람'이 되기를 소망한다. 내가 바로 서는 것이 우선이다.

조급한 마음이
독서교육의 독

저학년이 책 읽고 주제 파악?

:

초등 저학년 자녀를 둔 엄마들이 독서교육에 대해 자주 물으시는 것이 있다. 아이가 책을 읽고도 주제를 파악하지 못하고 책에서 중요한 부분을 찾아내지 못하며 심지어 말로도 표현을 못한다는 것이다. 더 나아가 생각한 것이나 말한 것을 논리적으로 글로 풀어내지 못한다는 말씀도 하신다. 중등 1, 2학년이 아니라 초등 엄마들의 고민이다.

주제라는 것이 도대체 무엇이길래 엄마들은 아이가 책을 읽으면 바로 주제를 파악해야 한다고 생각하는 것일까. 능숙한 독자라면 책을 읽고 저자가 전하고자 하는 바를 파악할 수 있는 것은 사실이다. 하지만 어디까지나 정말 능숙한 독자가 할 수 있는 일이다. 초등 1, 2학년은 이제 막 책읽기에 흥미를 붙여가는 시기이다. 그림책을 보며 혼자 책의 세계에 빠지기도 하고 우연히 집어든 이야기책을 깔깔대며 보기도 한다. 전래 동화를 읽으면서 좋은 심성을 길러가고 세상의 이치를 깨달으며 그렇게 아이는 천천히 자란다.

『강아지똥』(권정생 글, 길벗어린이)이라는 권정생 선생님의 동화가 있다. 똥으로 태어나 우울해 하고 힘들어하던 강아지똥이 민들레의 거름이 되면서 자신의 가치를 깨닫고 행복해한다는 내용이다. 엄마들은 이 동화를 읽으면 책의 메시지를 대략 파악한다. 사실 그 메시지가 책의 전부가 아님에도 불구하고 엄마의
시선에서 보이는 것을 '주제'라 단정 짓는 경우도 있다. 그래서 아이도 자연스럽게 그것을 파악할 것이라고 생각한다. 그런데 이 동화를 읽고 엄마의 짐작대로 '세상의 모든 것은 쓸모가 있구나.'라며 이야기하는 1, 2학년이 있을까. 그 주제를 기본으로 자기 경험까지 글로 표현하는 1, 2학년이 과연 있을까.

보통의 1, 2학년이라면 책을 읽다가 돌이네 흰둥이가 똥을 누는 장면에서 웃음을 짓거나 똥이라는 단어를 마냥 재미있어 하며 읽는다. 어떤 아이는 민들레 속으로 강아지똥이 스며들어가는 장면을 표현하며 그려본다. 어떤 아이는 잔잔한 풍경에 매료되어 그 그림을 보는 재미로 책을 여러 번 넘긴다. 어떤 아이는 강아지똥에게 더럽다고 하며 가 버린 어미닭이 쌀쌀맞다면서 미워하는 동시에 놀림 받은 비슷한 경험을 떠올려 그 생각에 빠진다. 어떤 아이는 거름이 되기 전까지 혼자 우울해 하던 강아지똥의 감정을 고스란히 느끼며 마음 아파한다. 아이의 이런 모든 반응은 아이가 책에 다가서는 과정이며 이런 과정을 수도 없이 반복해야 책의 주제에 다가설 수 있다.

그저 좋아 읽는 지식정보책

:

지식정보책도 살펴보자. 지식정보책은 말 그대로 지식과 정보가 담긴 책이다. 아이들은 그 책을 통해 지식을 얻는 기쁨을 누린다. 하지만 책에 나온 지식을 한 번에 다 흡수하는 것이 아니라 이야기책처럼 자기 나름의 방식으로 읽어나간다. '동물'을 좋아하는 아이라면 책이 찢어질 정도로 여러 번 반복해서 그림을 보고 또 본다. '자석'관련 책을 읽고 호기심이 생겨 집안의 자석을 다 찾아보는 아이도 있다. 지식정보책은 특히 주제가 명확히 드러나지 않은 경우가 많고 저자의 메시지가 있다고 해도 아이들은 그것을 찾는 목적으로 읽는 것이 아니기 때문에 관심도 없다. 지적 호기심을 채우기 위한 목적으로 읽었다면 그것만 채우면 그만이고 그림이 좋아 보았다면 그림을 보며 만족하면 그만이다.

5, 6학년이 읽기 좋은 책 『이순신을 만든 사람들』(고진숙 글, 한겨레아이들)은 이순신을 포함한 임진왜란 영웅들 7인에 대한 이야기이다. 문학적 성격이 강한 인물 이야기를 지식정보책이라고 단정 짓기는 어렵지만 어느 정도 지식 습득의 역할도 하기에 예로 들었다. 『조선의 실학자들』(고진숙 글, 한겨레틴틴), 『조선의 과학자들』(고진숙 글, 한겨레아이들)이라는 책도 쓰신 고진숙 선생님의 이 책은 단순히 7인의 이야기를 전달하는데 그치지 않는다. 역사는 절대 한 사람

의 힘으로 만들어지지 않는다는 메시지를 전달한다. 이렇게 지식정보책에도 나름의 주제가 담긴 것은 사실이지만 이 주제를 파악하려면 꾸준한 책읽기로 읽는 힘도 기르고 주제도 파악해 가는 연습이 선행되어야 한다.

성인들도 자신의 경험 치에 따라 같은 소설을 읽고도 받아들이는 편차가 매우 크다. 하물며 1, 2학년 아이들은 어떨까? 한 권의 책을 읽고 다들 똑같은 주제를 찾고 똑같은 중심내용을 이야기할 수 있을까? 만약 아이가 그렇게 한다면 이 작품의 주제가 무엇인지, 중심문장이 무엇인지 알려주는 주입식 독서 수업을 받은 것임에 틀림없으며 이는 장기적으로 아이가 책에서 멀어지는 결과를 가져온다.

아이들은 주제를 파악하기 위해 책을 읽지 않는다. 그냥 좋아서 읽는다. 이야기책이든 지식정보책이든 아이가 책을 읽는 과정에서 보이는 모든 행동은 다 나름의 이유가 있다. 주제를 찾기 위해 읽지는 않지만 주제를 찾아가기 위한 나름의 방식은 있다. 그러기 위해서는 독서 경험이 풍부해야 한다. 초보운전자가 목적지를 가기 위해 길을 돌고 도는 것처럼 독서 경험을 많이 해야 한다. 책을 읽었으니 중심 내용과 주제를 말할 수 있을 거라는 생각은 책을 지나치게 결과론적 관점에서 보는 것이다.

국어와 책읽기는 다르다

:

이 모든 고민은 책읽기를 국어 공부와 혼동하는 데에서 발생하기도 한다. 국어는 정해진 지문을 읽고 어휘를 공부하고 소재 및 주제를 배우고 익히며 문제풀이로 그것을 확인하는 방식으로 공부한다. 그러나 책읽기는 사고가 자라나는 과정이다. 지금까지 이야기한 바와 같이 아이가 책을 읽고 주제를 찾아가기까지는 꾸준한 독서와 감상이 반복되어야 한다. 더불어 생활 경험도 쌓아가야 한다. 즉 국어는 이해를 시키는 과목이라면 책읽기는 그 이해를 할 수 있는 힘을 길러가는 과정이다. 책읽기를 국어와 혼동한다면 아이가 책을 읽고 바로 주제로 넘어가기를 바라고 그것을 말로, 글로 표현하기를 바라는 실수를 범하게 된다. 책읽기를 국어공부로 느끼게 하는 잘못된 독서지도 때문에 책과 멀어지는 아이들도 있다.

독서교육에 조급한 부모들이 많을수록 꼭 그 틈을 노리는 사람들이 있다는 사실도 꼭 기억했으면 한다. 책을 읽고 주제를 파악하고 말로, 글로 표현하지 않아 걱정이라는 학부모에게 '우리가 해 주겠다.'며 무조건 데려오라고 하는 학원들이 실제 꽤 있다. 교육적 가치와 양심보다 물욕에 굴복한 나쁜 사교육자는 늘 그렇듯이 도처에 있다. 학부모가 불안해하고 염려할수록 그들이 더 틈을 파고든다는 것을 잊지 말기를 바란다.

책 읽기가 무서워지는
독서골든벨, 독서마라톤

독서골든벨 때문에 책읽기가 어려운 수민이

:

　5학년 수민이는 책읽기를 그리 즐겨하지 않는 아이였다. 나와 만난 5학년 초반까지 책을 거의 읽지 않았던 아이라서 독해력, 어휘력도 많이 부족한 상태였다. 나는 독서진단과 독서 인터뷰를 통해 수민이의 독서 흥미도와 태도 등을 점검한 뒤 수민이의 독서력에 맞는 책부터 서서히 시도하였다. 사실 책을 안 읽어온 고학년 아이가 뒤늦게 책읽기에 흥미를 붙이면서 독서력도 성장하게 하는 일은 쉽지 않다. 하지만 다행히 수민이가 잘 따라와 주었고 조금씩 책읽기가 즐거워진다는 반가운 말도 하였다.

그러던 어느 날 어머님께서 나에게 다섯 권의 책을 보여주셨다. 학교 골든 벨 도서인데 봐 줄 수 있느냐는 것이었다. 알고 보니 수민이가 다니는 학교는 학기당 1회씩 1년에 총 2회 독서골든벨을 시행하고 있었다. 예선에서 2권, 본선에서 3권의 책이 주어지기 때문에 총 다섯 권의 책을 읽어야 했다. 예선을 통과한 학생들만이 본선에 진출하는데 수민이의 어머니는 예선이 시작되지도 않았는데 본선 도서까지 다 구입하셨다. 이야기를 들어보니 그동안 꾸준히 참가하여 몇 번 수상한 적도 있다고 하였다.

사실 어머님께 서운한 마음이 가장 먼저 들었다. 도서 비용이 부담되신다며 수업 도서를 잘 준비하지 않으셔서 늘 들고 다니면서 대여해주고 읽히며 수업 하던 차였는데 학교 골든벨 도서는 동생 책까지 총 10권을 단번에 구입하셨기 때문이다. 독서골든벨에 대한 열정이 실로 대단하시다는 것을 알 수 있었다.

하지만 나의 서운함 따위가 무슨 문제이겠는가. 수민이의 독서에 방해가 될 요소가 등장했으니 그것부터 해결해야 했다. 골든벨 목록을 보자마자 나는 바로 어머님을 설득했다. 골든벨의 선정 도서 수준 때문이었다. 수민이는 당시 3학년 정도의 독서력이었기 때문에 그 정도 수준의 도서로 수업을 하던 중이었다. 그런데 골든벨 선정 도서는 수민이 학년인 5학년도 아니고 6학년~중학교 1학년 수준이었다. 게다가 한 권은 이슬람 문화에 대한 도서여서 수빈이에게는 더욱 어려운 도서일 거라 짐작되었다. 동생의 2학년 선정 도서도 마찬가지였다. 다른 학년의 목록까지 궁금해진 나는 골든벨 행사 안내문을 보여 달라고 부탁드렸고 전 학년 예선, 본선 목록을 보고 할 말을 잃었다. 해당 학년에 맞는 도서는 1, 2권뿐이었고 대체로 학년보다 1, 2년 앞선 도서였기 때문이다.

상황을 설명 드리고 어머님께 부탁을 드렸다. 예선이야 전원 참가하는 것이니 책임감 때문에라도 어쩔 수 없이 책을 읽고 가야겠지만, 너무 억지로 읽게 하지는 말아달라는 부탁이었다. 나에게 골든벨 준비를 부탁하셨으나 행사에 너무 집중하시지 말기를 내가 더 부탁할 수밖에 없었던 이유는 뻔하다. 덧셈 뺄셈을 배우지 못한 아이와 이제 막 셈을 즐기고 있는 와중에 갑자기 분수 시험을 보게 하는 것과 같았기 때문이다. 책읽기에 흥미를 붙여가던 수민이가 골든벨 행사로 인해 다시 책과 멀어질 것이 불 보듯 뻔 한 일이었기에 거듭 당부를 드리고는 수민이의 집을 나섰다.

다음 주 수민이 집에 간 나는 우려했던 안타까운 상황을 마주하고 말았다. 예선 도서 두 권이 마치 고시생의 문제집처럼 온갖 색깔의 화려한 펜들로 가득 차 있었다. 비문학도 아닌 문학 도서를 마치 공부하듯이 밑줄 쳐 가면서 공부를 한 흔적을 보고 나는 너무도 허탈했다. 아이의 책읽기를 바라면서 책읽기가 싫어지는 일을 고스란히 행하고 계신 어머님을 보며 독서지도사의 무력함을 느끼고 좌절하기도 했다. 그리고 이런 비슷한 일은 수민이네 뿐 아니라 생각보다 많은 가정에서도 일어나고 있다.

독서골든벨과 독서 마라톤의 폐해

:

2학년인데 벌써 책읽기가 무서워진 민형이는 나를 더 마음 아프게 한 아이이다. 민형이네 마을에는 독서마라톤 행사가 있다. 독서마라톤 행사는 지역민들의 독서 생활화를 위해 여러 지역과 도서관에서 시행하는 것이다. 내용을 살펴보니 정해진 기간 내에 정해진 쪽수만큼의 책을 읽으면 완주를 하는 것이고 메달이나 상장, 혹은 상품이 수여되는 행사였다. 2학년 민형이는 엄마의 권유로 마라톤 행사에 참여하면서 책읽기가 싫어지는 과정을 경험했다. 권수가 아닌 쪽수로 판단하는 것은 얇은 책만 읽고 권수를 채우는 것을 방지하기 위한 하나의 방법으로 보이기도 하였으나 그 쪽수라는 것 때문에 민형이는 책읽기를 하면서 늘 쪽수에 민감한 반응을 보였다. 정해진 기한 내에 2500쪽을 읽어야 한다는 기준이 있어서인지 자신도 모르는 사이 책을 읽을 때마다 쪽수를 살펴보고 있었다. 그리고 책읽기를 마치 숙제처럼 하고 있는 모습을 보며 진심으로 마음이 아팠다.

독서골든벨과 독서마라톤, 과연 누구를 위한 행사인가. 독서관련 모든 행사는 독서습관화를 위한 것이기에 취지는 좋다. 그 행사를 준비하기 위한 노력의 과정에는 많은 이들의 피땀이 있으므로 박수를 보내야 마땅하다. 늘 그렇듯이 문제는 참여하는 이들이 행사의 취지를 오해하거나 욕심을 앞세운다는 점이다. 사실 자기 스스로의 선택에 의한 참가가 아니라면 의미가 없는 것이 바로 독서 관련 행사이며 많은 아이들이 자발적 의지가 아닌 부모의 권유에 의해 참여하고 있다. 때로는 학교나 기타 기관에서 의무적으로 참여하게 한다.

독서골든벨의 도서 목록을 보고 목록을 작성한 분들에게 아쉬운 마음이 들었던 것은 수민이의 학교 뿐만은 아니었다. 목록을 보면 해당 학년의 도서와 맞지 않은 경우를 어렵지 않게 찾아 볼 수 있다. 초등 도서 선정은 매우 어려운 일이다. 책의 두께나 대강의 내용만이 아니라 면밀히 읽어보고 책 구석구석을 살펴서 선정을 해야 한다. 독서 전문가들도 가끔은 몇 학년에게 적당한 도서인지 읽을 때마다 선정이 어려운 도서도 있다고들 하는데 전문가가 아닌 이들이 선정한 것에 실수가 있을 수 있다는 것은 자명한 사실이다.

아이들의 독서력이 모두 제 학년에 맞게 발달해 있지 않다는 것은 독서골든벨의 폐해를 더 가중시킨다. 수민이만 독서력이 낮은 것은 아니다. 실제 고학년으로 갈수록 독서력이 부족한 아이들이 꽤 많다. 그런 아이들에게 학교 행사라는 이유로, 혹은 상장 욕심으로 수준보다 훨씬 어려운 도서를 공부하듯이 읽고 행사에 참여하게 한다면 상을 받는다고 한들 그것이 과연 누구를 위한 것인가. 반 대표인 수민이가 그 정도는 해 주어야 엄마 체면도 산다는 것을 간접적으로 표현하신 수민이 어머님이 정말 중요하게 생각하신 것은 무엇일까. 정말 수민이가 책을 좋아하기를 바라기는 하셨던 걸까.

독서골든벨의 문제 또한 짚고 넘어가지 않을 수 없다. 온라인에서 쉽게 구할 수 있는 여러 학교의 독서골든벨 문제는 내 마음에 깊은 슬픔마저 준다. 문학 도서라면 그 도서를 읽고 독자가 파악해야 할 보편적인 주제나 큰 흐름이 있다. 그런데 골든벨 문제를 보면 그 흐름에 군이 필요하지 않은 문제를 종종 볼 수 있다. 가령 '주인공이 지나간 곳에 있던 미용실의 이름은 무엇입니까?' 류의 문제이다. 책 이해와 관련이 없는 단편적이고 지엽적인 단답형 문제는 아이들을 좌절하게 한다. 책을 재미있게 읽고도 그런 문제를 맞추지 못하면 자신이 책을 잘 못 읽었다고 생각하고 엄마도 그렇게 생각하기 쉽다. 이런 유형의 문제가 출제되는 것을 경험으로 아는 수민이 엄마는 결국 문학 도서를 마치 공부하듯이 밑줄 치며 읽게 했던 것이다.

책읽기가 싫은 아이, 심지어 두렵거나 무서운 아이들을 자주 본다. 아이들이나 엄마와 대화를 나누다 보면 책읽기가 싫어진 이유나 과정을 대강 알게 된다. 그 중에 한 가지가 바로 이러한 책읽기 관련 행사이다. 아무리 취지가 좋아도 참여하는 이들이 그 취지를 이해하지 못한다면 오히려 책과 멀어지는 계기가 된다. 나는 학부모에게 입버릇처럼 말한다. 우리 아이가 정말 책을 좋아하기를 바란다면 모든 독서관련 행사에 신경 쓰지 말라고 말이다. 책읽기에 따라오는 것이 상장이나 상품일 수 없다. 책읽기는 자연스러운 삶의 한 과정이며 삶 그 자체가 되었을 때에 의미가 있다. 책을 좋아하게 만들기 위한 일시의 시도라고 하기에는 부작용이나 대가가 너무 크다. 신중히 참가해야 할 독서골든벨과 독서마라톤 행사, 생각해 보아야 한다.

독서록 쓰기를 위한
강제적 책읽기

독서록 쓰기의 문제

:

아이들이 책읽기를 싫어하게 되는 결정적 계기가 있다. 바로 많은 가정에 전쟁을 선사하는 '독서록'이다. 독서록 때문에 고민하시는 엄마들의 문의를 종종 받기 때문에 블로그에 글을 쓰기 시작했는데 어느 날은 양이 많아져서 작은 책자로 만들어 무료 배포한 적이 있다. 정말 궁금하신 몇 분이 받아보실 거라는 짐작으로 시행한 이벤트의 결과는 놀라웠다. 글을 올리자마자 끊임없이 댓글이 달리면서 전국의 수많은 학부모님이 책자를 신청했다.

신청 사유를 읽으면서 얼마나 많은 학부모가 독서록 때문에 고민을 하시는지 새삼 다시 알게 되었다. 빠르면 초등 1학년 입학을 시작으로 6학년까지 엄마와 아이가 전쟁을 벌이게 하는 그 독서록. 엄마도 괴롭지만 더 괴로운 것은 바로 아이들이다.

아이들을 책의 세계로 이끌기 위한 학교의 노력을 모르는 바는 아니다. 하지만 현실은 독서록 쓰기를 숙제로 내 줄지언정 쓰는 법을 가르쳐 주지는 않는다. 아이들이 정말 독서록을 잘 쓰기를 바란다면 숙제로 내 줄 것이 아니라 함께 읽고 토론하며 쓰는 과정을 온전히 함께 해야 한다. 하지만 독서 수업이 정규 수업으로 자리 잡혀 있지 않은 상황에서 선생님들에게 또 다른 부담이 될 수 있는 일이라 비현실적인 일이다. 그렇다면 숙제 또한 내 주지 않거나 지혜를 발휘하는 것이 낫지 않을까. 학교에 따라서는 배려의 차원으로 읽어야 할 도서를 지정해 주기도 하지만 이것이 더 큰 문제가 되기도 한다. 아이들은 저마다 독서력이 다르고 흥미 있게 읽는 도서가 다르다. 그런데 도서를 지정해 주는 순간 아이들은 해당 도서를 의무적으로 읽어야 하기 때문에 독서록을 쓰기 위해서는 억지로 읽는 가짜 독서를 하고 자기가 좋아하는 책은 또 즐기며 읽는 진짜 독서를 한다. 문제는 가짜독서가 반복되면서 진짜 독서마저 싫어진다는 것이다.

정해진 독서록 양식 또한 문제이다. 하얀 백지가 두려운 아이들을 위한 배려, 독서록 지도가 어렵다는 학부모의 요청에 의한 배려 차원인 경우도 있다는 것을 알기 때문에 말하기 조심스러운 부분이기도 하다. 독서록의 양식을 보면 대체로 주인공에게 편지쓰기, 등장인물과 인터뷰하기, 독서퀴즈 만들기, 만화로 표현하기, 책표지 그려보기, 시 쓰기 등의 양식들이다. 언뜻 보기에는 독서록 쓰기를 돕는 친절한 양식처럼 보일지 모르겠으나 책의 내용과 양식이 맞지 않으면 오히려 양식에 맞게 쓰기가 더 어렵다.

책은 분야별로 모두 읽기법이 다르다. 읽기법이 다르니 감상을 표현하는 방식도 모두 다르다. 특히 아이들마다 책을 감상한 초점이 다르다. 즉 어느 책 읽고 독서력을 작성하려면 아이와 그 책에 대한 이야기를 나누어 그 아이에게 맞는 양식을 만들어 제공해 주는 것이 맞다. 다만 현실적이지 못한 일이므로 정해진 양식을 제공해 주는 것인데 배려가 오히려 문제가 되기도 한다.

지정도서도 없고 양식도 없이 그냥 무제 공책에 쓰게 하는 것이라고 해도 마찬가지이다. 집에 있는 책을 읽는다고 해도 일단 지도가 문제이다. 한 권의 책을 읽고 나서 독서록을 쓰기 위한 과정과 절차들이 있다. 아이가 잘 읽고 잘 감상하도록 돕는 이야기 나누기의 정성스러운 과정이 필요하다. 그런데 날마다 시간을 들여 이를 하기에는 부모와 아이가 모두 바쁘다. 결국 아이가 일단 책을 읽으면 독서록을 쓰라고 재촉하게 되고, 어떻게 써야 하는지 모르는 아이는 엄마에게 물을 수밖에 없다. 엄마들은 그럴때면 대체로 비슷한 답을 준다. '줄거리'와 '느낌'을 쓰라는 것이다.

모든 도서가 줄거리를 쓸 수 있는 것은 아니고 있다고 해도 줄거리 정리는 훈련이 필요한 어려운 일이다. 게다가 책을 읽은 감상을 '느낌'이라는 한 단어로 표현하기에는 상당히 무리가 있다. 누군가 나에게 내가 읽은 책의 느낌을 말해보라고 하면 나는 말문이 막힐 것 같다. 오히려 감상을 제한하는 '느낌'이라는 단어가 독서록 지도에서는 너무 당연히 쓰이고 있다.

독서록 버리기

:

독서록 때문에 책과 멀어지는 아이를 숱하게 보다 보니 나는 늘 독서록 버리기를 권한다. 엄마들이 의아해한다. 그도 그럴 것이 학교의 숙제이기 때문에 어쩔 수 없이 해야 하고, 하지 않으면 아이를 방치하는 엄마라는 시선을 견디어야 하니 어떻게든 전쟁을 하면서 해야 하는 것이다. 하지만 그렇게 몇 년을 씨름하다보면 그 끝에 남는 것은 '독서록 때문에 책읽기도 싫은 아이들'이다.

이런 상황을 오래 지켜 본 나는 의사를 전달하기 위하여 '버리기'라는 강한 표현을 썼지만 사실 실제로 버릴 수는 없다. 다만 독서록에 지나치게 연연하지는 않을 수 있다. 아이가 독서록 때문에 책읽기마저 싫어하지 않도록 너무 심하게 씨름하지 말자. 독서록 지도를 하다보면 '더' 잘 쓰게 하기 위하여 본의 아니게 욕심을 부릴 때도 있지 않은가. 독서록이 의무가 아닌 경우도 있는데 '상'을 받게 하거나 '책'을 읽게 하려는 목적으로 엄마가 먼저 요구하는 것 또한 일부 사실이다. 아이의 능력보다 더 많은 것을 요구하는 것을 우리는 주변에서 쉽게 본다. 독서록 지도를 할 때도 마찬가지이다. 아이와 책에 대해 이야기를 나눈 후에 간략히 쓰게 하는 정도만으로 충분하다.

가장 좋은 것은 바른 독서지도와 함께 차근차근 알려주어 잘 쓰게 돕는 일이다. 하지만 현실적으로 어렵다면 너무 연연하지는 말자. 독서록 숙제와 평생 책읽기 중에 무엇이 더 중요한 일인지 생각해 보면 될 일이다.

주도성이 결여된
의무적 책읽기

많이 읽었지만 독서력이 부족했던 한영이

：

한영이는 5학년 초에 할머니와 함께 나를 찾아왔다. 부모님이 너무 바쁘셔서 도저히 상담을 오실 시간이 없다고 하셨다. 어릴 때부터 한영이를 키워주신 할머니와 대화를 하면서 한영이의 독서력이 많이 떨어져있을 거라는 것을 짐작했고 간단한 테스트 결과 약 2년 정도 뒤처지고 있음을 확인했다.

할머님과의 상담 후에는 한영이와 독서인터뷰를 진행했다. 독서인터뷰는 책에 대한 아이의 생각이나 태도, 독서량, 독서습관 등은 물론 그간 학부모님이 어떻게 독서교육을 해 왔는지도 자연스럽게 알 수 있어 유용하다. 한영이는 어릴 적 독서를 무척 많이 했다는 것을 강조했다. 이름만 대면 아는 유명 출판사 이름을 대면서 읽은 책이 몇 천 권이 넘는다고 하였다. 이야기를 나누며 3, 4세 때부터 선생님이 방문하여 책을 읽어주고 읽은 책을 체크해주시는 수업을 받았다는 사실도 알게 되었다.

한영이와 인터뷰를 하며 메모를 한 것을 쭉 보니 안 읽은 전집이 없을 정도였다. 엄마와의 통화를 통해서도 2학년까지 정말 많은 책을 읽어온 것을 확인할 수 있었다. 직장 때문에 바쁜 엄마가 선생님이나 이야기 CD를 통해 끊임없이 책을 접하도록 해 주었고 아이가 남긴 독서 관련 결과물들도 꽤 있는 듯 하였다.

그런데 한영이는 왜 또래 아이들보다 어휘력과 독해력이 부족한지 생각하며 수업을 통해 한영이를 관찰해 보았다. 2학년 말부터 스스로 책을 잘 읽지 않아 나를 만나기 직전까지 논술 학원도 지속적으로 다녔다는 것을 고려해 보면 더욱 의아한 일이었기 때문이다.

책읽기를 끊임없이 해 왔다는 아이들 중에서도 한영이와 같은 사례를 어렵지 않게 볼 수 있다. 읽은 양에 비해 어휘력, 독해력, 배경지식이 부족하고 심지어 글쓰기도 저학년 수준에 머무는 경우이다.

주도성이 없으면 많이 읽어도 무용지물

:

나는 그 이유를 주도성이 결여된 책읽기에서 찾는다. 어릴 때부터 책을 읽었어도 책읽기를 숙제나 의무처럼 여기는 경우, 혹은 아이보다 엄마의 열정이 더 강했던 경우, 아이가 원할 때보다는 엄마가 원할 때, 엄마가 원하는 방식의 책읽기를 한 경우에 많이 발생하는 현상이다. 즉 아이는 읽었지만 읽지 않은 가짜 책읽기를 한 것이다.

누군가 읽으라고 해서 의무적으로 읽은 10권보다 자기가 원해서 푹 빠져 읽은 한 권이 더 낫다. 한 권을 읽더라도 스스로 원해서 주도적으로 읽은 아이는 책의 내용을 더 잘 이해하고 잘 흡수한다. 재미있게 즐기며 읽었기 때문이다. 그런데 의무나 강요로 읽은 아이는 스스로의 욕구에 의한 읽기가 아니다 보니 글자만 읽어나가는 방식으로 읽고 만다. 내면화하지 않고 그저 가볍게 읽어나가는 책읽기가 장기적으로 지속되면 읽지 않은 것과 다름 아닌 상태가 된다.

자발적 책읽기가 아닌 의무적 책읽기를 하는 사례는 주변에서 흔히 볼 수 있다. 전집을 들이고는 아이가 안 읽으니 선생님을 불러 매주 정해진 권수만큼 읽고 체크하도록 하는 것도 그런 경우이다. 선생님의 관리로 한 권씩 읽어나가 전집 한 세트를 다 읽었다고 한들 아이가 주도적으로 읽은 것이 아니라면 진정한 책읽기가 아니다.

간혹 온라인을 통해 자주 보는 사례도 있다. 서평 이벤트에 당첨된 책의 후기를 쓰기 위하여 책이 가득한 책장 앞에 아이를 앉혀두고 책 읽는 모습을 찍어 올리는 경우이다. 책을 읽고 때로는 여러 관련 활동을 하는 모습의 사진을 보고 있으면 아이가 정말 원해서 행복해하며 읽은 것일까 궁금해지기도 한다. 모두 그렇지는 않겠지만 책을 읽은 후기를 올리기 위하여 어느 정도 모습을 연출할 수밖에 없는 것이라면, 아이의 책 읽는 모습을 담아야 하는 엄마의 의지가 더 강한 책읽기라면 아이가 정말 즐기며 읽는지 점검해 보아야 한다.

엄마들이 많이 모인 책 관련 커뮤니티에는 오늘은 몇 권을 읽었는지 기록하며 열심히 후기를 남기는 글도 자주 올라온다. 요즘은 많이 줄어든 것 같기도 하나 단기간에 100권 달성, 200권 달성을 기뻐하는 모습에 또 살며시 염려가 된다.

주도적 책읽기를 위한 노력

:

주도적 책읽기를 위해 엄마는 어떻게 해야 할까. 반복해서 쓰기가 송구스럽지만 앞서 1장에서 이야기했듯이 책을 읽으며 책으로 삶을 가꾸어 나가는 모습을 기본으로 하여 늘 손에 책이 닿는 환경을 만들어 주어야 한다. 아이의 반응을 살피며 잘 읽어주는 것도 잊지 말아야 한다. 하지만 아이보다 한 발자국 뒤에 서야 한다. 환경은 조성해 주되 먼저 앞서나가지 않는 것이다. 만약 엄마가 원해서 읽어주는 책이라고 해도 무조건 권하기보다는 아이가 호기심을 가지도록 은근한 밀고 당김을 하는 것이 우선이다.

말처럼 쉽지 않은 일이다. 환경은 만들어 주지만 가만히 지켜보는 일은 인내를 필요로 한다. 아이보다 앞서나가지 않기란 여간 쉬운 일이 아니며 그 기준을 가늠하기조차 어려울 수도 있다. 하지만 책읽기의 주체는 내가 아니라 아이라는 것을 늘 기억한다면 주도성이 결여된 책읽기 교육, 읽은 책 권수만 늘리는 교육은 줄어들 수 있을 거라 믿는다.

마지막 당부가 있다. 많은 엄마들의 독서교육 열정은 아이가 1, 2학년 정도까지이다. 그 때까지는 비교적 가격대가 높은 책들도 잘 사고 잘 읽어준다. 하지만 2학년 정도가 지나고 3학년이 지나면 약속한 듯이 책 구입부터 많이 줄어든다. 문제집 구입비용과 학원비용에 비해 책 구입비용을 아끼는 경우도 많다. 진짜 독서교육은 3학년부터 시작이다. 유아 유치기의 독서교육 열정을 초등이 끝날 때까지 고루 나누어 준다면 분명 책읽기를 좋아하는 아이로 자랄 것이다.

책읽기의 의미가 사라지는
부모의 도서 검열

선생님, 이런 책은 빼 주세요

:

몇 년 전 민간 신앙에 대한 관한 책을 수업하려고 할 때였다. 학부모님 한 분이 도서를 다른 것으로 바꾸어주면 안 되겠느냐고 요청하셨다. 책의 소재나 내용이 어머니 자신의 종교적 신념과 어긋나는 것이어서 아이가 읽기를 바라지 않는다는 것이 이유였다. 모둠 수업이었기 때문에 난감했지만 강한 부정 의사를 표현하시는데 굳이 밀고 나가는 것도 마음이 불편하여 다른 학부모님들께 양해를 구하고 다른 도서로 대체하여 수업을 했다.

논술 교실 오픈 후 입학 상담 때도 비슷한 일이 있었다. 역사논술 수업시의 활용 도서를 물으셔서 보여드리니 책의 근현대 부분이 마음에 들지 않아 절대로 읽히지 않겠다고 생각한 도서였다고 하셨다. 특별한 정치적 성향이 강하게 배어 있는 도서는 아니었지만 어찌되었든 단 일부분이라도 마음에 들지 않으셨기에 거부감을 표현하셨을 것이다.

수업을 하다보면 이와 비슷한 사례를 종종 만나게 된다. 학부모님의 세계관이나 독서 성향, 종교적 이유, 혹은 정치적 신념 등에 의하여 아이에게 특정 도서를 읽지 못하게 하는 경우이다. 남편과 이혼하신 어머님이 아이가 아빠를 그리워할 수 있으니 아빠가 등장하는 동화는 읽히지 말아달라고 하셨던 경우도 있다. 기타 제목만 보고 오해하시거나 책의 내용이 엄마의 관점이나 생각과 맞지 않다 싶으면 못 읽게 하는 경우가 생각보다 많다.

월간지 《학교 도서관 저널》 2016년 10월호에 학교 도서관에서의 도서 검열에 대해 조사한 내용이 실려 있다. 정부 기관이 아니라 민간에서도 도서 검열이 이루어진다는 사실과 그 구체적 사례를 조사했다. 우리 사회 깊숙이 검열이 내면화되어 있어 그런 사례를 어렵지 않게 찾을 수 있다는 조사자 김영미 어린이책시민연대 활동가의 말처럼 검열은 일상이었다.

우선 학교 안에서 교장 선생님이 원하지 않는 도서는 『전태일 평전』 같은 노동 관련서, 『핀란드 혁명』처럼 '혁명'이 들어간 도서, 『담배 피우는 여자』처럼 제목이 학생들에게 비교육적이라고 생각하는 경우, 정치적인 내용이라 생각하는 경우, 미국에 대한 적개심을 심어 준다고 생각하는 경우 등이었다. 학부모 또한 성(性)에 대한 이해를 다룬 것, 잔인한 것, 부모를 거스르는 내용에 대해 문제를 제기하는 도서는 아이들이 읽지 않기를 바랐다. 교사와 학부모의 경우는 잔인하고 폭력적인 것, 자살을 소재로 한 경우의 도서들을 읽지 못하게 했다.

자유로운 책읽기로 찾아가는 삶의 가치

:

우주는 넓고 광활하며 그 안에 수많은 가치들이 존재한다. 그 가치들은 서로 대립되기도 하고 상호 보완하여 공생하기도 한다. 사람은 나이가 들어갈수록 다양한 경험을 하고 그 경험으로 하여금 한 사람의 가치관과 인생관, 세계관이 결정된다. 그 경험에는 '책읽기'도 포함되어 있다.

어른이 도서를 미리 검열하여 제한된 도서만을 제공해 준다면 아이들은 이미 큰 세계를 경험할 수 없는 제한적 상황에 놓이게 된다. 그 제한적 상황에서 알아가는 세상은 역시 제한적이며 왜곡될 수밖에 없다. 부모가 정해준 테두리 안에서의 독서로 자신을 만들어가던 아이는 모르던 세상과 낯선 가치에 직면했을 때 큰 혼란에 빠질 수 있다. 부모가 보여주기 싫은 세상이어도 언젠가는 아이가 만나게 되기 때문이다.

찻길이 위험하다고 해서 늘 지하도나 육교만 찾아 지나도록 하는 부모는 없을 것이다. 길가의 차들이 위험하다면서 어디를 가든 늘 부모가 데리고 다니는 경우도 없을 것이다. 나쁜 친구 좋은 친구를 정해 좋은 친구라고 생각되는 아이하고만 놀게 하는 부모도 없을 것이다. 부모의 도서 검열은 어쩌면 이같은 제한적 상황에 아이를 놓아두어 자생력이 부족한 아이, 낯선 환경에 적응하지 못하는 아이로 만드는 것과 크게 다르지 않다.

그렇다고 그 어떤 책이든 무조건 다 읽혀야 한다는 뜻은 아니다. 세상에는 분명 나쁜 책도 있을 수 있기 때문이다. 하지만 좋고 나쁘다는 기준도 어디까지나 아이가 독서를 해 나가면서 스스로 만들어가야 한다. 다양한 책읽기를 통해 단단해진 아이만이 나쁜 책을 구분할 줄도 알게 된다.

아이들은 어른들이 만들어가는 미성숙한 존재가 아니라 스스로 인생의 의미를 찾아가고 개척해가는 자립적인 한 '인간'이다. 아이를 믿고 인정하자. 강한 믿음이 있다면 아이가 어떤 책을 읽든 두려워하지 않게 될 것이다. 부모의 도서 검열은 아이가 아무것도 할 수 없는 아이로 자라게 할지도 모른다. 그런 책읽기라면 차라리 하지 않는 편이 낫다.

제3장

초등 독서교육,
바르게 아는 것부터
시작한다

초등 독서, 바르게 알고 지도해야 즐겁게 읽는다.

책읽기에 흥미를 잃지 않는 것,
초등 독서교육의 전부

흥미를 잃으면 힘들어지는 독서지도

　독서교육에 대한 질문을 많이 받아왔지만 내 답변은 늘 두루뭉술하다. 한 분야만 읽어 걱정이라는 어머님께는 그냥 두라고 말씀드린다. 책을 잘 읽는데 독서록은 못 써 걱정이라는 질문에도 일단 잘 읽으니까 더 잘 읽도록 두라고 답변 드린다. 같은 책만 반복해서 본다고 하면 안 볼 때까지 읽게 하라고 조언한다.

　애써 질문하셨을 학부모가 허탈하실 거라는 짐작을 하면서도 이런 답변을 하는 것에는 이유가 있다. 초등 독서교육은 책읽기에 흥미를 잃지 않는 것이 전부이기 때문이다. 실제로 많은 아이들이 책을 좋아하다가도 싫어하게 되는 이유는 책에 대한 흥미를 잃게 하는 시도를 많이 하기 때문이다. 한 분야만 읽는 것이 걱정되어 무리하게 여러 분야를 억지로 읽혀서 책을 싫어하게 된 아이들이 꽤 있다. 읽는 책마다 잘 읽었는지 확인하고 싶어 내용 확인 질문을 많이 하거나 독서록을 강요해서 책은 독서록을 쓰기 위한 수단이라는 생각에 편한 마음으로 감상하지 못하는 아이들도 있다.

나는 아이들과 수업을 하기 전 상황에 따라 독서 흥미도 테스트를 한다. 아이들이 책에 대해 어느 정도의 흥미도와 긍정적 감정을 느끼는지 파악하는 테스트이다. 아이가 질문지에 체크를 하고 나면 그 내용을 바탕으로 이야기를 나눈다. 단 10분만 이야기를 나누어도 아이가 어느 정도 흥미를 가지고 있는지 알 수 있다. 저학년은 아직 책읽기가 즐겁다는 아이들이 꽤 있는데 반해 학년이 오를수록 그 비중이 줄어든다. 그냥 좋아하지 않는 정도가 아니라 지겹다는 아이들도 많다. 무엇이 우리 아이들을 책으로부터 멀어지게 했을까. 왜 그냥 그런 정도가 아니라 치가 떨린다는 듯 책이 싫다고 하는 아이들이 많을까.

우선 책읽기의 목적을 생각해 보아야 한다. 책읽기는 우리 아이가 책을 잘 읽는 능숙한 독자가 되어 책으로 삶을 가꾸어 나가는 평생 독자까지 되게 하려는데 일부 목적이 있다. 능숙한 독자가 되기 위해서는 일단 꾸준히 읽어야 하고 꾸준히 읽으려면 좋아하도록 하는 것이 우선이다.

한동안 독서와 멀리하다가도 성인이 되어 다시 책을 집어든 이들이 공통적으로 하는 말들이 있다. 학창 시절 아주 잠깐이라도 책을 좋아했던 적이 있다는 말이다. 분명 그 때는 책읽기로 행복을 느꼈는데 사회생활을 하고 바빠지며 멀리하게 되었다고 한다. 그러다 우연히 혹은 의도적으로 다시 책을 마주하면서 책읽기의 세계로 빠져들었다는 고백을 종종 듣는다.

나도 그런 경우에 속한다. 초등학생 저학년 때 집에 있던 명작 동화에 잠시 빠졌을 뿐 많이 읽지는 않았다. 그러다 중학생 때 친구에게 빌린 추리소설에 빠져들어 1~2년 열심히 읽었다. 고등학교 초반에는 어른들이 읽는 문학에 좀 빠지다 다시 멀어졌다. 그런 뒤 성인이 되어 어느 순간 다시 책을 집어 들게 되었고 이렇게 아이들의 독서교육까지 하고 있다.

책읽기의 흥미만 있다면 언제든 책의 세계로

그 '흥미'를 느꼈던 시절은 되도록이면 어릴수록 좋다. 특히 초등 시절 책읽기에 흥미를 잃지 않았던 아이들은 중간에 다소 멀어지더라도 다시 책으로 돌아올 수밖에 없다. 책을 통해 마음이 치유된 경험, 책읽기로 관계가 회복되었던 경험, 그저 책 자체가 좋아 책 읽는 시간이 즐겁고 행복했던 경험이 있다면 나중에라도 다시 책을 집어들 가능성이 많다. 그런데 가정에서, 혹은 학교에서 접한 강압 독서로 책은 지겹다는 인식을 갖고 멀어지게 된 아이들은 커서도 책을 다시 읽게 될 확률이 높지 않다. 강한 거부감과 좋지 않은 기억이 있으니 읽으려는 노력조차 하지 않기 때문이다. 막상 빠져보면 행복한 세계인데 한 때의 부정적 경험과 그 기억으로 시도도 안 한다는 것은 참 슬픈 일이다.

아이가 책에 흥미를 잃지 않게 하려면 우선 욕심을 내려놓아야 한다. 나도 수업할 때 이를 늘 염두에 두면서 수업한다. 아이들이 비교적 감흥을 느끼지 못했거나 토론을 해도 이야기가 잘 펼쳐지지 않은 도서는 글쓰기를 생략하거나 다른 주제로 바꾸어서 한다. 억지로 글을 한 편 쓰게 하면 당장 학부모님께 보여드릴 글은 나올지 모르지만 아이는 책에서 한 걸음 더 멀어질 수 있기 때문이다.

비문학이 어려워서 다 못 읽었다는 아이들이 있으면 읽기 요령을 알려주고 한 챕터에 대한 내용만 이야기를 나누거나 다양한 방법을 적용하여 수업한다. 책은 처음부터 끝까지 다 읽어야 한다는 강박에 억지로 다 읽게 하고 이해시키려고 한다면 순간의 지식은 얻을지 모르나 책과 두 걸음 더 멀어질 수 있기 때문이다.

아이들이 쓴 글에 손을 대고 싶어도 꾹 참는다. 책을 읽고 나온 감상은 있는 그대로 다 아이들의 마음인데 손을 대는 순간 아이는 그 글쓰기와 연결된 책읽기에 대한 상처를 갖고 세 걸음 더 멀어질 수 있기 때문이다.

초등 독서교육은 많이 읽기를 가르치는 과정이 아니다. 글을 무작정 잘 쓰게 하려는 과정도 아니다. 모든 책을 다 정독하고 이해하여 글을 쓰게 하는 과정은 더욱 아니다. 전집 몇 세트 읽고 마스터하는 과정은 더더욱 아니다. 아름다운 문학 작품 읽기로 마음의 평화를 갖게 하는 것, 즐거운 이야기 읽기를 통해 이야기는 재미있다는 사실을 알아가는 것, 비문학 읽기를 통해 책을 읽으며 지식을 얻는 기쁨을 누릴 수 있게 해 주는 것, 이렇게 책에 대한 좋은 인식을 갖고 흥미를 잃지 않게 하는 것, 그것이 전부이다. 그래야 우리 아이가 책으로 삶을 가꾸어가는 평생 독자가 될 수 있다.

실컷 노는 아이가
잘 읽을 수 있다

책 이야기 속의 삶 이야기

:

나는 꽤 오래 전부터 성인 독서모임에 참여하고 있다. 때로는 치열한 토론이 벌어지기도 하고 때로는 잔잔한 분위기 속에서 여러 이야기가 오고 간다. 만날 때마다 사람들의 이야기는 날개를 달고 훨훨 날듯 자유롭고 다양하다. 책을 매개로 여러 이야기를 나눌 때마다 우리가 나눈 이야기는 결국 우리가 살아온 삶에 대한 이야기이며, 살아갈 삶에 대한 이야기라는 것을 느낀다.

책은 삶과 떨어져 그 자체로만 존재할 수는 없다. 내 삶에 들어왔을 때에 비로소 새로운 의미가 된다. 내가 참여하는 독서모임은 월 1회이다. 한 달이라는 시간 동안 각자의 삶을 살았기에 책과 더불어 나눌 이야기도 있다. 함께 나눈 이야기를 가슴에 품고 우리는 또 조금 더 나은 삶을 향해 각자의 일상으로 돌아간다.

아이들과의 독서토론도 크게 다르지 않다. 같은 책으로 이야기를 나누어도 다양한 이야기들이 나온다. 아이들 역시 경험에 따라 책을 이해하는 정도, 책에서 인상 깊게 느낀 장면이 다르다. 장면에 대한 해석도, 책 전체에 대한 소감도 제각각이다. 그리고 더 많은 이야기를 나누며 그 근원을 찾아가보면 결국 자신의 경험과 맞닿은 이야기일수록 더 감동적으로 받아들인다는 것을 알 수 있다. 반대로 자신의 관심사나 생활과 크고 작은 연관이 없는 경우에는 무미건조하게 받아들이는 편이다.

그래서일까. 아이들과 수업하다보면 마음이 아릴 때가 종종 있다. 그 어떤 책으로 수업을 해도 높은 학년일수록 '그냥 다 그래요.'라는 반응을 보일 때가 많기 때문이다. 친구 관계를 다룬 책을 읽어도, 가족 이야기를 다룬 책을 읽어도 그렇다. 아이들 생활과 비교적 밀접한 생활 동화, 성장 동화는 물론 가만 생각하면 자신의 생활에도 영향을 주는 사회적 문제를 다룬 책들도 크게 감흥 있게 받아들이지 않는 경우가 많다.

풍요롭지 못한 삶, 감흥 없는 책읽기

:

『굿바이 마이프렌드』(오리하라미토 지음, 양철북) 라는 동화가 있다. 어느 여름날 12살이던 네 명의 친구가 한 아이의 외갓집에 놀러가 추억을 쌓는다. 1년 후 신비한 힘이 있다는 천명수를 뜨러 다시 오자는 약속을 하지만 중학교 입시로 바빠 약속은 지켜지지 않는다. 그러다 외갓집에 다시 내려왔던 한 아이만이 약속을 지키기 위해 천명수를 뜨러가게 되고, 아이는 산에서 발을 헛디뎌 세상을 떠난다. 친구가 죽었다는 소식에 충격을 받은 아이들은 부모 몰래 시골에 가서 그 산을 오르며 떠난 친구에게 사죄하고 반성한다. 그 사건 후 아이들은 조금 더 성장한다.

　대부분의 아이들은 친구들의 우정과 내적 성장을 다룬 이 동화를 감명깊게 읽었노라고 전했다. 그런데 막상 '자신들의 친구 이야기', '우정 이야기'를 하려고 하니 대부분 할 말이 없다고 했다. 친구들과 날마다 만나기는 하지만 깊은 우정이나 깊은 대화거리가 별로 없다는 것이 그 이유였다. 친구와 나눈 이야기, 친구와 놀러간 곳, 주말에 함께 했던 이야기 등을 꺼내

주기 위하여 많은 질문을 했으나 이야기는 같은 자리에서 맴돌았다.

　『아버지의 편지』(정약용 지음, 함께 읽는 책)는 조선의 학자 정약용이 강진으로 유배를 가 있는 동안 학연, 학유 두 아이들에게 쓴 편지 모음집이다. 독서와 공부의 중요성과 생활 속의 바른 자세에 대하여 여러 편지를 통해 거듭 이야기하고 있다. 먼 유배지에서 아버지 없이 어머니를 모시고 살아갈 어린 아들들에 대한 염려가 짙게 깔려 있음을 느낄 수 있고 그래서 아이들에게는 다소 무겁게 다가갈 수 있는 소재의 책이다. 다만 조선 시대 편지라고 해도 아들들에게 전하는 내용은 오늘날의 아이들에게도 적용이 되는 것이 많다. 그런데 이 책 또한 수업 초반에는 아이들이 '나와는 전혀 관련이 없는 다른 세상 이야기'여서 와 닿지 않았다는 감상평이 대부분이었다.

실컷 놀아야 잘 읽는다

:

책을 읽고 이해하는데 중요한 두 가지 요소로 어휘력과 배경지식을 말하고는 한다. 어휘는 문맥 이해를 넘어서 글 전체 이해를 하는데 크게 작용한다. 배경지식 또한 글을 이해하는데 큰 영향을 미친다. 배경지식은 책을 통해 함양하기도 하고 실제 경험을 통해 축적하기도 한다. 경험이 다양하고 풍부할수록 배경지식이 많을 것이고 그런 아이가 책을 읽어도 더 잘 받아들이고 온전히 느낄 수 있다. 바꾸어 말하면 경험이 풍부하지 못한 아이는 같은 책을 읽어도 감흥 없이 받아들일 가능성이 더 높다.

책 한 권을 읽고 내 삶의 경험을 떠올려 삶의 변화, 생각의 변화가 일어나는 경험을 하려면 아이들은 실컷 놀아야 한다. 해외여행 등의 거창한 경험을 이야기하는 것이 아니다. '논다'는 의미를 무조건 소비적인 행위로 생각하지도 않았으면 한다. 아이들이 밖으로 나아가 친구들과 실컷 부딪치는 것도 노는 것이다. 엄마 아빠와 대화하고 동생과 투닥거리는 것도 노는 것이다. 때로는 아무 생각 없이 앉아 있는 것도, 뒹굴뒹굴하는 것도 노는 것이다.

노는 아이는 그 시간을 온전히 자신에게 집중한다. 자신에게 온전히 집중할 수 있다는 것은 자신을 좋아한다는 증거이다. 더불어 자신을 더 좋아하게 만드는 일이기도 하다. 노는 시간을 통해 자신을 온전히 볼 줄 아는 아이는 타인을 보는 시선도 열린다. 타인이 나만큼 소중하다는 것도 알게 된다. 날마다 만나는 친구, 함께 사는 가족들, 자주 보는 동네 경비 아저씨, 오며가며 인사하는 어른들도 다 자신처럼 저마다의 삶이 있고 생각이 있다는 것을 알게 된다. 그들과 관계를 맺고 살아가며 때로는 갈등도 겪지만 그것이 모두 더 나은 삶을 위한 과정이라는 것을 안다.

책 밖의 세상에서 노는 아이만이 책 안의 세상을 온전히 만날 수 있다. 책 안의 세상은 결국 우리가 사는 세상과 다르지 않다. 우리 삶이 고스란히 녹아 있다. 내가 있고 부모가 있고 친구가 있다. 그들이 모두 내 가족이고 내 삶의 이웃들이다. 책 읽기를 통해 다양한 삶을 경험한 아이는 줄거리를 안다고 해서 책을 읽었다고 생각하지 않는다. 책 속 의미를 더 잘 이해하고 책이 삶에 던지는 의미를 만날 줄 안다. 잘 놀아야 비로소 진정한 책읽기도 가능하다.

나보다 더 바쁜 아이들을 보면 가슴이 저린다. 논술 교실에 와서 수업 시작 전 딱 5분만 자고 싶다는 아이를 보고 코끝이 찡해 무릎담요를 덮어 준 적이 있다. 하루에 게임할 수 있는 시간이 논술 교실에 와서의 수업 전 5분이라는 아이 말에 책 읽으라는 말은 나오지 않았다. 아이들이 너무 바쁘다. 바빠서 생활을 돌아볼 여유가 없다. 그래서 그 어떤 책을 읽어도 무미건조하게 느낀다. 나에게도 있을 법한 이야기, 우리 주변의 이야기가 아니라 그냥 글자로 된 지어낸 이야기로만 생각한다.

놀아야 한다. 아무리 책을 많이 읽어도 노는 삶이 전제가 되지 않으면 책은 오히려 자신만의 세계를 구축해 나가 세상과 단절되는 도구가 되어버릴지도 모른다. 공부도 좋지만 아이들에게 놀 시간을 주었으면 한다.

내 아이가 읽을 책은
엄마가 골라야 한다

도서를 추천해 달라는 난감한 질문

:

학부모에게 받는 여러 질문 중에서 거부하고 싶은 질문이 한 가지 있다. 바로 도서를 추천해 달라는 것이다. 덧붙이는 말씀은 고작해야 아이 학년과 성별뿐이다. 아무것도 모르는 상태로 책을 추천하면 오히려 아이에게 독이 될 수도 있어 처음에는 정중히 거절했다. 그러다 그 또한 애써 질문하신 분께는 예의가 아닌 것 같아 추천도서 목록을 보내드릴 때도 종종 있다. 다만 보내드린 도서목록을 맹신하지 말고 아이의 독서력과 맞는 책을 잘 골라 읽혀달라는 말을 꼭 덧붙인다. 해당 학년 추천도서가 모든 해당 학년에게 맞지는 않을 것이기 때문이다.

엄마들은 왜 남에게 도서를 추천해 달라고 하는 것일까. 지금은 그 영향력이 많이 약해졌다고는 하나 독서 관련 기관에서 추천하는 도서를 더 믿는 이유는 무엇일까. 권장하는 도서는 말 그대로 권장일 뿐인데 왜 필독의 개념으로 이해할까.

독서는 해야 할 것 같은데 아이는 읽지 않고, 막상 읽으라고 하니 어떤 책을 주어야 할 지 몰라 불안한 마음에 요청하는 것은 잘 안다. 가끔은 '독서지도사'의 추천이라 믿을만할 것 같아서 요청한다는 분도 있는 것처럼, 쏟아지는 책 속에서 헤매고 싶지 않은 그 심정 또한 사실 충분히 이해한다.

엄마는 알고 있는 내 아이가 먹을 음식

:

그럼에도 불구하고 내 아이가 읽을 책은 엄마가 골라야 한다. 가장 잘 고를 수 있는 사람 또한 엄마뿐이다. 아이가 뱃속에 있을 때부터 어떤 책을 읽어주었는지, 어떤 책을 읽어왔는지를 함께 했다면 아이가 앞으로 읽으면 좋은 책이 어떤 것인지 자연스럽게 알 수 있다. 그것은 엄마가 아이의 독서 역사를 함께 해왔을 때에 가능하다. 바꾸어 말하면 도서 추천을 원하는 엄마는 그것을 하지 않았다는 증거이기도 하다.

나는 종종 초등 독서교육을 아이들이 먹는 음식에 비유하곤 한다. 아이가 먹는 음식은 건강과 직결된다. 그래서 임신을 하는 순간부터 엄마는 음식을 조절한다. 태어난 후에는 모유 수유를 위해 엄마가 먹는 음식을 관리하고 분유를 먹이게 되면 그 성분을 꼼꼼히 살펴가며 제품을 고른다. 이유식으로 넘어가더라도 책과 인터넷을 찾아가며 정성으로 만들어 먹인다. 이렇게 자라는 동안 내내 엄마는 아이의 발달 상황에 따라 여러 가지 시도를 하면서 영양소를 맞추어 음식을 제공해 준다.

때로는 아이가 다니는 기관에서 몸에 좋지 않다고 생각되는 음식을 주기라도 하면 민감해지기도 한다. 특히 알레르기나 아토피 등의 질환이 있는 아이라면 시간과 정성을 들여 아이에게 맞는 음식만을 제공해 주려 노력을 들인다. 싫어하는 음식을 먹이려고 여러 시도를 하고 그래도 먹지 않으면 영양소를 대체하기 위해 영양제라도 먹인다.

엄마가 이렇게 할 수 있는 것은 아이의 음식 역사를 알기 때문이다. 음식이 건강에 얼마나 중요한 영향을 미치는 지도 안다. 자라면서 쭉 지켜봐 왔고 관심을 가지며 함께 했기 때문에 가능한 일이다.

엄마가 알아야 할 내 아이가 읽을 책

책읽기도 마찬가지이다. 태아 때부터 시작하여 엄마는 그 모든 과정을 함께 해야 한다. 몸의 건강만큼이나 중요한 아이의 마음 건강을 생각한다면 미루지 말아야 할 일이다. 태아 때부터 책을 읽어주기 시작한 엄마라면 그 다음 과정들은 너무도 자연스럽게 이어졌을 것이다. 아이가 어떤 책에 반응을 보였는지, 어떤 책에 반응을 보이지 않았는지 알고 있을 것이다. 잘 읽는 책이 있으면 비슷한 것을 사다 주기도 했을 것이고, 안 읽는 책이 있으면 어떻게 하면 좋아할까 고민도 하고 실제 여러 방법도 취해보았을 것이다. 책을 고르기 위해 서점에도 가고, 도서관에도 가고 어떨 때는 홈쇼핑을 보고 구입하기도 했을 것이다. 옆집 엄마에게 추천을 받거나 물려받은 책 또한 한 번쯤은 있었을 것이다.

그런데 그 과정에서도 음식의 예시처럼 다양한 경험을 한다. 큰 맘 먹고 샀는데 실패한 책도 있을 것이고 큰 기대를 하지 않고 주었는데 마르고 닳도록 잘 보는 책도 있을 것이다. 아이가 책을 좋아하게 하려고 인터넷 검색창을 뒤져가며 찾은 독후활동 한 번쯤은 해 보았을 것이다. 아이가 책에 흥미를 붙이게 하는 방법을 찾아 시도도 해 보았을 것이다. 책장을 여기에도 놓아보고 저기에도 놓아보았을 것이고, 전문가의 조언대로 시도하면서 아이가 책을 읽게 하려는 노력을 했을 것이다. 그리고 그 모든 과정을 하는 동안 엄마는 어느새 내 아이 전문가는 물론이고 독서교육 준전문가 정도는 되어 있었을 것이다.

문제는 본의 아니게 이런 과정을 놓친 엄마들이 바로 타인에게 우리 아이가 읽을 도서를 추천해 달라고 한다는 것이다. 아이가 어떻게 읽어왔는지, 독서 흥미도는 어느 정도인지, 독서태도는 어떠한지, 현재 어휘력이나 독서력은 어떠한지 전혀 알지 못하는 사람에게 묻는다. 물론 엄마라고 해서 전문가처럼 객관적 지표를 가지고 다 알 수는 없다. 하지만 아이를 키우면서 모든 것을 객관적 지표를 기준으로 하는 엄마는 없다. 수치화 할 수 없고 표현할 수 없어도 그저 엄마가 알고 있는 아이의 상황과 짐작은 있을 수 있다.

추천도서의 문제

:

경험상 추천도서를 원하는 엄마들의 경우에는 드려도 문제가 생긴 경우가 많았다. 추천도서라고 하니까 일단은 아이에게 권하게 되고, 그 책이 지금 우리 아이 상황에 적절하지 않을 가능성이 많으니 아이는 읽지 않는다. 아니, 오히려 책을 더 싫어하게 된다. 오랜만에 산 책인데 아이가 읽지 않으니 속상해서 다그치기도 하고 다시는 책을 안 사준다는 엄포마저 놓기도 한다.

그런데 생각해보자. 아무 음식도 주지 않고 무관심하던 엄마가, 그래서 아이 혼자 겨우겨우 연명하게 하던 엄마가 어느 날 갑자기 볶음밥을 해 놓고는 아이에게 먹으라고 한다면 아이가 기뻐서 먹을 것 같은가? 자신에게 알레르기 반응이 일어나는 브로콜리가 들어가 안 먹을 수도 있고, 입맛에 간이 안 맞아 못 먹을 수도 있다. 그런 아이에게 엄마가 애써서 한 거니 무조건 먹으라고 하는 것과 어디선가 구한 추천도서를 느닷없이 들이미는 것은 무엇이 다를까?

아이의 독서지도 역사를 가장 잘 아는 사람은 엄마이며 엄마여야 한다. 중간에 조금 시기를 놓쳤다고 해도 괜찮다. 아이가 한동안 책을 멀리했어도 괜찮다. 독서력이 조금 떨어져 있어도 괜찮다. 먼저 다시 시작하는 것이 중요하다. 그 다시 시작함에 있어 엄마가 할 일은 추천도서를 구하는 일이 아니다. 아이와 함께 도서관이나 서점을 가야한다. 함께 읽거나 읽어주어야 한다. 그 때부터라도 아이의 독서지도 역사를 함께 할 수 있다는 것은 그래도 대단히 희망적인 이야기가 아닐까.

시행착오도 너그러운 마음으로

:

만약 진심으로 우리 아이 독서지도 역사를 이제부터라도 함께 하고 싶다면 정말 당부하고 싶은 것이 있다. 아이가 책을 안 읽는다고 해서 큰 맘 먹고 산 책을 본전 생각하며 아까워하지 않기를 바란다. 발품 팔아 도서관에서 빌려 낑낑 들고 온 책을 고스란히 반납해야 한다고 해서 속상해 하거나 아이를 다그치지 않기를 바란다.

책 읽는 아이가 되게 하기 위해서는 많은 실패의 과정이 필요하다. 하물며 온라인에서 옷을 구입한다고 해도 실패해서 반품하는 옷이 있지 않은가. 아이가 읽는 책도 마찬가지이다. 아무리 잘 읽는 아이도 모든 책을 다 읽지는 않는다. 5권 빌려왔다면 한 권만 읽어도 충분하다. 구입한 도서가 아이에게 맞지 않는다면 엄마가 아이 독서교육에 더 힘쓰고 아이에 대해 알아야 한다는 증거이다. 설령 독서지도를 잘 하는 엄마라고 해도 책 구입 실패는 있을 수밖에 없다. 심지어 늘 책을 읽는 나 역시 여전히 책 구입에 실패도 하고 3권 빌려와도 한 권만 읽고 2권은 잘 읽히지 않아 고스란히 반납하기도 한다.

아이의 독서역사를 모르는 채로 전문가에게 조언을 구한다면 교과서 같은 답밖에 얻을 수 없다. 만약 독서 역사를 몰라서가 아니라 아이가 학년이 올라감에 따라 독서교육에 대한 지식 부족으로 더 이상 책 고르기가 힘들어 도서 추천을 원하는 것이라면 전제가 있다. 그 동안 아이가 읽은 책의 목록과 독서기록을 전문가에게 보여주어야 한다. 그 독서기록은 엄마가 한 것이 더 좋다. 태아 적에는 읽어준 책만 기록하면 될 것이고, 아이가 태어나면서부터는 책을 읽어줄 때의 아이의 반응이나 아이가 한 말, 읽어주는 동안의 에피소드, 관련된 이야기 등을 담으면 좋다. 아이가 글을 쓸 수 있게 되면 아이가 직접 간단히 기록한 것도 좋다. 적어도 그 정도의 데이터가 있어야 전문가도 책을 추천해 줄 수 있다. (☞ 참고로 엄마가 하는 독서기록을 1장 83~86쪽에 수록하였다.)

사실 추천도서를 구하려는 노력 자체가 이미 노력하려고 하는 좋은 엄마임을 잘 안다. 하지만 도서를 추천받고도 아이에게 맞는 책들이 아니라 실패하고, 정체기를 보낸 후 다시 추천해달라고 하는 엄마들을 숱하게 만나왔다. 그 사이 아이는 어느새 훌쩍 자라 정말 더 이상 책읽기 습관을 들이기 힘든 나이가 되어 있을 때가 많았고 그래서 참 안타까웠다.

내 아이가 읽을 책은 엄마가 고르자. 지금 우리 아이가 읽을 책을 고를 줄 아는 엄마와 그렇지 않은 엄마가 아이를 이해하는 정도도 분명 다를 것이라고 생각한다. 단언 컨데 아이의 독서지도 역사를 함께 해 온 엄마라면 아이의 사춘기도 함께 잘 넘길 수 있다. 아이가 동굴에 들어가 있는 시기에 아이가 읽은 책들을 떠올리며 오히려 엄마가 위안 받을 것이고 기다릴 수 있다. 아이의 독서를 위해 힘써 오는 동안 더 성장하는 건 아이가 아니라 바로 엄마이다.

우리 아이 수준에 맞는
책 고르기

    이 책이 부모님들에게 친절하지 않다는 것을 인정한다. 마음먹고 집에서 책 좀 읽히려고 했는데 먼저 엄마부터 읽으라는 대전제를 주어 부담을 주고 나쁜 독서교육이 무엇인지에 대해서만 이야기하며 큰 윤곽만 제시하고 있으니 엄마들 입장에서는 답답할 노릇이다. 하지만 입맛에 맞는 답이나 소소한 노하우는 당장에는 도움이 되는 것 같지만 근본적인 변화를 얻을 수는 없다. 그런 정보는 검색만 하면 쉽게 얻을 수 있다. 하지만 영양가가 없는 것이 대부분이라 일시적 변화가 있는 것 같다가도 다시 멈추게 된다. 그걸 알기에 조금 더 근본적인 대안과 해결책을 안내하고 싶다. 정말 내 아이가 책으로 행복해지기를 원하는 엄마라면 인내심을 갖고 읽어줄 것이라고 믿는다.

멈춘 학년의 도서부터 시작하라

:

아이가 읽은 책은 엄마가 골라야 한다고 했지만 여전히 어려운 문제일 수 있다. 마냥 도서관으로 달려가서 책을 빌려오다가도 아이가 잘 읽지 않으면 지치기도 할 것이다. 시행착오라 여기며 위안을 하다가도 힘든 순간이 온다. 그럴 때 엄마가 아이 수준에 맞는 책을 고르는 방법을 제시하려고 한다.

우선 추천도서나 권장도서에 의지하지 말아야 하는 이유를 한 가지 더 살펴보려고 한다. 보통의 추천 또는 권장도서 목록은 해당 학년보다 높은 경우가 많다. 나 역시 수많은 도서목록을 접했지만 '약간 높은 것'이 아니라 저학년 목록에 고학년이 읽을 만한 책이 들어 있을 정도로 편차가 심할 때도 있다. 그런 목록을 보면 고학년 책을 구입할 저학년 엄마의 모습이 떠올라 걱정부터 앞선다. 일부 초등논술 프랜차이즈의 수업 도서도 마찬가지이다. 대체적으로 책을 꾸준히 읽어온 아이들, 해당 학년의 독서력을 잘 갖추고 있는 아이들을 기준으로 도서를 선정하기 때문에 절대적 기준이 되기 어렵다.

그럼에도 불구하고 일단 추천, 권장도서 목록을 활용해야 한다면 고르는 기준이 있다. 우선 우리 아이가 언제부터 독서를 멈추었는지 생각해 보면 된다. 2학년부터 읽지 않았다면 2학년 도서부터 시작하면 된다. 3학년부터 읽지 않았다면 3학년부터 시작하면 된다. 읽다가 아이가 쉽게 느낀다면 한 학년 위로 올리고 어려워한다면 다시 한 학년 내리는 방식을 적용하면서 적절히 조절하면 된다.

지식정보책은 단계를 더 낮추어라

지식정보책은 따로 생각해야 한다. 모든 책이 그렇지는 않을 뿐더러 개인적으로는 문학이 더 어렵다고 생각하지만 일반적으로는 이야기책보다 지식정보책이 더 어렵다고 느끼기 쉽다. 따라서 우리 아이가 5학년이라고 했을 때 이야기책은 4학년 수준의 책을 읽을 수 있다면 지식정보책은 한 두 단계 더 아래 책을 읽어야 이해가 어렵지 않다. 실제로 이야기책을 꾸준히 읽어온 6학년 아이라고 해도 지식정보책을 안 읽었다면 6학년 도서를 읽기 어려워한다. 이야기책 읽기로 길러온 읽기 능력이 있어 웬만큼 읽을 수도 있겠지만 어휘와 배경지식 부족으로 어려워하는 경우가 대부분이다. 그럴 때는 한두 단계 낮추어서 4,5학년 정도의 지식정보책을 읽다보면 어느새 6학년 책도 읽을 수 있을 것이다.

지식책의 종류에 따라서도 달리 해야 한다. 인물, 과학, 경제, 문화 예술 등 다양한 분야를 한데 묶어 난이도 조절을 하는 것도 좋지만 모두 따로 적용하는 방식도 필요하다. 인물을 안 읽은 아이는 인물 배경지식이 부족할 테니 고학년이어도 저학년 책부터 읽어야 한다. 과학만 안 읽었다면 다른 도서에 비해 과학의 난이도를 확 낮추어야 한다. 즉 분야별로도 난이도를 고려해 선정해야 한다.

어휘 이해 정도에 따른 책 고르기

:

그래도 막연하다면 조금 더 구체적인 방법이 있다. 우선, 책을 읽으면서 한 페이지 안에 모르는 어휘가 7개 이상이 나오면 책을 읽기 어렵다고 한다. 성인 도서 중에서 내 관심 분야나 전문 분야가 아닌 책을 하나 골라보자. 그리고 한 페이지 안에 모르는 어휘가 몇 개나 되는지 체크해 보자. 만약 6, 7개가 넘어간다면 그 책을 읽기 힘들다는 증거이다. 어휘를 잘 모르면 문장 이해가 안 되고 문장이 이해가 안 되면 내용 전체 이해가 힘들다. 결국 다음 페이지로 넘어가기조차 어렵다.

이것을 아이들에게 그대로 적용해 보면 된다. 아이의 수준에 맞는 책이라고 생각되면 일단 읽히되 몇 페이지를 골라 모르는 어휘를 체크해보도록 한다. 5개~7개 정도가 되면 읽기에 조금 버겁다고 생각하면 된다. 그 이상이면 당연히 몇 페이지도 읽어내지 못할 만큼 어려운 책이다. 만약 1, 2개 정도라면 내용 이해나 읽기에 문제가 없는 것이다. 오히려 너무 쉬워 흥미를 갖기 어려울 수도 있다. 어느 정도 긴장감을 가지고 읽을 수 있는 정도의 책을 골라야 흥미를 잃지 않고 읽어나갈 수 있다는 점도 생각해야 한다.

다만 어휘로 판단하는 것이 절대적 기준은 아니다. 어려운 어휘가 많아도 흐름상 잘 읽히는 책이 있는 반면에 어휘가 어려운 것이 없어도 어려운 책도 있음을 고려하여 선정하면 좋다.

골랐다면, 시작하기

　　현재 아이 수준에 맞는 책을 골랐다면 즐기면서 열심히 읽어나가면 된다. 그런데 만약 아이가 해당 학년보다 2년 이상 독서력이 뒤처진다면 조금 더 많은 노력이 필요하다. 6학년인데 4학년 이하의 독서력을 갖추고 있다면, 즉 4학년 책도 어려워하는 정도라면 모든 것을 제쳐두고 일단 읽기에 공을 들여야 한다. 글을 읽고 이해하는 능력이 없으면 학습 능력도 부족할 수밖에 없다. 공부는 과목을 막론하고 읽고 이해하는 과정을 기본 전제로 하기 때문이다. 실제 읽기 능력 부진으로 학습에 어려움을 겪는 친구들이 많다. 대체로 중학교에 들어가서 배우는 과목이 늘고 수준이 높아지고 영역이 확장되면서 그때서야 읽기 능력의 부족 문제를 깨닫는 경우가 많다. 초등 6년 간 읽어온 책이 중학교 생활의 기본기가 된다는 사실을 꼭 기억했으면 좋겠다.

　　학원을 포기하기 어렵다면 주말이나 방학을 이용할 것을 권한다. 뛰어놀고 휴식을 취해야 할 아이들에게 주말과 방학 때 책읽기를 하자고 하면 싫어할 수도 있다. 하지만 하루 중 1~2시간만 투자해도 충분하다. 비교적 여유가 있는 시기이기 때문에 평소보다 심리적 부담이 덜 하다는 장점이 있기에 주말과 방학은 책읽기에 흥미를 붙이기 좋은 기회이다.

　　몇 가지 방법을 제시한대로 아이 수준에 맞는 책을 고르되, 처음에는 이야기책 중심으로만 고르도록 권하고 싶다. 지식을 알게 하고 싶은 욕심, 혹은 성적과 연관시켜 공부 잘 하기 바라는 마음으로 하면 아이들은 금방 눈치 채고 더 멀리한다. 일단은 재미있는 이야기책부터 천천히 읽어나가면서 '책은 즐겁다.'라는 인식을 갖게 하는 것이 중요하다. 아무리 늦게 독서를 시작한다고 해도 책이 재미있다는 생각이 있어야 그 다음의 책읽기도 가능하다.

현재 다소 독서력이 떨어져도, 흥미가 붙어 읽기 시작하면 무섭게 읽기 시작하는 것이 아이들이다. 아이가 책을 읽지 않아 학업 성적이 떨어지는 것에 염려하는 엄마를 많이 보았지만 책읽기의 가장 '적(敵)'인 학원을 포기하지 못해 결국 실패하는 경우가 대부분이었다. 책을 읽지 않으면 지식을 담을 그릇이 만들어지지 않아 학원을 다녀도 무용지물이다. 우선순위에 대해 반드시 생각해 보아야 한다.

📖 **책 안 읽는 고학년 아이들이 흥미를 붙이기 좋은 재미있는 책**

『왕도둑 호첸플로츠』 오토프리트 프로이슬러 | 비룡소

『왕도둑 호첸플로츠 다시 나타나다』 오토프리트 프로이슬러 | 비룡소

『왕도둑 호첸플로츠 또 다시 나타나다』 오토프리트 프로이슬러 | 비룡소

『양파의 왕따 일기』 문선이 글 | 주니어파랑새

『양파의 왕따 일기 2』 문선이 글 | 주니어파랑새

『내 이름은 삐삐롱스타킹』 아스트리트 린드그렌 글 | 시공주니어

『꼬마 백만장자 삐삐』 아스트리트 린드그렌 글 | 시공주니어

『삐삐는 어른이 되기 싫어』 아스트리트 린드그렌 글 | 시공주니어

『꼬마 마녀』 오토프리트 프로이슬러 글 | 길벗어린이

『샬롯의 거미줄』 엘윈 브룩스 화이트 | 시공주니어

『찰리와 초콜릿 공장』 로알드 달 글 | 시공주니어

『제임스와 슈퍼 복숭아』 로알드 달 글 | 시공주니어

『프린들 주세요』 앤드류 클레먼츠 글 | 사계절

『텔레비전 속 내 친구』 크리스티뇌 뇌스틀링거 | 비룡소

『책도령은 왜 지옥에 갔을까』 김율희 지음 | 예림당

『수일이와 수일이』 김우경 글 | 우리교육

『아주 특별한 우리 형』 고정욱 글 | 대교출판

『진짜 도둑』 윌리엄 스타이그 글 | 베틀북

『고양이 학교』 김진경 글 | 문학동네

📖 책 안 읽는 고학년 아이들이 완독의 기쁨을 느낄 수 있는 책

(그림책이거나 글줄이 적은 책들, 그러나 고학년 지적 수준에 맞고 이야깃거리가 많은 책)

『폭죽 소리』 리혜선 글 | 길벗어린이

『조커』 수지 모건스턴 글 | 문학과지성사

『책 먹는 여우』 프란치스카 비어만 글 | 주니어김영사

『아낌없이 주는 나무』 쉘 실버스타인 글 | 시공주니어

『행복한 청소부』 모니카 페트 글 | 풀빛

『만년 샤쓰』 방정환 글 | 길벗어린이

『꽃들에게 희망을』 트리나 포올러스 글 | 시공주니어

『행복한 왕자』 오스카 와일드 글 | 어린이 작가정신

『어린이를 위한 우동 한 그릇』 구리 료헤이 글 | 청조사

『사라 버스를 타다』 윌리엄 밀러 글 | 사계절

『아툭』 미샤 다미안 글 | 보물창고

『메아리』 이주홍 글 | 길벗어린이

『우주호텔』 유순희 글 | 해와나무

『소나기』 황순원 글 | 길벗어린이

『고맙습니다 선생님』 패트리샤 폴라코 글 | 아이세움

『나비를 잡는 아버지』 현덕 글 | 길벗어린이

『나무를 심은 사람』 장 지오노 글 | 두레아이들

전집 구입은
지혜롭게

많은 엄마들이 전집 구매의 실패를 경험해 보았을 것이다. 분명 좋은 책이라고 추천 받아서 큰마음 먹고 구매했는데 보는 듯 하더니 다시 거들떠도 안 보면 속상 할만하다. 먼지만 쌓인 채 구석에서 잠들어 있는 건 시간문제. 아이가 보지 않아 펼치면 쩍 소리가 날 정도의 새 책이라면서 울며 겨자 먹기로 다시 중고로 판매하는 엄마들도 많다.

장점이 곧 단점인 전집

전집의 장점이 많은 것은 사실이지만 나는 잘 권하지 않는다. 장점만큼이나 단점도 많기 때문이다. 하나씩 짚어보려고 한다.

우선 전집은 구성이 좋다는 장점이 있다. 사회, 과학, 인물 등의 전집을 보면 그 분야의 체계나 흐름이 한 눈에 보일 만큼 구성이 잘 되어 있다. 하지만 이것이 곧 단점이다. 왜냐하면 구성이 좋다는 것은 그만큼 획일적이며 방대하다는 뜻이기 때문이다. 전집은 적으면 4~50권에서 100권에 달하기도 한다. 그런데 이렇게 딱딱한 하드커버의 무거운 전집은 특히 저학년 이하 아이들에게는 책이 아니라 부담스러운 물건일 뿐이다. 책은 일단 가볍게 집어들 수 있어야 하는데 책장을 장식한 그 많은 책은 존재 자체가 이미 아이들에게 위압감을 준다.

특히 역사 전집이 더욱 그렇다. 요즘은 저학년 대상으로도 한국사 전집이 나온다. 역사 전집의 경우는 다른 전집에 비해 구성이 더 방대한 편인데 분야 자체가 다룰 내용이 많기 때문이다. 하지만 아이들이 처음부터 권수가 너무 많은 역사책 접하면 역사는 읽을 것도, 배울 것도 많다고 생각하고 흥미를 잃기 쉽다. 특히 한국사는 흐름이 중요하다고 생각하여 1권부터 읽히기 쉬운데 10권까지는 어떻게 읽을지 모르겠으나 그 이상은 지쳐서 안 읽는 것은 물론 쳐다도 안 보는 경우가 많다. 시중에 시리즈로 나온 10권 세트만 해도 많아서 질려하는 아이들이 꽤 있다. 역사는 오히려 아주 간략히 추려진 3권 이하의 단행본으로 먼저 접하는 것이 좋다.

부록과 워크지도 전집 구입의 한 가지 유혹 요소이다. 책만 보아도 좋은 것 같은데 여러 부록에 워크지까지 들어 있으니 얼마나 좋은가. 하지만 이것이 또 단점이 된다. 아이들이 정말 싫어하는 것 중 한 가지가 책을 읽으면 따라오는 '문제'들이다. 전집을 읽는 이는 아이들이지만 사는 사람은 엄마이다.

결국 엄마들 지갑을 열기 위하여 엄마들이 좋아하는 워크지나 책 뒷면에 논술 문제 등의 부록을 넣는다. 아이가 책을 읽어도 제대로 읽었는지가 궁금한 엄마들을 공략하여 확인 문제나 논술 교재처럼 생각할 문제 등을 담는 것은 아이를 위한 것이 아니라 구매하는 당사자인 엄마들 지갑을 열기 위한 출판사의 의도임을 기억해야 한다.

또 다른 책 구입을 방해한다는 사실도 전집의 단점이 되기도 한다. 비용을 들여 권수가 많은 전집을 들인다는 것은 그 분야는 그 책 한 가지로 끝내겠다는 생각이 바탕에 깔린 경우가 많다. 언급했듯이 한 분야는 한 세트이면 다 해결될 것 같기 때문이다. 하지만 그렇지 않다. 책마다 구성과 삽화는 물론이고 내용 서술 방식 등의 차이가 많기 때문에 한 분야라도 다양한 출판사의 책을 읽는 것이 좋다. 특히 역사는 정치사적 민감성도 있고 저자가 본의 아니게 역사적 해석을 간접적으로 담은 경우도 있어 더욱 여러 출판사 책을 보아야 한다. 그런데 전집을 들여 놓으면 그 책을 다 읽기 전까지는 같은 분야 책, 특히 단행본은 사지 않으려는 경우를 자주 본다. 책 구입은 냉장고의 음식을 채우듯이 조금씩 꾸준히 지속되어야 한다.

세계 명작은 또 어떨까. 세계 명작은 사실 성인들이 읽어도 이해하기 어려운 작품이 많다. 그런 작품들이 전집화되는 순간 원작의 의미가 많이 훼손된다. 우리가 사는 세계나 인간 본성, 삶의 가치 등을 다룬 깊이 있는 작품들이 해당 학년에 맞게 편집되는 순간 작품으로서의 의미는 사라진다. 예를 들어 『플랜더스의 개』는 초등생이 읽어도 비교적 감동적으로 받아들이며 어느 정도는 이해가 가능한 작품이지만 『제인에어』나 『죄와 벌』 등은 아직 삶의 경험이 부족한 아이들이 이해하기에는 어려움이 많다. 그런데 이런 작품들이 한

두 학년에 맞게 묶여 전집화 된다는 것 자체가 바른 책읽기를 방해한다. 학년에 맞게 편집된 것을 읽으면 다 읽었다고 오해하고 완역본을 읽히지 않는 것도 문제가 될 수 있다.

전집은 하나의 구성으로 기획되어 만들어진 것이다 보니 대체로 대상 독자 연령을 선정하고 만든다고는 해도 실제 낱권의 책들은 수준이 많이 다르다. 인물 전집이 대표적으로 그렇다. 하나의 세트 안에도 2학년이 읽기 적당한 인물과 4학년이 읽기 적당한 인물이 있다. 이는 전집의 문제라기보다는 인물 이야기 자체의 특성이다. 사회 전집 또한 마찬가지이다. 시장 이야기를 다룬 도서는 2학년 아이들도 재미있게 읽을 수 있지만 주식이나 돈 관련 책들은 고학년이 읽어도 이해하기 어렵기도 하다. 과학 또한 저학년이 비교적 읽기 쉬운 생물학 분야도 있으나 지구과학이나 화학, 물리학은 아무리 쉽게 나온 것 같아도 저학년이 읽기에 어려운 내용으로 이루어져 있다. 7세~8세 대상의 책이라고 소개되어 있는 책도 전체 편집과 삽화, 글줄을 언뜻 보면 그런 것도 같지만 실제 내용을 읽어보면 그 나이에 읽기에 어려운 내용일 때도 있다.

전집의 장점 중 또 한 가지는 낱권 가격을 생각하면 단행본에 비해 저렴하다는 것이다. 하지만 언급했듯이 각각 책들의 난이도 차이로 70권, 80권을 다 활용하지 못한다면 가격도 의미가 없다. 몇 년의 간격을 두고 오래 오래 보게 해야지 생각한다면 오산이다. 아이들은 책장에 오래 꽂혀 있는 책에는 잘 손대지 않는다. 너무 오래되면 엄마조차 있는지 없는지 모르는 전집도 있다. 책장에 오래 있으니 읽었다고 오해하는 경우도 종종 보았다. 오랜 시간 책장을 채우고 있는 전집의 책등만을 보고 읽었다고 착각하기 쉬운 전집이라면 신중히 구입해야 할 이유가 충분하지 않을까.

어떻게 선택할까

:

물론 단점만 있는 것은 아니다. 장점도 있기 때문에 지혜를 발휘하여 구매하면 좋다. 우선 전집 구매의 적절한 시기는 아이가 한 분야에 빠져들 때이다. '엄마가 읽히고 싶을 때'가 아니라 '아이가 읽고 싶어 할 때' 구입해야 한다. 만약 한국사에 관심을 보이면서 이것저것 읽고 더 읽기를 원한다면 그 때에는 전집을 구매해도 좋다. 한참 지적 욕구가 생겨날 때에 전집이 있다면 폭발적인 독서를 할 수 있다.

만약 세트 구입이 불안하거나 고민된다면 미리 대여해보는 것도 좋다. 온라인에 검색하면 전집 대여해 주는 곳들이 꽤 많다. 일정 기간 소액만 지불하면 빌릴 수 있다. 구매가 많이 망설여질 때 좋은 방법이다. 집에 온 책들을 살펴보고 아이에게도 보여준 후에 구매할 지, 말 지 결정한다면 실패를 맛보지 않을 수 있다. 그것마저 부담스럽다면 주변 친한 엄마들에게 몇 권만 빌려와서 먼저 살펴보고 아이에게 읽어주며 반응을 보는 것도 나쁘지 않다.

전집은 주로 온라인에서 구매하지만 아이와 직접 전집 매장을 방문하는 것도 좋다. 아이가 읽을 책을 고를 때는 아이의 의사를 반영해야 한다. 앞서 '내 아이가 읽을 책은 엄마가 고를 줄 알아야 한다'고 했다. 조금 더 정확히 표현하자면 아이와 함께 골라야 한다. 엄마들은 책을 고를 때 책은 꼼꼼히 살펴도 아이와 책과의 궁합은 잘 살피지 않는 경향이 있다. 아무리 구성이 좋고 편집, 삽화, 내용이 좋아도 우리 아이가 읽지 않는 책은 책이 아니다. 다소 질이 떨어져도 아이가 읽는 책이 더 좋은 책일 수도 있다.

요즘은 엄마들의 중고거래가 매우 활발하여 책 관련, 중고 관련 몇몇 사이트에 접속만 하면 상당히 쉽게 구매할 수 있는 것이 또 전집이다. 새 책이 부담스럽다면 중고 구매도 나쁘지 않다. 어떤 분들은 새 책을 구매해야 워크지를 다운로드 할 수 있다거나 선생님 방문이 가능하다며 새 책을 고집하기도 한다. 다시 말하지만 전집에 딸린 워크지를 풀려 마음이 편한 것은 엄마뿐이다. 그리고 사실 막상 구입하면 잘 활용하지 않고 새것 그대로인 경우도 허다하다. 선생님 방문 수업으로 인한 새 책 구입 또한 방문지도가 정말 필요한지 꼼꼼히 따져보고 생각해 볼 일이다. 아이들은 책이 그냥 책이기를 원한다.

전집 구매 시 가장 당부하고 싶은 것은 아이가 몇 년 후에나 읽을 책을 미리 사지 않았으면 하는 것이다. 몇 년 후 먹을 음식을 지금 사지 않는다는 점을 생각하면 이해가 될 것이다. 책은 계속 나오고 있고 집에 오래 묵은 책은 내용이 아무리 좋아도 아이들에게 흥미를 주지 않는다. 마케팅에 현혹되지 말고 엄마 스스로 선택할 수 있는 지혜를 발휘해야 한다.

책 고르는 눈 높이는 법, 단행본 고르기

⋮

지혜롭게 구매하면 활용도가 높아 좋은 것이 전집이지만 비교적 부정적으로 보는 가장 큰 이유는 따로 있다. 책을 보는 엄마의 안목이 성장하지 않는다는 점이다. 아이들 독서교육에서 도서 선택은 매주 중요한 요소이다. 그런데 아이가 어릴 때부터 전집 구매로 책을 구비해 온 엄마들의 한계는 대체로 아이가 2~3학년 즈음부터 드러나기 시작한다. 전집은 대체로 중학년 이하까지를 대상으로 하기 때문에 전집구매로 독서교육을 연명했던 엄마들은 단행본을 구매해야 하는 3학년 이상 정도가 되면 독서교육의 길을 잃고 헤매게 된다. 아이가 어릴 때부터 발품 팔아, 시간품 팔아 단행본 구입을 하며 책 고르는 안목을 키운 엄마만이 아이가 고학년이 되어도 책을 고를 줄 안다.

우리집 책장을 둘러보자. 일렬로 정돈된 깨끗한 전집 몇 세트만이 책장을 장식하고 있지는 않은가. 전집만 구비하고 책읽기를 바라는 것은 계절별로 비싼 옷 한두 가지만 구비해 놓고는 몇 년을 버티라고 하는 것과 다르지 않다. 지금 당장이 편하면 나중이 괴롭다. 전집 구입의 지혜를 발휘하자.

6

두루 읽게 하려면
편독을 허용하라

하나의 도서에 담긴 여러 분야의 지식

『두 얼굴의 에너지 원자력』(김성호 글, 전진경 그림)은 5~6학년 정도의 친구들이 읽기에 적당하다. 제목이 말해주듯이 원자력의 양면에 대해 이야기해 주는 책이다. 후쿠시마 원자폭탄 사고 이야기를 시작으로 아이들의 호기심을 자극한 뒤 인류에 핵폭탄이 사용되기 시작한 배경에 대해 알려준다. 나아가 원자력 발전소에서 전기가 만들어지는 과정과 방사능이 인체에 끼치는 피해까지 원자력에 대한 다양한 내용이 한 권에 알차게 담겨 있다.

이 책의 분야는 '과학/환경'이다. 그런데 읽다보면 다른 여러 분야의 지식도 조금씩 담겨 있다. 예를 들어 '미국이 세계 2차 대전 당시 맨해튼 프로젝트라 하여 원자폭탄을 만들어 일본에 떨어뜨린 이야기'나 방사선의 한 종류인 '라듐과 플루토늄을 발견한 퀴리 부부의 이야기' 등이다. 병원에서 사용하는 방사능에 대한 이야기도 있다. 원자력을 이야기하기 위하여 부분 부분 조금씩 등장하는 이야기지만 굳이 분야를 따진다면 역사와 인물, 의학에 해당하는 부분이다.

『어린 임금의 눈물』은 역사동화이다. 역사동화는 분야는 문학이지만 역사적 사실을 바탕에 깔고 있다. 이 책은 수양대군에 의해 쫓겨나 강원도까지 유배를 가서 어린 나이에 죽음을 맞이하는 단종의 이야기이다. 이 책을 이해하려면 단종과 그를 둘러싼 인물들에 얽힌 이야기, 즉 당시 시대를 알아야 한다. 『마사코의 질문』은 우리나라 일제강점기 다양한 분들의 아픔을 그린 동화로 역시 일제강점기라는 배경에 대한 이해가 필요하다.

『라이카의 별』은 이야기책으로 최초로 우주에 간 개 라이카의 이야기이

다. 다시 돌아올 수 없는 우주선을 타고 발사되어 얼마 되지 않아 죽음을 맞이한 라이카는 소련과 미국의 냉전 관계 때문에 희생이 되어야 했다. 2차 세계대전 이후 줄곧 냉전을 하던 미국과 소련은 먼저 인공위성을 성공시키기 위해 전력을 다하였는데, 스푸트니크 1호를 발사한 소련과학자들이 미국보다 앞서야겠다는 조바심에 돌아올 수 있는 기능이 없는 우주선에 라이카를 태워 보낸 것이다. 이야기만 읽어도 어느 정도 이해되지만 이런 역사적 배경을 알아야 그 안타까움이 더 진하게 다가올 수 있는 동화이다.

안 읽는 분야보다 잘 읽는 분야에 집중하도록

학년을 막론하고 많은 학부모가 우리 아이가 '다양하게' 읽었으면 하고 바란다. 과학만 읽고 있으면 환경을 안 읽어서 걱정이라 하고, 문학만 읽으면 비문학 좀 읽었으면 좋겠다고 한다. 인물을 좋아하여 인물만 찾으면 또 과학을 안 읽어 걱정하며, 경제를 안 읽으면 경제 도서 한 세트 구입해 비치하고 읽기를 바라기도 한다. 지금 우리 아이가 어떤 한 분야를 '잘 읽고 있다'는 것에 집중하는 것이 아니라 읽지 않는 분야를 자꾸 떠올리며 염려를 한다.

어른들이 그러하듯이 모든 분야에 관심을 갖고 두루 읽는 아이는 드물다. 본래 사람이 모든 분야에 관심이 있을 수는 없다. 또한 편독 자체가 문제가 되지는 않는다. 많은 학부모가 책을 분야별로 다양하게 읽기를 원하는 것은 어쩌면 책읽기를 공부를 잘 하기 위한 수단으로 생각해서는 아닐까 한다. 공부 또한 두루 잘 하기를 원하지 특정 과목만 잘 하기를 원하지는 않을 테니 말이다.

그런데 위에서 말한 바와 같이 고학년으로 갈수록 아이들이 읽는 책 한 권 안에는 다양한 분야의 지식이 녹아들어 있다. 학교 교과도 마찬가지이다. 중등 역사 과목에서 가야를 배울 때 나오는 고대가요 '구지가'는 국어에서 다시 만나는 단순한 예를 봐도 알 수 있듯이 역사는 국어와 연계된다. '정치'는 사회 영역인데 다루는 영역을 보면 일부분 도덕과 연계된다. 이렇듯 모든 학문은 얽히고설켜 있으며 이는 높은 지식의 단계로 갈수록 더 밀접하다. 학문의 뿌리는 하나이기 때문이다.

즉 책이든 공부든 한 가지 분야를 파고들다보면 결국 다른 분야에 대해 관심을 가질 수밖에 없다. 다른 분야를 읽어야 내가 좋아하는 분야의 책이 더 잘 이해가 잘 되거나 심층적인 독서로 접어들 수 있기 때문이다. 반대로 말하면, 어느 한 분야도 좋아하지 않는 아이에게 편독 없이 두루 읽기를 바라는 것은 아무 의미가 없다.

우선은 한 가지 분야를 즐기며 읽는 것이 중요하다. 관점에 따라서는 그것이 독서의 전부이기도 하다. 그럼에도 불구하고 두루 읽기를 원한다면 지혜를 발휘해보자.

예를 들어 세계사 책을 읽으며 미국의 노예제도 부분을 읽고 있다면 당시 노예제도의 참상을 배경으로 하는 스토부인의 『톰 아저씨의 오두막』을 권해 보는 것이다. 건넬 때에는 이 작품이 미국의 노예제도의 아픔을 잘 그린 동화라고 넌지시 이야기를 해 호기심을 자극하는 것도 좋다. '만유인력'에 대한 과학책을 읽고 있다면 만유인력의 법칙을 발견한 '뉴턴' 인물 이야기를 권해 보자. 아이가 읽고 있는 것에 대한 흥미가 더 높아질 수 있고 다른 시선의 지식을 제공해 줄 수 있다는 사실을 알려주는 것 역시 잊으면 안된다.

독서 확장의 기본은 엄마도 같이 읽는 것

:

연계된 도서이면서 다른 분야의 도서를 건네줄 수 있으려면 엄마는 아이가 읽는 책을 함께 읽는 것이 좋다. 모두 읽지는 않더라도 대략 어떤 내용인지는 알아야 한다. 그리고 그 책과 연관된 책을 찾기 위해 발품을 파는 노력도 해야 한다. 아이들을 도서관이나 서점에 자주 데려가며 다양한 책이 있다는 사실을 알게 하고 자주 노출시키면 스스로 잘 고른다. 제목만 보고 "엄마, 여기 이런 책이 있어요. 며칠 전에 제가 읽은 책에서 나온 내용인데 조금 다른 것 같아요. 읽어보고 싶어요."라고 말하고 사달라고도 한다.

이런 방법으로 한 분야에 빠진 아이에게 다른 분야의 도서를 권하는 일은 내가 논술 교실 운영하며 자주 하는 방법이다. 아이들이 책을 읽고 이해하기 어려워하거나 배경지식의 부족으로 제한적 이해만 하는 경우가 있다. 그럴 때 함께 읽으면 좋은 책을 권한다. 책 내용을 이해하지 못해 질문을 할 때 당장 대답해주기보다는 책으로 답해 준다. "이 책 읽어보지 않을래? 지금 ○○이가 질문한 내용에 대한 답을 찾을 수 있을 거야." 라는 말을 덧붙이며 책을 제시하면 거의 모든 아이가 기뻐하며 빌려간다. 아이들이 읽기 싫어서가 아니라 어떻게 읽어야 하는지 모른다는 사실을 우리 어른들이 늘 기억하고 있어야 좋은 독서지도를 할 수 있다.

한 분야 책만 파고드는 아이가 읽지 않던 분야의 책을 읽고 "아, 이런 책도 있구나."라고 절감하게 되면 그 이후의 독서는 몰라보게 달라진다. 엄마가 하기에는 너무 어려운 방법이라고 생각할 수도 있다. 그래서 더욱 어릴 때부터 아이의 독서역사를 함께 만들어 나가야 한다는 말을 거듭 강조한다. 아이가 먹을 음식을 챙기고 입을 옷을 챙기는 것처럼 읽을 도서를 챙기는 일 또한 자연스럽게 된다면 생각보다 어려운 일이 아니다. 실제 많은 엄마들이 이런 식으로 아이의 독서 분야 확장을 돕기도 한다.

편독을 허용하라. 일단 한 분야라도 읽어야 다른 분야도 읽는다.

7
책 따로, 공부 따로?
책읽기가 곧 공부

책 속의 다양한 사회

:

6학년 친구들이 읽기에 적당한 『김나미 아줌마가 들려주는 세계 종교 이야기』(김나미 지음, 토토북)라는 책이 있다. 제목 그대로 다양한 종교의 발생 배경과 종교의 본질, 더 나아가 서로 다른 종교를 인정해 주어야 함을 이야기하는 책이다.

『아빠 법이 뭐예요』(우리누리 지음, 창작과비평)는 사회 속의 규칙과 법을 스토리텔링으로 재미있게 들려준다. 각종 법이 우리 생활과

어떻게 연결이 되는지 구체적 사례들이 나와 있어 6학년 정도면 재미있게 읽을 수 있다. 호주제를 이야기하며 가족생활과 연관시켜 생각해 보고 우리 사회 직장에 대한 이야기를 토대로 근로기준법도 알 수 있다. 그 밖에 소비자보호법이나 환경보호법 등 다양한 법을 통해 사회 문제에 대한 관심을 갖게 한다.

『어린이를 위한 신도 버린 사람들』(나렌드라 자다브 지음, 주니어김영사)은 인도의 푸네대학 총장인 나렌드라 자다브의 자전적 이야기『신도 버린 사람들』을 어린이용으로 만든 책이다. 인도의 신분제도인 카스트제도의 실상을 보여줌으로써 당시 신분제도에 대한 생각은 물론 지금 우리 사회의 눈에 보이지 않는 신분 차별에 대해서도 생각하게 한다.

『공정무역, 행복한 카카오 농장 이야기』(신동경 지음, 사계절)는 4학년 정도부터 읽을 수 있는 도서로 실제 가나 농장의 이야기를 바탕으로 한다. 불공정 무역으로 삶의 위협을 느끼던 농부들이 난관을 헤치기 위하여 쿠아파코크라는 조합을 설립하고 더불어 공정무역을 하는 회사와 거래하면서 행복의 희망을

찾는다는 이야기이다. 카카오농장의 이야기를 통해 초콜릿 원료인 카카오 뿐 아니라 그 밖의 불공정 무역으로 생산되는 제품들이 많다는 사실을 알 수 있다. 더불어 소비자인 우리들의 생각의 변화와 실천이 있어야만 문제도 해결할 수 있다는 것을 생각해 볼 수 있는 좋은 책이다.

『핵폭발 뒤 최후의 아이들』(구드룬 파우제방 지음, 보물창고)은 초등 6학년부터 중등까지도 읽을 수 있는 도서이다. 핵이 폭발한 후의 인간의 삶이 얼마나 비참해지는지 주인공 롤란트의 시선을 빌어 이야기하는 문학 도서로 많은 아이들이 상당히 인상 깊게 읽었다는 평을 남기는 책이기도 하다. 핵폭발로 인한 인간의 무력함과 이기심에 대해 생각하면서 더 나아가 원자력 문제까지 접근하여 토론하기 좋다.

지금 소개한 위 5권의 책들은 대체로 문학적 느낌이 강하고 실제 『핵폭발 뒤 최후의 아이들』은 문학이지만, 내용면에서는 사회분야와 연관된다. 앞장에서 학문의 뿌리는 결국 하나라고 말했듯이 더 나아가면 도덕, 역사 등의 학문과도 연결이 되지만 초등학생 기준에서 군이 학과목과 연결하자면 '사회'라는 것이다. 따라서 지금 우리 아이들이 사는 이 사회의 문제로까지 연결하여 토론해 볼 수 있어 두고두고 보고 이야기를 나누어도 좋을 책들이다.

책읽기 따로, 공부 따로
⋮

그런데 아이들이 간혹 슬픈 말을 하고는 한다. 수업 도서를 못 읽어온 아이가 하는 말을 들어보면 책읽기를 하는데 엄마가 숙제를 하거나 시험공부를 하라면서 그만 읽으라고 했다는 것이다. 우리 사회 모습과 문제를 적나라하게 보여주는 이런 좋은 책은 덮어두고 문제집 풀기를 강요당한다. 도대체 사회라는 과목을 왜 배우는 것인가. 말 그대로 우리 아이들이 사는 사회, 더 나아가 몸담고 온전한 한 구성원으로 살아가게 될 우리 사회 속에서 잘 살기 위해 공부하는 과목이 바로 사회이다. 그런데 사회를 공부하기 위해 책은 덮어두고 문제집을 풀어야 한다니 이런 안타까운 일이 또 있을까.

아이들은 '사회'라는 과목을 우리 현실의 이야기라고 생각하지 않는다. 그저 암기하고 문제 풀고 시험 잘 보면 좋고 못 보면 아쉬운 과목 정도로 생각한다. 중학교에 올라가면 주요 과목도 아니면서 평균 깎는 얄미운 과목이 되기도 한다. 초등 3학년 때 사회 교과서에서 '시장의 모습'을 살펴보지만 실제 시장은 가지 않는다. 4학년 때 '민주주의'를 배우지만 우리집에서도 민주주의를 생각해 볼 수 있다는 사실을 모른다. 5학년 때 한국사를 배우지만 그저 외워야 하는 과목의 하나로 여길 뿐 역사의식이 성장하는 진정한 역사 공부를 하지는 않는다. 6학년 때 세계까지 뻗어나가 더 넓은 사회를 배우지만 그 지식을 담기 위한 시선을 넓히기에는 우리 아이들은 학원에 시달리고 너무 바쁘다.

이렇게 아이들에게 '사회'라는 과목은 점수 얻기 위한 학과목 그 이상 이하도 아니기 때문에 책 따로 공부 따로 생각할 수밖에 없다. 물론 그렇게 생각하게 한 것은 어른들, 나아가 모든 공부를 점수로만 평가하는 우리 사회이다. 진짜 사회를 배우려면 일단 밖으로 나가야 한다. 더불어 읽어야 한다. 위에서 언급한 책들은 모두 아이들과 독서수업을 했던 도서이다. 분명 학교에서 배운 사회과와 연결된 이야기이기에 학과목의 내용을 이야기해 주는데도 불구하고 아이들은 그 내용과 책에서 읽은 내용이 전혀 다른 내용이라고 생각한다. 사회 교과서 속의 지식을 그저 죽은 지식으로만 받아들이는 모습에 늘 마음이 아프다.

모든 것이 점수로 평가되는 사회 문제도 있지만 책읽기의 힘을 믿지 않는 엄마들이 있는 것도 사실이다. 당장 점수로 나타나지 않으면 의미 없는 책읽기라고 생각한다. 더 먼 미래를 내다보고 건강한 사회 구성원으로 살아가기 위한 책읽기가 아니라 시험 점수를 잘 받기 위한 책읽기라고 생각한다면 믿지 못하는 것이 어쩌면 당연하다. '시험에 나오는' 중요한 것을 알려주고 요약해 주고 문제풀이로 확인해서 점수 잘 나오게 하는 사회라는 과목에 책읽기가 당장 도움이 덜 되는 것은 사실이기 때문이다.

그럼에도 불구하고 사회를 제대로 알려면 문제집이 아니라 책을 읽어야 한다. 책과 문제집의 다른 점은 무수히 많다. 그 중 한 가지는 책은 아이들에게 강한 동기부여를 갖게 해 주고 문제의식을 느끼게 도와준다는 점이다. 문제집의 요약 내용을 읽으며 감동받은 아이를 보았는가. 문제집에 정리된 내용을 읽으며 사회 여러 문제에 대한 문제의식을 갖는 아이를 보았는가.

문제집에서 읽은 내용은 감흥 없이 받아들여도 비슷한 내용을 책으로 읽은 아이가 감동을 받는 모습을 나는 현장에서 자주 목격한다. 『어린이를 위한 신도 버린 사람들』을 읽은 아이가 불가촉천민(不可觸賤民, Untouchable)의 삶을 보고 큰 충격을 느껴 우리가 어떻게 해야 하는 것인지 되물었다. 『공정무역 행복한 카카오 농장 이야기』를 읽은 아이들에게 공정무역 초콜릿을 선물하며 아동노동에 시달리는 아이들이 영상을 보여주자 마음이 아프다고 하면서 깊은 생각에 잠겼다. 『핵폭발 뒤의 최후의 아이들』을 읽은 아이는 우리나라에도 지진이 발생하기 시작하자 원자력 발전소 문제를 강하게 제기하면서 원자력에 대한 화두를 던졌다.

교과서라는 나무만 보면 사회를 제대로 볼 수 없다. 책이라는 숲을 통해 더 먼 곳을 내다 볼 수 있도록 도와야 한다. 나무만 보는 아이는 지금 이 나무가 무슨 나무인지 알지 못하고 관심도 없다. 나무와 내가 있는 곳이 어디인지도 모른다. 책이라는 것을 통해 숲을 본 아이는 내가 어디에 서 있는지 안다. 그리고 비로소 내 앞에 있는 나무에도 관심을 갖게 된다. 그 관심이 모아졌을 때 아이는 내가 있는 그 숲의 문제를 느끼고 해결하려 노력하는 진짜 사회 구성원으로 잘 자랄 것이다.

책 안에 모든 세상이 있다. 제발 문제 풀이만 반복하는 아이로 만들지 말자. 문제 풀이만 열심히 한 아이는 시험은 100점일지 모르지만 진짜 사회를 살아가는 능력은 빵점이 될 지도 모른다. 아이들은 결국 사회로 나간다. 학교 안에서의 등수에 목매어 좋은 대학엘 가더라도 진짜 세상에 적응하지 못하면 무용지물이다. 책읽기가 곧 공부이다. 책읽기의 힘을 믿자.

제대로
독해한다는 것의 의미

읽지 못하는 아이들

:

초등학생들에게 독해력이 필요하다고 말씀을 드리면 간혹 의아하다는 반응을 보이는 경우가 있다. 독해라는 말은 왠지 영어에만 어울릴 것 같은 느낌이 드는가보다. 자주 겪는 일이다 보니 개의치 않고 국어독해력의 중요성을 쭉 설명 드리고는 한다. 아이들이 한글을 배우고 나서 읽어주기와 스스로 읽기의 과정을 반복하고 책의 글줄과 분야를 늘려가는 과정을 반복하면서 이해하는 힘, 읽는 힘을 키워야 한다는 것이 그 골자이다.

그런데 독해력에 대한 오해가 많다. 한글은 우리 글자이기 때문에 한글을 떼고나면 그 다음부터 책을 읽는 것은 자연스럽게 된다고 생각하는 것이 대표적인 오해이다. 그래서 아이들이 어느 순간부터 책을 읽지 않으면 그저 '싫어해서' 읽지 않는 것이라고 생각한다. 하지만 엄밀히 말하면 읽기 싫어서가 아니라 '읽지 못해서' 읽지 않는 아이들이 많다.

오랜 시간에 걸쳐 독해가 가능한 문학 읽기

『버럭 아빠와 지구 반 바퀴』(김혜리 지음, 주니어김영사)라는 동화가 있다. 4, 5학년 정도가 읽을 만한 창작 동화이다. 학교에서 왕따에 문제아로 낙인찍힌 4학년 우진이는 늘 불만투성이다. 그러다 우연히 아빠와 동유럽 여행을 떠나 석주라는 장애아를 만나게 된다. 투덜거림으로 시작한 여행이지만 석주의 포용력과 인내심, 어른스러움을 보며 서서히 변화하는 우진이의 이야기를 담은 이야기이다.

이 동화를 읽고 아이들과 책 대화를 나누어 보았다. 아이들은 이 이야기가 '장애'를 다룬 이야기라고 하거나 혹은 '우진이'가 여행을 했다는 사실에만 초점을 맞추었다. 전체를 보지 않고 부분부분만 본 것이다. 아이들이 책을 조금 더 큰 시선으로 보아야 함을 느꼈다. 그래서 책의 줄거리를 다시 따라가며 우진이가 여행을 가기 전과 후가 어떻게 달라졌는지 이야기를 나누었다. 그러자 아이들은 우진이의 변화를 눈치 챘다.

여기에서 독해의 의미를 한 가지 알 수 있다. 독해는 '줄거리를 아는 것'만을 의미하지는 않는다. 작가가 말하고자 하는 바, 즉 주제를 이해하거나 주제가 명확히 드러나 있지 않은 경우 저자가 던지는 문제의식을 파악하는 것이다.

다음으로 나는 아이들의 여행 이야기로 넘어왔다. 우진이가 여행을 통해 변화한 것처럼, 아이들에게 의미가 있었던 여행이 있다면 무엇이었는지, 그 여행이 어떤 의미가 있었는지 나누었다. 처음에는 없다고 하던 아이들이 어느새 자신의 여행 이야기를 풀어놓으며 수업이 더 꽉 차 오르는 느낌이었다. 여기에서는 '독해'의 두 번째 의미를 알 수 있다. 텍스트 자체를 이해하는 것을 넘어서 주제를 파악하는 것이라고 앞에서 말했다면 그 다음은 그것을 나의 삶에 적용시켜 생각해 볼 줄 아는 단계까지 오는 것이다.

이 두 가지가 되어야 독해를 제대로 했다고 할 수 있다. 한 마디로 감상의 영역까지 포함되는 것이 독해인데, 많은 아이들이 줄거리를 알면 다 읽었다고 생각한다. 하지만 독해의 의미를 생각해 본다면 10권을 빨리 읽는 것보다 한 권이라도 천천히 읽고 책 대화를 통해 감상을 하는 것이 중요하다.

글쓰기는 책읽기의 결과?

그런데 보통 논술 수업을 찾는 어머님들의 공통점이 있다. 초등논술은 곧 독서교육이라는 것은 대략 아시기 때문에 단시간에 효과를 바라지 않는다고 하시지만 3개월이 지나고 6개월이 지나면 어느새 우리 아이 글쓰기 실력이 늘지 않는다고 하신다. 이 역시 바로 독해력의 이해 부족 때문에 일어나는 일이다.

생각해 보자. 6학년 아이가 논술 학원에 왔을 때 보통 아이의 읽기 능력을 파악하여 도서를 선정하고 수업을 시작한다. 6학년이다 보니 도서의 분야는 문학, 인물, 환경, 역사 등 매우 다양하다. 다시 말하지만 독해라는 과정이 텍스트 이해부터 시작하여 책의 주제 파악, 그리고 생활 속 적용의 단계까지라고 한다면 문학도서 한 분야만 읽고 토의토론을 한다고 해도 상당한 시간이 걸린다. 거기에 더해 도서 종류별로 모두 읽기의 방법이 조금씩 다르기 때문에 이 점까지 감안한다면 논술 학원에 보내놓고 1~2년 안에 효과를 바란다는 것이 얼마나 조급한 것인지 알 수 있을 것이다.

책을 읽고 제대로 독해를 하기 위해서는 풍요로운 삶이 전제되어야 함을 다시 강조하려고 한다. 어떤 책은 지금 읽었지만 몇 년 후에 제대로 독해가 되기도 한다. 나 역시 같은 소설책도 몇 년 차이를 두고 다시 읽으면 전혀 새롭게 다가오기도 하고 전혀 다른 깨달음을 얻기도 한다. 책읽기 위에 세월이 지나가야 책이 나에게 더 의미가 짙어진다는 사실을 책을 읽는 매순간 느낀다.

한 번 읽고 별 느낌이 없어 그냥 덮어둔 책도 후에 나에게 영향을 준다. 미완의 의미로 남아있던 책이 차후 다른 책을 읽고 나서야 비로소 완성의 의미로 다가오는 경우도 있다. 세월이 흘렀기에 가능한 일이다. 또한 그 세월 속에 책읽기가 지속되었기에 가능한 일이다. 때로는 다 알았다고 생각하고 충분히 감상했다고 생각했음에도 차후에 새로운 의미로 다가올 때도 있다. 인간이 무언가를 다 안다는 것은 본래 불가능하지 않던가.

그런 의미에서 본다면 책읽기는 결과를 도출시킬 수 없는 행위이다. 삶의 한 과정일 뿐이다. 다만 더 나은 내일을 위한 것이기에 독서가들이 그토록 책

읽기를 멈추지 못하는 것이 아닐까. 완전한 결과란 있을 수 없지만 그 결과가 글쓰기가 아니라는 사실은 더욱 자명하다. 한 권을 읽고 이야기를 나누고 글로 쓰는 과정이 마치 책 한 권을 다 소화한 것 같은 생각을 갖게도 하지만, 어디까지나 독해의 아주 일부분만 했을 뿐이다. 따라서 만약 아이를 논술 학원에 보내고 있다면 학원에서 수업한 도서라고 해서 아이가 '다 읽었다'라고 오해하지 말기를 바란다. 글쓰기로 어서 결과가 나타나길 바라는 것은 더욱 지양해야 할 일이다. 아이의 행복한 삶에 점 하나 더해진 것이라고 생각하면 어떨까.

이처럼 책을 읽고 줄거리를 대략 알았다고 해서 독해가 된 것이 아니라는 걸 알아야 바른 독서지도도 가능하다. 아이가 많이 읽고 있는 것 같은데 왜 글쓰기가 안 되는지, 가시적인 책읽기의 효과가 나타나지 않는지 조급한 마음이 들거나 의아하다면 책 한 권 제대로 독해하는 과정이 얼마나 지난한지를 상기해 보았으면 한다. 아니, 지금 소설책 한 권 집어 들고 읽어보는 것이 독해의 의미를 이해하는데 더 도움이 될 것이다.

앞서 예로 든 『버럭 아빠와 지구 반 바퀴』 이야기를 다시 하려고 한다. 이 책을 읽고 수업을 한 아이들이 다양한 책 대화를 나누었다고 한들 제대로 '독해'가 되었다고 할 수 있을까? 물론 잘 읽고 대화를 나누며 감상을 하고 글도 썼기에 수업의 의미는 충분히 있다. 하지만 몇 년 후에 어떤 여행을 계기로 이 책을 다시 떠올리는 아이가 분명 있을 것이다. 그 아이에게는 그 시점이 이 책을 제대로 감상하고 그래서 비로소 제대로 '독해'가 되는 시점이다.

9

초등, 토론보다
독서가 중요한 이유

'토론형 아이로 키워야 한다거나, 토론을 해야 한다, 이제는 토론의 시대다' 라는 말들이 여기저기에서 많이 들린다. 그 이야기를 자주 듣는 엄마들은 내심 걱정한다. 이제 토론 학원을 보내야 하는 건가, 토론형 아이가 정말 대세인가 하고 말이다.

토론에 필요한 것

토론이란 무엇일까. 내가 생각하는 토론은 우리가 함께 살아가는 이 사회의 문제에 대하여 의문을 품고 문제제기를 하여, 서로 의견을 제시하고 주고 받음으로써 더 나은 사회를 만들어가고자 하는 하나의 방식이다. 나만의 주장을 제시하는 것처럼 보여도 결국 우리 공동체의 문제를 함께 의논하고 좋은 방향을 찾기 위함이다.

토론의 중요성이 부각되다보니 나 역시 초반 상담 시 그런 문의를 종종 받는다. 수업 중 토론도 하는지 확인하시기도 하고, 우리 아이는 책은 많이 읽었으니 토론만 해 달라고 요청하시기도 한다. 그럴 때마다 나는 초등학생은 아직 '책읽기'에 집중해야 한다고 말씀드리고는 한다.

우선 토론은 일상 주제부터 시작하여 다소 어려운 주제까지 다양한 주제로 할 수 있다. 배경지식이 많이 필요하지 않은 토론도 있지만 대부분의 주제 토론은 배경지식을 요구한다. 통일 찬반, 환경 개발 등의 오랜 시간에 걸쳐 우리 삶에 영향을 주는 사회적 문제부터 유전자 조작 식품 등 다소 과학적 지식이 필요한 토론, 그 외 윤리 문제 등의 다양한 주제가 그렇다.

토론할 때에는 논리력도 필요하다. 배경지식이 많다고 해도 논리성 있게 주장을 펼치지 못하면 설득력이 떨어진다. 배경지식은 근거를 마련할 수 있게 해 주기 때문에 배경지식만으로도 논리적일 수 있으나 적절한 순간에 근거 제시를 잘 하는 것도 논리성이다. 논리력의 바탕이 되는 사고력 또한 필수이다. 토론을 하다 보면 근거 자료를 찾게 되는데 근거 자료들을 찾아 읽을 수 있는 독해력도 필요하다. 그리고 토론에 필요한 이런 자질들은 모두 책읽기를 기본으로 하여 길러진다.

토론 주제에 관심을 갖게 하는 책읽기

:

　무엇보다 책은 토론 주제에 대한 관심과 흥미를 주어 토론에 적극 참여하게 한다. 초등학생들과 어떠한 주제로 토론을 하다 보면 아이들이 그 주제에 대해 생소해 하거나 크게 관심이 없어 하는 경우가 종종 있다. 결국 그 주제에 대한 관심을 갖게 해 주고 토론 동기부여를 해 주어야 하는데 그 또한 책읽기를 통해 가능하다.

　예를 들어 '유전자 조작 식품'에 대해 토론을 한다고 해 보자. 평소 웬만큼 관심이 있는 친구가 아니라면 대부분 유전자 조작 식품이 무엇인지에 대해서부터 시작해야 한다. 그런데 교사가 모두 근거 자료로 제시를 해 주면 아이들은 그 자료 안에서만 배경지식을 함양하고 근거를 마련한다. 더 이상 근거를 마련할 노력도 하지 않고 책읽기 없이 마련할 수도 없다. 진정한 토론이 되기에는 부족할 수밖에 없는 이유가 된다.

　그럴 때 좋은 접근법이 관련 도서를 읽히는 것이다. 유전자 조작 식품과 아주 밀접한 주제가 아니어도 좋다. 가령 미래 사회 유전자 조작 아이로 태어난 아이의 이야기를 다룬 『지엠오 아이』(문선이 지음, 창비)를 읽는다면 그 주제에

대해 관심을 갖게 될 것이다. 통일 찬반 토론을 할 때 『몽실 언니』(권정생 지음, 창비)처럼 전쟁시대를 살았던 몽실이 이야기를 읽는다면 일단 관심은 생길 것이다.

책을 읽지 않아도 아이들이 조사나 검색을 통해 자료를 마련해 올 수 있지 않느냐고 반문할지 모르겠다. 아이들에게 자료조사를 해 오라고 하면 많은 아이들이 대략 읽어보아도 영양가 없는 지식을 온라인의 바다에서 담아온다. 그리고 자신이 찾은 정보가 신빙성이 있는지 없는지, 사실에 입각한 정확한 자료인지 판단하지 못한다. 자신이 찾은 자료의 신빙성을 판단할 줄 아는 능력도 책읽기를 통해 길러진다. 또한 토론할 때의 근거는 '찾기'보다 '만든다'는 표현이 더 맞다. 아이들의 자료 검색 창구인 온라인에서 찾을 수 있는 근거는 대체로 정해져 있다. 토론이 논리적인 근거를 대어 상대를 설득하는 것이라고 한다면 아이가 그동안 읽었던 책읽기와 사유의 힘으로 누구도 답할 수 없는 근거를 마련해야 한다.

토론의 중요성을 알고 토론 중심으로 수업을 해 본 주변 많은 선생님들의 의견도 대체로 비슷하다. 책읽기가 안 되는 아이들에게 토론은 빛 좋은 개살구라는 것이다. 설령 토론이 잘 되었다고 해도 글로 정리하는 과정에서 책읽기 부재의 문제를 또 느낀다. 글쓰기를 잘 할 수 있는 여러 조건 중 한 가지가 책읽기이기 때문이다.

토론이 중요하지 않다는 것이 아니다. 토론은 사고력과 문제해결력을 키울 수 있는 아주 좋은 교육법이다. 다만 초등학생들에게 책읽기 없는 토론은 앙꼬 없는 찐빵처럼 다소 부족할 수 있다는 점을 강조하고 싶다. 토론을 하기 위해 아이들이 알아서 책을 읽는다는 주장 또한 있으나 그 알아서 읽기가 어렵기에 책읽기 교육의 중요성은 더욱 강조된다.

진정한 토론은 가정에서부터

:

토론이라는 것을 거창하게 생각할 필요는 전혀 없다. 생활 속에서 토론하는 힘이 길러지지 않은 아이가 학원에 온다고 해서 갑자기 토론형 아이가 되지는 않는다. 토론의 힘은 일상의 여러 현상이나 사회적 문제에 대한 관심에서 비롯된다. 관심과 문제의식을 갖게 하려면 일단 아이의 생활이 여유로워야 한다. 또한 생활 속 아주 간단한 문제, 예를 들어 우리 가족이 이번 주 나들이를 어디로 가면 좋을지에 대해 자연스럽게 대화하는 것부터가 토론의 시작이다. '토론형 아이를 만들어야 한다, 토론이 대세다' 라는 말에 위축되고 흔들릴 필요 없다. 책읽기로 기본기를 튼튼히 갖춘 아이는 언제든 토론의 힘을 발휘하게 되어 있다.

시중 독서논술 교재
어떻게 활용할까

엄마표 독서교육을 위한 독서교재 활용?

:

사교육에 대한 불신이 깊고 엄마표만의 장점을 아는 엄마들은 뭐든 우선 엄마표로 시도한다. 독서교육 역시 그러한데 매우 바람직한 일이다. 여러 과목 중에서도 독서지도는 당연히 엄마표여야 한다고도 생각한다. 논술 학원의 도움을 받는다고 해도 엄마의 가정 독서지도가 잘 되어야 효과도 바랄 수 있기 때문이다.

그런데 엄마표 독서교육을 하는 엄마들은 아무래도 전문가가 아니다 보니 수시로 한계에 부딪힌다. 처음에는 책읽어주기로 비교적 수월하게 시작하지만 시간이 흐르면서 무언가 자꾸 부족하게 느껴지고 '더' 해야 한다는 생각에 사로잡힌다. 그래서 다음 과정으로 찾는 것이 바로 독서논술교재이다.

그러나 독서교육에 교재가 개입되는 순간 즐거워야 할 책읽기가 공부가 되어 버리는 경우가 많다. 교재에는 책 내용과 관련된 여러 가지 발문이 있는데 아이들은 그것을 '문제'라고 생각해서 다 풀어야 한다고 생각하고 부담을 느낀다. 엄마 역시 은연중에 교재를 채워야 한다는 생각을 가지고 아이에게 적용하다보면 본의 아니게 문제 풀이를 하다 마무리될 때가 있다.

잘 활용하면 좋은 독서논술교재

:

그렇다고 무턱대고 무시할 것도 아니다. 잘만 활용한다면 또 유용한 것이 교재이다. 서점에서 쉽게 구매할 수 있는 교재도 꽤 있기 때문에 엄마표 독서지도를 하는 입장에서는 도움을 받을 수 있는 보조자가 되기도 한다. 어쩔 수 없이 사용하게 된다면 더 효율적인 독서지도를 해야 하니 엄마표 독서논술 교재를 효율적으로 활용할 수 있는 방안을 이야기하고자 한다.

우선 독서논술 교재를 구입할 때에는 표기된 학년에 연연할 필요가 없다. 우리 아이가 3학년이라고 해서 꼭 3학년 것을 구입하지는 않아도 된다는 말이다. 보통 독서논술 교재는 그 교재를 적용하기 위한 도서가 소개되어 있다. 그 도서의 수준이 아이에게 맞다면 아이의 학년 아래 단계나 위의 단계를 활용할 수도 있다는 점을 염두에 두었으면 한다. 보통 문제집을 고를 때 아이 학년 것을 고르듯이 습관적으로 학년이나 단계만 보고 고르는데 독서논술에서는 무의미하다.

　교재 활용을 이해하기 위해서 독서교재의 일반적 구성을 먼저 이해할 필요가 있다. 절대적이지는 않으나 대체로 아래의 구성인 경우가 많다.

일반적인 독서논술교재의 구성 이해하기

읽기 전 생각	책에 대한 흥미도를 높이고 배경지식을 활성화시켜서 책읽기를 돕기 위해 읽기 전에 하는 활동
바르게 읽기	책 내용을 잘 이해했는지 확인하기 위한 활동
깊은 생각	책의 내용과 관련된 발문을 통해 책의 내용이나 주제를 깊이 이해하기 위한 활동
넓은 생각	깊은 생각보다 더 넓은 영역의 발문으로 사고를 확장시키기 위한 활동
글 실력 쑥쑥	앞에서 나눈 이야기들을 토대로 책을 읽은 감상을 총정리하여 글로 표현하기 위한 활동

　아래는 내가 수업하기 위하여 만든 교재이다. 시중 독서논술 교재는 아니지만 독서논술교재의 구성이 대체로 비슷하기 때문에 설명의 용이성을 위하여 예로 들어보려고 한다. 대상도서는 4~5학년 아이들이 읽기에 편한 『길모퉁이 행운 돼지』(김종렬 글, 다림)이다.

『길모퉁이 행운 돼지』의 줄거리

평화롭던 진달래 마을의 길모퉁이에 어느 날 가게 하나가 생긴다. "행운을 공짜로 나누어 준다"는 광고를 보고 사람들이 몰려들기 시작한다. 주름이 가지 않는 다리미, 클레오파트라가 쓰던 가위, 범인을 볼 수 있는 안경 등 행운의 물건을 공짜로 받아 든 마을 사람들은 기뻐한다. 주인공의 부모님도 번갈아 줄을 서더니 무엇이든 넣으면 두 개가 되어 나오는 항아리를 받아오고는 물건을 넣으며 좋아한다. 그런데 어느 날부터인가 마을 사람들이 점점 돼지로 변해간다. 그걸 알아챈 주인공은 행운 돼지 가게에 들어가 부모님을 다시 사람이 되게 할 방법을 알아낸다. 그것은, 행운 물건을 가진 사람이 직접 그 물건을 없애야 한다는 것이다. 주인공은 항아리를 없애기 위해 엄마 아빠가 드나드는 방문 앞에 항아리를 둔다. 그리고 어떻게 될 지 알려주지 않은 채 이야기는 마무리된다.

읽기 전 생각 | 행운이란?

'행운'에 대해 생각해보세요.

여러분은 '행운'이
무엇이라고 생각하나요?

'행운'을 얻으려면 어떻게
해야 할까요?

2

3

나에게 행운이 왔던 적이 있나요?
있다면 어떤 일이었는지 떠올려
써 보세요.

누군가 여러분에게 원하는 물건이 모두
나오는 요술램프를 주고 간다면 그
물건을 받을 것인지 아닌지
까닭과 함께 써 보세요.

① 읽기 전 생각

책을 읽기 전에는 책에 대한 흥미를 불러일으키는 것이 중요하다. 그것이 책을 집어들 수 있게 하는 계기가 될 수도 있기 때문이다. 이 도서는 문학 도서이기 때문에 작가의 의도를 고려하여 '행운'이라는 소재에 대해 미리 생각해 볼 수 있도록 하였다. 행운이 무엇이라고 생각하는지, 행운을 얻으려면 어떻게 해야 하는지 등에 대해 이야기를 나누면 생각이 활성화되어 책 내용이 더 쏙쏙 들어오기도 한다. 또한 자신도 모르는 사이 '행운'에 대해 계속 생각을 하면서 읽게 된다. 대체로 비문학의 경우에는 책을 읽기 전 책과 관련된 배경 지식을 활성화시켜주기 위한 목적으로 읽기 전 발문을 하기도 한다. 그 주제에 대해 미리 알고 있는 것을 확인하고 읽으면 몰랐던 것에 집중해서 읽게 되기 때문이다. 이런 점들을 통합해서 생각해 본다면 읽기 전에 책에 대해 이야기를 나누는 과정은 중요하다. 따라서 그 목적을 생각하고 아이가 책에 흥미를 가질 수 있도록 자연스러운 대화를 하면 좋다.

주의할 점 여기에서 너무 에너지를 쏟으면 오히려 아이가 책을 읽기도 전에 질려버리거나 책 내용에 대한 호기심이 사라질 수도 있다. 간단하면서도 적당한 에너지와 시간을 분배해야 한다.

바르게 읽기 | 길모퉁이 행운돼지

잘 읽었나요? 다음 질문에 답해 보세요.

1 행운돼지가 마을에 뿌린 광고지에는 어떤 내용이 적혀 있었나요?

2 고래고래 아저씨가 행운돼지에서 받아온 신기한 다리미는 어떤 다리미였나요?

3 고래고래 아저씨 외에 마을 사람들이 행운돼지에서 받아온 물건은 무엇이고, 어떤 행운이 있는지 써 보세요.

누가?	행운 물건	어떤 신비함이 있나요?
아름다워 미용실의 머리해 아줌마		머리를 예쁘게 깎는다. 이집트의 클레오파트라가 쓰던 것이다.
맛있어 식당의 야물차 아줌마	냄비	
진달래 책방의 똑똑해 아저씨		책을 펼칠 때마다 새로운 이야기가 나오는 신비한 책. 안데르센이 마지막으로 남긴 책이다.
다잡아 경찰관	안경	

② 바르게 읽기

이 부분은 책의 내용을 확인하기 위한 부분이다. 위 내용처럼 순서대로 질문하는 형식도 있고 도표화되어 있거나 괄호 채우기 등 다양하다. 이는 대체로 책의 갈래와 내용 서술 방식의 특징에 따라 다르다. 이 교재의 경우는 특별한 형태 없이 질문이 나열되어 있는데 줄거리의 흐름을 따르고 있다. 위는 책 내용을 확인하는 '바르게 읽어요'의 한 페이지만 실은 것이고 전체 문항수는 15문항이다. 이 내용에 대한 답을 한다면 책의 내용을 대체로 이해했다는 뜻이다.

주의할 점 문제를 내고 답을 맞히는 형식의 문제 풀이. 시험공부 같은 시간이 되지 않도록 주의해야 한다. 아이와 책 내용을 이야기하다보면 몇몇 질문만으로도 자연스럽게 어느 정도 소화했는지 알 수 있다. 그런 경우에 굳이 문제를 다 풀 필요는 없다. 이 부분에서 아이들이 보통 책읽기가 공부라고 오해하게 되는 경우가 많다. 일부 초등논술학원에서도 교사의 노력과 재량이 부족하여 교재에만 의존하여 수업하면 그런 결과가 나타나기도 한다. 너무 상세한 문항들도 때로는 문제가 된다. 아이가 모든 문항에 답을 하지 못했다고 책 내용을 다 이해하지 못했다고 단정 지을 수는 없다. 지도하는 이의 재량이 필요하다. 그러기 위해서는 지도하는 이가 책을 먼저 읽고 이 책에서 정말 중요한 것이 무엇인지를 파악해야 한다. 정작 중요한 것은 따로 있는데 문제 하나 틀렸다고 해서 아이가 책을 제대로 읽지 않았다고 단정 짓고 다시 읽으라고 하거나 틀렸다는 사실을 강조하면 바로 그런 경험들이 아이를 책으로부터 멀어지게 하기도 한다.

깊은 생각 | 행운을 얻으려면

글상자안의 글을 읽으며 질문에 답하세요.

1 진달래시에 어느 날 신기한 물건을 준다는 행운돼지가 생기자 어른들은 가게에 들어가기 위해 줄을 서서 기다렸어요. 평소에 행운을 얻기 위해 이와 비슷하게 행동하는 사람들의 모습을 본 적이 있나요? 있다면 어떤 것인지 생각해 보세요.

2 사람들은 왜 행운을 얻으려 하는 걸까요?

제가 오기를 간절히 바란 건 사람들입니다. 마음속에서 자라는 욕심이 저를 불렀지요. 저는 단지, 원하는 사람들에게 행운을 나눠드렸을 뿐이랍니다. (111쪽)

3 행운을 얻으려면 어떻게 하는 것이 좋은 방법일까요?

행운보다 값지고 빛나는 것은 여러분의 노력으로 맺은 열매일거에요. 행운이 찾아오지 않는다고 해도 간절히 바라는 만큼 땀을 흘린다면 행운보다 더 값진 걸 얻게 될 거랍니다. (작가의 말 중)

③ 깊은 생각

책 내용을 잘 이해했다면 감상의 영역으로 들어가야 한다. 내용을 이해하면 책을 다 읽었다고 오해하며 다독(多讀)에만 힘쓰는 경우도 있는데 좋은 방법이 아니다. 무작정 많이 읽는 것보다 한 권을 읽어도 책의 주제나 저자의 의도에 대해 깊이 있게 생각하는 연습이 필요하다. 초등 독서지도를 하는 이유 중 한 가지도 이것이며 이 부분에서 역시 지도하는 이의 재량이 많이 필요하다. 지도하는 이가 책을 읽고 잘 감상하는 능숙한 독자여야 하기 때문이다. 그렇지 못할 경우에 교재가 문제 풀고 답 맞추는 문제집이 되어 버린다. 지도하는 이가 독서에 있어 바로 서기 전에 섣불리 교재를 활용하는 것이 위험한 이유이기도 하다.

1번 문제에서는 이 동화에서처럼 사람들이 요행을 바라는 우리 일상생활 속 모습을 묻고 있다. 간혹 아이들과 문학을 읽고 수업하다보면 아이들이 '책은 허구의 이야기'라며 우리 생활과 연관 짓기를 꺼려하거나 의아해하는 경우가 있다. 허구이지만 개연성이 있는 문학에 대한 이해가 부족한 것이다. 따라서 책 속 이야기는 다 우리 삶의 이야기임을 알려주고 그래서 우리 생활 이야기로 넘어와야 한다. 그럴 때 위의 질문 내지는 비슷한 질문이 필요하기도 하다.

그 밖에도 사람들이 행운을 바라는 이유, 행운을 얻기 위한 진짜 노력에 대한 문제는 아이에게 '행운'에 대해 생각해 보게 하며 그 과정에서 책의 주제에 서서히 다가간다. 독서지도의 영역에 책의 주제를 찾는 것만이 있지는 않다. 주제를 파악하지 못했다고 해서 책 감상을 못했다고 말할 수도 없다. 책의 50%는 독자가 만든다는 말처럼 독자에게도 자유로운 감상을 할 권리가 있기 때문이다.

하지만 능숙한 독자는 자신의 관점과 다르거나 와 닿지 않는다고 해도 작가가 책을 통해 말하고자 하는 바는 파악할 줄 안다. 그 힘을 기르기 위해 책을 읽고 나서의 주제 파악하는 연습도 필요하다. 다만 여기에서 바로 국어수업과의 혼동이 있기 때문에 주의해야 한다. 국어수업은 글을 읽으면 소재와 주제를 알려주고 잘 알았는지 확인하는 방식으로 흘러간다. 일단 이해를 시켜야 하기 때문이다. 그런데 독서지도는 위와 같은 발문을 통해 아이가 스스로 주제를 찾아가는 힘을 기르도록 도와준다. 이 과정에서 이해하는 힘이 길러진다. 이런 과정이 매우 지난하기 때문에 일부 학부모는 독서지도 수업을 답답하게 여기거나 큰 효과가 없다고 오해한다. 하지만 아이가 정말 책을 읽고 이해하고 감상하는 힘을 기르기를 바란다면 반드시 필요한 부분이다.

넓은 생각 | 진달래 마음

이야기속의 '공간적 배경'이 된 진달래시에 대해 생각해 보세요.

1 어느 날 갑자기 행운돼지가 나타나 신기한 물건들을 나누어 주었어요. 진달래시에서 일어난 이 일들은 과연 행운일까요? 여러분의 생각을 써 보세요.

2 진달래시의 어른들, 심지어 어린이들까지 돼지가 되어 차에 실려 어디론가 가버렸어요. 이후 진달래시는 어떤 마을이 되었을까요?

3 행운돼지에 들어가 물건을 받아 온 사람들은 왜 돼지가 된 걸까요? 돼지가 상징하는 것이 무엇일지 생각해서 써 보세요.

④ 넓은 생각

지금까지 이야기한 내용을 바탕으로 생각을 확장시키기 위한 부분이다. 진달래시에서 일어난 일에 대해서도 생각할 수 있고 '행운'이란 무엇인지도 생각할 수 있다. 2번 문항은 뒷이야기를 상상하면서 상상력도 키울 수 있는데 이는 이 도서가 결말이 나타나지 않은 열린 결말이기 때문에 가능하다. 이 작품을 읽은 아이들 중 일부는 결말이 나타나지 않은 것에 대해 책 내용이 이상하다고도 표현했다. 하지만 열린 결말이기 때문에 '행운'에 대해 더 깊이 있는 생각 확장이 가능한 것이 이 책의 장점이기도 하다. 또한 '돼지'의 상징성을 생각하면서 3번 문항에 대한 이야기를 하다보면 문학을 조금 더 심층적으로 파고들어 생각해 볼 수 있다. 시나브로 작품 이해 능력이 자라는 것이다.

주의할 점 순서대로 할 필요도 없고 아이가 생각의 고리를 찾기 어려워한다면 억지로 할 필요도 없다. 책에 대한 이해는 평소 생각이나 생활 경험 안에서만 가능하기 때문이다. 아이의 생각을 끌어내기 힘든데도 억지로 대답을 요구하다보면 결국 엄마가 엄마의 생각을 넌지시 이야기하게 되고 이것이 바로 내가 독서논술 교재의 위험성에 대해 이야기하는 이유이기도 하다. 그것이 익숙해진 일부 아이들은 자신의 생각을 끌어내려고 노력하기보다 지도하는 어른의 생각을 먼저 말해달라고 하는 경우도 있다. 독서논술 수업을 주입식 문제풀이처럼 하는 학원이 없지 않아 있다는 사실에 독서지도사로서의 책임을 통감하기도 한다.

서평쓰기 | 길모퉁이 행운돼지

내가 지은 제목 :

선생님 말씀

⑤ 글쓰기

일반 독서논술 교재들은 대체로 마지막 부분에 글쓰기를 하도록 되어 있다. 책을 잘 읽고 잘 감상했으니 그 내용을 담아 글로 기록하도록 돕는다. 그냥 읽기만 하는 것과 다양한 발문을 통해 다채로운 감상까지 하는 것은 다르다. 그런데 거기에 더해 글로 정리하면 더 깊은 이해가 가능하다. 글을 쓰면서 생각이 정리가 되기도 하고 글을 쓰는 과정에서 책을 다시 보면서 새롭게 이해하려는 힘을 더 기르기도 한다. 나 역시 책을 읽으면 습관적으로 기록하는 편인데 그래야 책을 읽고 엉킨 생각이 정리가 된다. 또한 그 순간의 감상을 놓치고 싶지 않아 글로 남겨 차후에 다시 읽어보기도 하고, 온라인 글쓰기를 통해 타인과 소통하며 감상의 영역을 넓히기도 한다. 그런 의미에서 글쓰기는 매우 의미 깊다.

주의할 점 4번의 '넓은 생각'까지를 보면 독서논술 교재의 대체적 흐름은 어떠한지, 책을 읽고 어떤 식으로 이야기 나누기가 진행되는지 알 수 있다. 즉, 책을 읽고 내용을 이해했는지 확인 후에 여러 발문을 통해 생각의 폭을 넓히며 책 이해를 더 심층적으로 하는 것을 돕는다. 그렇다면 마무리의 의미로 하는 글쓰기는 4번까지에서 나누었던 내용의 결과물이 되어야 한다. 그런데 보통 교재를 보면 글쓰기의 주제가 정해져 있다. '시 쓰기, 주인공에게 편지쓰기, 주장하는 글쓰기' 등의 갈래도 정해져 있고 담아야 할 내용의 주제가 정해져 있는 경우도 있다.

그런데 그 내용에 따르다보면 앞에서 나눈 이야기들은 다 무용지물이 되고 그 내용을 채우기 위해 새로운 내용을 구상해야 할 때가 있는데 이것이 교재의 단점이기도 하고 교재를 활용하여 독서지도를 하는 분들이 많이 하는 실수이기도 하다. 예를 들어 앞에서 이야기 나눈 과정에서 아이 자신이 '행운'을 바랐던 최근의 사건을 떠올리고는 그 점에 대한 반성의 이야기를 나누었다면 그 이야기가 담긴 글을 써야 한다. 교재에 제시된 글이 '뒷이야기 상상하기'라고 해서 무조건 그것을 할 필요는 없다. 아이의 감상 정도와 영역에 따른 글쓰기를 할 수 있도록 그 자리에서 주제를 만들거나 글의 갈래를 정해주어야 한다.

나 역시 모둠 수업을 하면서 주의하는 부분이다. 같은 책이라고 해도 아이들마다 감상은 다 다르다. 4번까지 이야기 나누는 과정에서 자연스럽게 알게 된다. 그것을 칠판에 메모하며 수업하다가 최종 글쓰기를 할 때 아이들마다 주제를 다르게 줄 때가 간혹 있다. 뒷이야기를 재미있게 이야기한 아이는 뒷이야기를 쓰도록 하고, '행운'에 대해 자신의 생각을 많이 펼친 아이는 그 내용이 담긴 글이 되도록 주제를 준다.

위 교재의 경우에는 학교 교과에서 '서평 쓰기'를 배우면서 이 동화가 활용된 점을 감안하여 글쓰기 주제를 서평 쓰기로 정해 놓았다. 초등학생이라 자신이 느낀 책의 장단점과 소감 정도를 쓰는 간단한 서평 쓰기였다. 이 내용 안에 아이들이 한 이야기가 담길 수 있는 경우 서평을 썼고, 그렇지 않은 경우 3번의 깊은 생각, 4번의 넓은 생각 발문으로 이야기하다가 아이들이 비교적 풍성한 이야기를 한 내용을 담아 새로운 글쓰기를 하도록 도왔다. 아이들이 4번까지 오는 과정에서 교재를 그대로 따랐고 교재 내용대로 이야기가 잘 흘러갔다면 교재 글쓰기 주제를 그대로 활용해도 좋지만 그렇지 않다면 새로운 주제를 생각할 수 있는 재량이 필요하다.

독서논술 교재보다 중요한 아이의 삶읽기

엄마표 독서지도를 하는 과정에서 교재의 잘못된 활용 때문에 아이가 책과 멀어지는 경우를 종종 보았고, 실제 그런 고민을 가진 학부모의 상담요청도 있었다. 때로는 대체로 교재로 진행하는 대다수의 독서논술 수업을 받고 오히려 책이 싫어졌다는 아이들도 만난다. 그럴 때마다 나는 독서논술 교재의 무비판적, 획일적 활용이 얼마나 위험한 일인지를 절감하곤 한다.

교재 활용법에 대한 내용을 상세히 읽었다면 눈치 챘겠지만 결국 독서논술 교재는 지도하는 엄마가 책을 읽고 어떤 방향으로 이야기를 나눌 수 있는지 제시해 주는 일종의 가이드라인일 뿐 그 이상 이하도 아니다. 엄마도, 심지어 독서논술교사도 완벽하지는 않다보니 모든 책을 읽고 순식간에 토의토론 방향을 정하거나 즉흥적으로 발문을 만들기에는 한계가 있다. 그럴 때 교재의 도움을 적절히 받으면 된다.

책을 읽고 이야기를 나누는 과정에서 집중해야 할 것은 교재가 아니라 아이다. 아이가 책을 읽고 어떤 생각을 했는지, 이 책이 아이의 생활과 어떠한 연관이 있을지, 아이가 평소 가진 생각과 행동에 이 책이 어떤 영향을 미쳤는지, 이 책을 읽은 후에 아이의 어떤 점이 변화할 것인지, 아이의 가치관 형성에 이 책이 어느 정도의 어떤 영향을 줄 것인지를 면밀히 살피면서 발문을 하고 대화를 이어나가야 한다. 그 촉이 아이를 향해 열려 있을 때에 살아있는 엄마표 독서지도가 가능하다. 그러기 위해서는 독서지도를 하기 위해 마주앉은 시간도 중요하지만 아이와 함께 하는 일상의 모든 순간이 중요하다. 아이의 삶을 읽는 것이 곧 좋은 독서교육의 시작이다. 그 안에 모든 발문이 숨어 있다.

만약 교재를 사용한다면 마지막으로 딱 한 가지만 기억하길 바란다. 독서 논술 교재에 있는 모든 것은 풀고 맞추는 '문제'가 아니라 아이의 생각을 자극하고 확장해 주는 '발문'이라는 점이다.

책 한 권도 구석구석
온전히 읽기

    책을 쓰는 저자는 책 구석구석 모든 곳에 자신이 전하고자 하는 바를 담아놓는다. 따라서 표지부터 시작해서 책 뒷면의 가격까지 읽어야 책을 잘 읽었다고 할 수 있다. 그런데 아이들은 대부분 책의 본문부터 찾아 읽고 본문이 끝나면 뒤에 내용이 남아 있다고 해도 책을 덮고 다 읽었다고 한다. 스스로가 찾아 읽은 경우가 아니라 어떠한 의무감에 읽었다면 더욱 그럴 것이다. 그래서 책을 읽고도 책이 전하고자 하는 바가 무엇인지, 심지어 그 책이 어떤 종류의 책인지도 모르는 경우도 있다. 읽었어도 읽지 않은 것과 다르지 않다. 아이들과 책을 꼼꼼히 보기 위하여 어떤 부분을 읽어야 하는지, 그 부분도 읽을 수 있도록 돕기 위한 발문은 무엇인지 알아보려고 한다.

1. 책 표지 읽기

　책 표지는 책을 보았을 때 가장 눈에 들어오는 부분이다. 독자는 순간적으로 책 표지를 보고 책을 집어 들기도 하고 그렇지 않기도 하다. 특히 그림책과 어린이책은 책 표지에 주요 등장인물이 나오거나 책 내용에 호기심을 갖게 하는 경우가 있어 꼭 봐야 한다. 아래 도서는 『이선비, 한옥을 짓다』(세계로 글, 아이세움)이다. 이 도서는 아이들에게 옛 한옥에 대해 알려주는 지식정보책이다. 어린이 지식정보책의 많은 도서가 그러하듯이 아이들에게 지식을 재미있게 전달하기 위하여 문학적 요소를 가미하였다. 이 도서는 스토리 부분에서도 지식정보가 담겨 있고 책 사이사이에도 따로 정리가 되어 있다. 그런데 아이들은 이런 도서를 읽을 때 흔히 이야기만 읽고는 다 읽었다고 한다. 하지만 스토리를 아무리 재미있게 읽었다고 해도 이 책이 전하고자 하는 한옥에 대한 이야기를 기억하지 않는다면 책을 잘 읽은 것이라고 할 수 없다. 그래서 이 도서를 바탕으로 표지 읽기에 대해 이야기하려고 한다.

　우선 표지를 보면 '이선비, 한옥을 짓다'라는 제목과 그 아래 '옛날 주생활로 본 우리 역사'라는 부제목이 보인다. 그리고 하단 가운데에는 이선비로 보이는 한 남자가 보인다. 책 표지에는 이렇게 제목과 부제목, 삽화가 들어가 있다. 그래서 표지를 보면 이 책이 전달하고자 하는 것을 알 수 있다. 아, 우리 역사 이야기 중에서 '주생활, 그 중에서 한옥에 대해 알려주는 지식정보책'이구나 하는 핵심을 아는 것이다. 이것은 책읽기에 중요한 요소이다. 책읽기의 목적성이 생기는 것이기 때문이다. 이것을 인지하고 읽으면 읽으면서 나도 모르는 사이 자연스럽게 옛 주생활에 대해 알고자 하는 목적을 가지고 읽게 된다.

⇨ 책표지 읽기를 돕는 질문의 예

- 제목이 무엇이니?
- 제목 아래 부제목도 읽어볼까?
- 파란 옷을 입은 남자는 누구일까?
- 남자는 지금 무엇을 하고 있니?
- 남자 뒤로 보이는 사람들이 하는 일은 무엇일까?
- 작가는 이 책을 왜 썼을까?
- 우리는 어떤 생각을 하면서 이 책을 읽어야 할까?

2. 책 날개 읽기

책 날개를 책갈피용으로 쓰는 아이들이 많다. 아이들에게 질문해도 천진하게 당연히 책갈피인 줄 알았다고 한다. 책마다 조금씩 다르지만 보통은 앞날개에는 작가 소개, 그린이 소개 등이 담겨 있다. 이 도서의 경우에는 이 책을 기획한 곳과 기획 목적이 담겨 있다. 그리고 작가와 그린이 소개, 그리고 역사 관련 도서이다 보니 감수자의 이름도 있다. 아이들이 왜 작가와 그린 이까지 알아야하는지 의아할 수도 있을 것이다. 초등 독서지도의 궁극적 목적은 능숙한 평생 독자가 되게 하는데 있다. 어느 작가가 썼는지, 삽화는 어떤 사람이 그렸는지에 관심을 갖고 읽다보면 좋아하는 작가, 혹은 나와 맞지 않는 작가가 생기게 되어 그것이 책을 고르는 하나의 지침이 되기도 한다. 글쓴

<앞날개>   <뒷날개>

이 소개를 보면 보통 그 작가가 쓴 다른 책도 소개되어 있는데 아이들은 그것을 보며, 자신이 읽은 책 제목이 여기에 있다며 신기해한다. 그리고 그 책이 재미있었다면 같은 작가가 쓴 책이라는 사실을 신기해하며 즐겁게 읽는다. 이렇게 작가 이름을 보는 연습도 하다 보면 책을 고르는 시야가 넓어진다.

그린이도 마찬가지이다. 예전에 어느 아이는 이번에 읽은 책의 그림이 예전에 읽은 책 그림과 비슷해서 같은 분이 그린 것 같은데 정말 그러냐고 물었다. 책을 가져와 그린이가 같은 분이라는 것을 확인하고 나니 무척 새로운 것을 발견한 것처럼 기뻐하며 이 분이 그린 책을 더 읽고 싶다고 하였다. 나는 아이의 흥미가 사라질까 싶어 같은 삽화가가 그린 책을 얼른 빌려주었다. 그림책은 말할 것도 없고 어린이책 역시 그림이 책의 감상에 상당한 영향을 끼치기 때문에 그린 이를 살펴보는 것은 중요하다. 이렇게 글쓴이와 그린 이를 살펴보는 과정을 통해 아이들은 책을 고르는 눈이 생기는 능숙한 독자가 되어간다.

뒤의 날개에는 주로 해당 도서의 시리즈 도서 소개나 같은 출판사 도서 소개가 담겨 있다. 이 부분은 출판사에서 다른 도서를 알리기 위한 목적도 있지만 독자 입장에서는 책을 고르는 하나의 방법이 되기도 한다. 예를 들어 지금 소개한 『이선비, 한옥을 짓다』는 '이선비 시리즈'라고 하여 책마다 이야기가 이어진다. 책의 말미가 다음 이야기를 예고하듯이 끝나니 아이들은 자연스럽게 다음 책을 찾는다. 그럴 때 뒤 책 날개를 보면 다음 읽을 책을 고를 수 있다. 물론 책 날개에 소개되어 있지 않아도 여러 경로로 알아볼 수도 있다. 하지만 책 날개는 책을 구성하는 한 요소이기에 책을 다 읽자마자 뒷 날개를 보며 바로 알 수 있으니 독자 입장에서는 편하다. 만약 시리즈가 아닌 같은 출판사의 다른 도서가 소개되어있는 경우에, 바로 사서 보지는 않는다고 해도 간단히 소개된 내용과 책 제목을 훑어보는 것만으로도 차후 책 선택에 도움을 얻을 수 있다. 또한 출판사별로 어떤 책을 내는지 자연스럽게 알게 되면서 역시 책을 고르는 폭이 넓어질 수 있다.

⇨ 책 날개 읽기를 돕는 질문의 예

- 이 책을 쓴 사람은 누구이니?
- 이 책을 쓴 사람이 쓴 다른 책 제목을 읽어볼까?
- 이 책의 그림을 그린 분은 다른 책은 무엇이라고 써 있니?
- 이 책은 시리즈인데 다음 책 제목은 무엇일까?
- 이 책의 시리즈에서 읽고 싶은 책이 있다면 무엇일까?

3. 서문(작가의 말) 읽기

책의 서문은 작가가 책을 쓴 의도나 독자에게 미리 전하고 싶은 말 등이 담겨 있다. 때로는 본문을 더 잘 이해할 수 있기 위한 배경지식이 담겨 있기도 하고, 책이 나오기까지의 에피소드 혹은 작가가 본문에 쓰지 못한 말 등이 담겨 있다. 책을 읽는다는 것은 작가를 읽는 것과도 같다. 이야기책의 경우 본문의 내용이 창작이라면 서문의 내용은 창작에 담지 못하는 작가의 생각이나 책을 쓴 의도가 담겨 있다. 지식정보책의 경우에도 책을 쓴 목적 등을 작가가 직접 이야기함으로서 책읽기를 돕기도 한다. 예를 들어 『광고의 비

밀』(김현주 글, 미래아이)이라는 책 서문의 마지막 문단에 보면 "모쪼록 이 책이 여러분이 현대 소비문화의 거센 물결 속에서 보다 가치 있는 삶을 발견하는 데 도움이 되기를 바란다."고 쓰여 있다. 작가가 책을 쓴 의도는 책읽기의 방향성을 제시해 줌으로 책을 읽는 데에 도움이 된다. 물론 책은 감상하거나 받아들이기 나름이지만 그 감상도 때로는 저자가 쓴 의도를 바르게 이해하는 바탕 위에서 가능하다.

⇨ 서문 읽기를 돕는 질문의 예

- 작가가 이 책을 쓴 목적이 무엇이라고 하니?
- 작가의 말을 읽어본 소감을 말해 보자.
- 이 책을 읽으면서 어떤 생각을 하며 읽으면 좋을까?
- 서문을 읽어보니 책에 대한 관심이 좀 생기니?

4. 목차 읽기

목차는 책읽기에 있어 매우 중요하다. 목차를 보면 책의 전체 내용을 한 눈에 볼 수 있다. 이야기책의 경우 이야기 흐름을 쭉 살펴보면서 책읽기에 더 속도를 내는데 도움이 되기도 한다. 지식정보책의 경우에는 이 책에 담긴 지식의 영역이 어디까지인지를 미리 한 눈에 보며 책읽기에 도움을 얻을 수 있다. 지식정보책 중에서는 목차 순서에 상관없이 읽어도 되는 책들도 있는데 그런 경우에도 도움을 받을 수 있다. 만약 목차가 5가지라면 그 중에서 내가 가장 궁금하거나 관심 있는 부분부터 읽거나 혹은 그 부분만 골라 읽는 발췌독이 가능하다. 실제로 많은 독자들은 이 목차를 보고 책을 읽을지 말지 결정하기도 한다.

다음은 『장애를 넘어 인류애에 이른 헬렌 켈러』 (권태선 글, 창비)의 목차이다. 큰 목차만 보아도 헬렌의 삶을 간략히 알 수 있다. 4부의 제목은 '사회 운동에 투신하다'이며 더 상세한 소제목을 보면 내용을 짐작할 수 있다. 우리가 흔히 '장애를 극복한 인물'로만 알고 있던 헬렌이 사회 운동에 투신했다는 것까지 알게 된다면 더 흥미로운 책읽기가 가능하다.

⇨ 목차 읽기를 돕는 질문

∘ 1부를 보니 헬렌이 누구를 만난 것 같니?
∘ 목차를 보고 헬렌이 어떤 사람인지 알게 된 사실이 있니?
∘ 헬렌의 일생 중에서 가장 궁금한 부분은 어디이니?
∘ 목차를 보고 헬렌 켈러에 대해 내가 미리 알고 있던 부분을 이야기해 주겠니?

5. 부록 읽기

어린이책의 경우 책 내용 이해를 돕기 위한 부록이 추가된 경우가 많다. 앞에서 소개한 『장애를 넘어 인류애에 이른 헬렌 켈러』의 경우에는 헬렌 켈러의 생전 사진들과 일생이 아래처럼 연대표 형식으로 소개되어 있다.

본문에서 헬렌 켈러의 삶을 글로 읽었다면 이 부분은 연대별로 정리되어 있어서 한눈에 보기 좋다. 무엇보다 사진 자료를 통해 헬렌 켈러와 설리번 선생님의 모습을 직접 보면서 앞에서 읽은 내용이 더 잘 이해될 수 있다. 책 감상에도 도움을 주는 것 또한 분명한 사실이다. 실제로 수업하면서 이 부분을 보여주며 함께 읽으니 사진자료만으로도 상당히 많은 이야기를 나눌 수 있었다. 사진 자료와 관련된 본문의 내용을 연계하여 다시 떠올리며 이야기하는 아이도 있었다. 이 부분을 읽지 않았다면 읽은 아이에 비해 본문에 대한 이해도가 달라졌을 것이다.

6. 판권지 읽기

:

판권지는 책의 앞에나 뒤에 발행한 날짜와 발행처 이름, 인쇄한 사람, 글쓴이나 번역자의 이름, 저작권 표시 등이 적힌 부분이다. 나는 책을 살 때 습관처럼 이 부분을 보며 책을 고르는데 참고한다. 시의성이 담긴 책이거나 사회 문제를 다룬 책의 경우 되도록 최근에 출판된 책을 읽어야 한다. 출판된 지 오래된 책이라면 사실과 다른 내용을 알게 될 수도 있기 때문이다. 특히 책 내용을 있는 그대로 수용하기 쉬운 초등 아이들 책은 더 조심해야 한다. 예를 들어 나는 아이들과 원자력에 대해 수업하기 위해 책을 고를 때『두 얼굴의 에너지, 원자력』(김성호 지음, 길벗스쿨)이라는 도서를 선정했다. 그 이유는 아이들이 원자력 발전소에 대한 찬반토론을 할 때 가장 최근 통계 자료 등을 접해야 했기 때문이다. 그런데 그 도서는 수업하기 2개월 전쯤에 출간된 신간 도서였다. 실제 수업 당시 최근 '통일'에 대한 책을 고를 때도 우선 최근 출간된 책을 우선적으로 살펴보았다. 남북관계 또한 시사각각으로 변하기 때문이다. 판권지는 아이들의 수업 도서 선정을 하는 선생님만 보면 되는 부분이라고 생각할 수도 있으나 아이들도 스스로 책을 골라야 하므로 보는 습관을 들이면 좋다.

⇨ 판권지 읽기를 돕는 질문의 예

- 이 책의 1판 1쇄 인쇄일이 언제라고 나와 있니?
- 너희들이 가지고 있는 책은 언제 찍힌 책이니?

7. 가격 읽기

아이들에게 책의 가격을 보라고 하면 별걸 다 보라고 한다는 듯이 웃는다. 왜 가격까지 보아야 하는지 궁금한 것이다. 책도 하나의 상품이다. 우리는 물건을 살 때 물건의 가치와 가격을 대조해 보고 합리적이라고 생각될 때에 구입을 한다. 책 역시 책의 내용이나 내가 얻는 것에 비해 가격이 적절한 지 따져보고 골라야 한다. 아이들은 대체로 부모님이 사 주시는 책이나 도서관에서 빌리는 책을 보기 때문에 가격은 잘 보지 않는다. 하지만 점차 스스로 책을 구입하게 될 것이고 책의 가치가 가격과 상응하는지 판단할 줄 알아야 한다. 그것이 훌륭한 독자의 한 요건이기도 하다.

⇨ 가격 읽기를 돕는 질문의 예

- 이 책이 가격을 살펴볼까?
- 너희들이 가지고 있는 책들의 가격이 조금씩 다른 이유는 무엇일까?
  (책은 다시 찍혀 나올 때 표지 디자인이나 내용이 개정되면서 가격이 오르기도 한다.
  가격이 더 비싼 책은 판권지를 보면 좀 더 최근에 찍힌 책이라는 사실을 알 수 있다.)
- 이 책의 가격이 적당하다고 생각하니?
  (이 질문은 아직 돈의 가치를 판단하기 어려운 아이들에게 어울리지 않는 질문일 수도 있으므로 경우에 따라 생략해도 좋다.)

다음은 위에서 소개된 책의 구석구석을 읽고 난 후 작성할 수 있는 활동지이다. 아이들에 따라 내용을 가감해서 사용하거나 최소 3학년 이상에서 사용할 것을 권한다.

책 꼼꼼히 읽기 전략

책 제목			읽은 날짜		쪽수	
펴낸 날		지은이	그린이		펴낸이	

책표지에 어떤 내용들이 담겨 있는지 써 보세요.	
앞 책날개에는 어떤 내용이 담겨 있나요?	
뒤 책날개에는 어떤 내용이 담겨 있나요?	
작가의 말을 요약해 써 보세요.	
이 책의 목차를 큰 제목만 간략히 써 보세요.	
이 책의 부록이 있다면 어떤 내용이 담겨 있는지 간략히 써 보세요.	

이쯤에서 나는 살며시 걱정이 올라온다. 모든 책을 읽을 때에 위의 내용들을 적용하여 부작용이 생길 수 있기 때문이다. 모든 책을 이렇게 읽을 수는 없다. 책의 구성 요소가 어떠한지, 모든 구성 요소를 읽을 때 책읽기에 어떤

도움이 되는지 설명하기 위하여 제시했을 뿐이다. 아이들이 읽는 책마다 위의 내용을 요구한다면 아이들은 책읽기를 학습이라고 생각하거나 힘겨운 일이라고 생각해서 질려버릴 수도 있다. 실제 나도 1년에 한두 번 정도만 이 활동지를 사용한다. 앞에 소개한 책의 구성 요소 중에서 꼭 읽어야 하는 내용을 읽지 않았을 경우 한두 가지만 살펴보기도 한다. 예를 들어 어떤 책은 목차 읽기만을 돕고, 어떤 책은 부록을 잘 살펴보는 식이다. 책읽기가 공부가 되지 않도록 적절히 사용했으면 하는 바람이다.

제4장

골고루 책읽기 지도의 모든 것

도서 종류에 맞는 방식으로 책을 읽으면 모든 책이 맛있다.

이야기책 읽기의 힘
— 공감 능력

청소년 문학이 잘 팔리지 않는다는 사실은 책에 관심이 있는 사람이라면 대부분 알고 있을 것이다. 초등 도서 중에서도 비문학(지식그림책)에 비해 문학 도서(이야기책)는 비교적 판매율이 낮다고 한다. 책을 읽지 않는 대한민국이다 보니 최근에 새롭게 부각된 문제는 아니겠지만 최근 들어 더 심해지는 것 같다. 소설을 읽는 어른들을 찾아보기도 쉽지는 않으니 비단 어린이, 청소년만의 문제는 아니겠지만 말이다.

독서논술 수업을 하면서도 느낀다. 역사나 과학과 같은 비문학도서를 수업하는 날은 학부모님이 책도 잘 준비해 주시는 편이고 그 수업은 절대 빠지지 않으려고 한다. 반면에 문학도서 수업하는 날은 책 준비에 다소 소홀한 측면도 있고 결석을 하게 되더라도 보충 수업에 크게 연연하시지 않는다. 고학년이 되어도 아이가 문학만 읽고 있으면 이왕이면 공부에 도움이 되는 비문학을 읽기를 바라는 부모도 많다. 심지어 문학도서는 구입보다 대여를 당연시여기기도 하며, 구입한다고 해도 비용을 무척 아까워하기도 한다.

타인을 공감하는 힘이 생기는 이야기책

이토록 경시되고 있을지언정 문학 읽기의 힘은 이루 말할 수 없이 강하다. 그 중에서도 중요한 한 가지는 공감 능력을 키울 수 있다는 점이다. 나는 문학도서 수업을 하면서 아이들에게 '네가 등장인물이었다면 어떠했을 것 같니?'라는 발문을 종종 한다. 단순히 아이들의 창의적 대답을 원해서 하는 발문은 아니다. 그 발문을 통해 아이들이 의도적으로 그 인물의 입장이 되어 생각해 보기를 바라는 것이다.

처음에는 '등장인물이 이상하다, 왜 그렇게 행동하는지 모르겠다, 나라면 그렇게 하지 않을 것 같다.' 등의 반응을 보이는 아이들이 그 인물을 둘러싼 환경을 다시 돌이켜보고 그 인물의 입장이 되어 생각해 보면서 조금씩 진지해지기 시작한다. 그리고 다양한 관점으로 바라보며 인물에 대해 이해하려는 노력을 보인다. 모둠원들과의 대화를 통해 종국에는 "아, 그럴 수도 있겠구나." 하고 생각하면서 다양한 인물에 대한 이해를 높여가는 것을 볼 때면 흐뭇하기도 하다.

우리가 종종 타인에게 하는 말이 있다. '당신 행동이 도무지 이해가 안 가.' '당신을 이해할 수 없어.' 라는 말이다. 하지만 그 어떤 사람이든 그 사람이 한 말과 행동의 뿌리 끝까지 따라가 보면 이 세상에 이해할 수 없는 말과 행동은 없다. 다만 그 사람의 입장이 되어서 이해하려는 노력이 부족했을 뿐이다. 나의 입장을 이해받기 바라는 마음에 비해 상대를 이해하고자 하는 노력이 부족한 것이 나약하고 부족한 인간이 아니던가.

현실의 인물들이 고스란히 들어가있는 이야기책을 읽는 아이들은 자연스럽게 인간관계와 그들이 사는 삶의 복잡함을 이해하게 되고 그것이 곧 공감 능력을 자라게 한다.

공감 능력이 필요한 이유

타인에 대한 공감 능력이 왜 필요한지 잘 와 닿지 않을 수도 있다. 그렇다면 생각해 보자. 상대를 이해할 수 없고 상대의 말과 행동이 공감되지 않을 때 나와 상대 중 힘든 이는 과연 누구일까? '이해할 수 없어.' 라고 말하는 사람일까, 이해 받지 못하는 사람일까? 공감하지 못함으로 생기는 고통은 공감하지 못하는 자의 몫이다. 누구나 한 번쯤 겪어보지 않았던가. 공감이 부족한 이들은 스스로 자신을 소외시키고 때로는 관계 맺기를 거부하며 산다. 원하지 않아도 혼자가 될 때가 많다. 표면적으로 사람들과 어울리는 것 같아도 내면은 늘 혼자이며 그렇게 스스로 고립된 삶을 산다. 그리고 공감받지 못한다는 사실에만 집중하여 자신을 더 외롭게 한다.

가까운 관계를 생각해 보면 더 이해가 쉬울 것이다. 처음 만난 연인들은 바라보기만 해도 좋다. 상대가 어떤 행동을 하든 다 좋아 보인다. 그런데 사랑의 유효기간이 지나면 오로지 인간과 인간만이 남는다. 그 때부터는 상대를 이해하려는 부단한 노력이 있어야만 관계의 행복도 유지할 수 있다. 상대를 이해하려면 사랑 그 너머의 인간에 대한 이해가 필요하기 때문이다. 그리고 그 이해의 바탕에는 공감 능력이 필수이다.

아이들의 미래도 생각해 보아야 한다. 많은 부모들은 우리 아이가 흔히 말하는 좋은 직업을 가져 경제적 여유를 누리며 살기를 바란다. 그래서 사교육에 많은 돈을 투자한다. 나는 동의하지 않으나 많은 이들이 좋은 직업을 갖기 위해서는 공부를 잘 해야 한다고 생각한다. 그래서 내 아이의 독서교육을 할 때에도 지식과 관련된 비문학도서 읽기에만 열을 올리는 경우가 많다.

그렇다면 많은 이들이 좋은 직업이라고 생각하는 '의사'를 생각해 보자. 지식은 많으나 공감 능력이 부족한 의사가 과연 좋은 의사라고 할 수 있을까? 몸이 불편하여 병원을 방문했는데 공감 능력은커녕 환자에 대해 관심도 없고 오히려 말을 함부로 해서 불쾌했던 경험이 한 번쯤은 있지 않은가? 지식이 많은 의사라고 해도 환자의 아픔에 공감하지 못하는 의사라면 과연 좋은 의사일까? 그런 의사가 직업의 행복을 느낄 수 있을까? 직업이 한 인간의 삶의 행복도에 미치는 영향은 매우 크다. 직업인으로서 행복하지 못한 사람은 한 인간으로서의 행복도도 낮다.

연인 관계와 직업을 예로 들었으나 사실 멀리 갈 것도 없다. 아이들은 학교는 물론이고 다양한 공동체 속에서 생활한다. 그리고 자신과는 다른 다양한 친구들과의 관계를 맺고 있다. 그런데 언젠가부터 아이들이 나와 다른 아이는 전혀 인정하지 않고 이해하려고도 하지 않는 경우를 보곤 한다. 그 결과는 뻔하다. 친구와 다투거나 때리고 심하면 따돌리기기도 한다. 종종 언론을 장식하는 심각한 따돌림까지는 아니더라도 아예 관계 맺기를 거부한다.

관계 맺기를 거부하면 그 피해는 고스란히 아이에게 돌아간다. 다양한 친구들과 관계 맺는 법을 배우지 못하니 학년이 오를수록 학교생활도 힘들어질 수밖에 없다.

문학 읽기를 통해 길러야 하는 아이들의 공감 능력을 이야기했으나 진짜 공감 능력이 부족한 건 어른들이 아닐까 한다. 아이들의 마음의 고통을 이해한다면 지금처럼 아이들을 학원으로 돌리며 힘들게 하지는 않을 것이기 때문이다. 간혹 학원이 너무 힘들다고 내 앞에서 눈물을 글썽이는 아이들도 있다. 나 역시 사교육 선생이지만 억지로 오는 학원 중 하나로 여기지 않도록 애쓴다. 아이들에게 들은 마음 이야기를 학부모님께 전달하는 경우도 종종 있지만 '엄살'이라거나 '공부해야 하니 어쩔 수 없다', '마음이 아프지만 방법이 없다'는 반응일 때면 가슴이 저며 온다. 그럴 때마다 가슴 깊숙한 곳에서 답답함이 느껴진다. 그러나 학부모 탓만 할 수도 없는 노릇이니 우리 교육현실의 문제를 어디서부터 해결해야 하는 것일까.

우리 아이가 진정으로 행복하기를 바라는가. 그렇다면 '숙제해라, 공부해라' 말은 잠시 접어두고 아름다운 문학 작품 한 권 권해주기를 바란다. 책을 읽으며 타인을 이해하고 공감하는 법을 배울 것이고 그 공감 능력으로 아이는 행복한 사회인으로 성장할 것이다. 공감 능력의 부재는 결국 아이를 고립시킨다는 것을 명심하길 바란다.

2
이야기책 읽기의 힘
— 치유하는 힘

책읽기로 만나는 내면 아이

이금이 작가의 『밤티마을 큰돌이네 집』(이금이 글, 푸른책들)이라는 책이 있다. 집 나간 엄마와 술 마시는 아빠, 아무것도 하지 못하는 듯 누워만 계시는 할아버지와 사는 큰돌이와 영미. 급기야 영미는 입양까지 가게 되지만 새엄마가 오고 나서 다시 집으로 돌아온다. 더불어 큰돌이네 집에 생기도 돌고 늘 방에 계시던 할아버지도 움직이시기 시작한다. 아빠 역시 아이들을 위해 책상도 만드는 등 큰돌이네 집에 활기가 돌고 변화가 찾아온다.

몇 년 전 새벽 이 동화를 읽으며 수업할 교재를 만들던 나는 그만 일하다 말고 컴퓨터 화면 앞에 앉아 울고 말았다. 어린이책을 읽으면서 눈물지은 적이 한 두 번은 아니지만 유난히 마음이 아팠던 이유가 있다. 한참 어리광부리며 사랑 받아야 할 나이의 큰돌이와 영미의 쓸쓸하고 외로운 마음이 표현된 문장 하나하나가 마음을 아리게했고, 이내 역시 사랑받지 못하고 자란 내 어린 시절의 장면들이 오버랩 되면서 가슴이 찢어질 듯 하였기 때문이다.

모두 잠든 새벽 그렇게 한참을 울고 나니 힘이 좀 빠졌지만 이내 개운해짐을 느꼈다. 내가 눈물을 흘린 시간은 여전히 어릴 적 아픔을 기억하고 사는 내 마음 속의 어린 나를 만나 끌어안아주고 위로해 준 시간이었다. 어떠한 계기가 있을 때마다 나타나는 내 안의 어린 나, 그리고 그 아이를 한 번 더 위로해 주면서 나는 영혼이 맑아짐을 느낀다. 단번에 치유되지는 못하지만 책읽기를 통해 서서히 치유해가고 있다는 사실이 더 큰 위안이 되기도 한다.

모든 이의 마음 한 켠에는 상처 받은 어린 영혼이 있다. 태어나자마자 엄마를 시작으로 하여 필연적으로 관계를 맺으며 살아가기 때문에 상처를 받을 수밖에 없다. 그 상처 받은 아이는 성인이 되어도 마음속에 남아 관계에 영향을 주는데 이 책의 1장에서도 말했듯이 이를 '내면 아이'라고 한다.

그런데 이 내면 아이를 달래고 위로해 주지 않으면 우리는 내내 힘든 삶을 살아갈 수밖에 없다. 중요한 것은 어린 아이들도 지나온 시간 속에서 받은 상처와 그 상처를 안고 있는 더 어린 자신이 내면에 있다. 더 어린 자신은 가만히 웅크리고 앉아서 누군가 달래주고 손길을 내밀어 주기를 기다리고 있다. 때로는 울면서 때로는 말없이 지친 모습 그대로, 그리고 그 아이를 위로해 줄

누군가는 일차적으로는 자기 자신이어야 하며, 그 시작은 이야기책 읽기이다.

마음이 아팠던 기영이

꽤 오래 전 나와 수업했던 기영(가명)이라는 아이가 있었다. 기영이의 부모님은 아이들과 스무 살 차이밖에 나지 않는 젊은 부부였다. 일찍 결혼한 모든 부모가 그렇지는 않겠지만 기영이의 부모님은 아이들이 중학생이 되었음에도 여전히 준비되지 않은 부부의 모습이었던 것으로 기억한다. 아빠는 퇴근하자마자 게임에 매달리고 있었고 엄마는 늘 무기력해서 누워 텔레비전만 보고 있었다. 아이들은 무언가 힘없는 표정으로 각자의 방에서 숙제를 하고는 했다. 하루 종일 다른 곳에서 자신의 일을 하다가 온 가족이 모이는 저녁 몇 시간도 각자 자리에서 자신의 일만 하며 소통을 하지 않았다. 수업을 하러 갈 때마다 마주하는 그 광경에 나는 늘 마음이 편치 않았다.

수업을 마치고 상담을 할 때도 마주 앉은 내 의욕이 꺾이고 가라앉을 만큼 기영이 어머님은 어두운 분위기에 늘 무기력하셨다. 수업을 마쳤다는 사실을 아시고도 수업 후 상담을 위해 아이 방에 오기까지 한참을 걸리셔서 기다리는 것도 예사였다. 그렇게 마주 앉아서 아이의 수업 결과에 대한 이야기를 할 때도 어머님은 별 반응이 없으셨다. 특별히 궁금하신 것도, 특별히 얻고 싶으신 것도 없으신 것 같았다. 그저 남들 하는 영어, 수학 학원과 독서논술 정도를 아이에 대한 임무로 여기고 하시는 느낌이었다.

다소 침체된 가정 분위기 속에서도 기영이와 기영이의 형은 비교적 밝고 착하고 순수했다. 기영이 형의 수업부터 시작하여 거의 6년을 방문한 가정이었기에 내 아이 같았던 아이들. 하루하루 자랄수록 아이들이 부모에게 받는 영향이 클 수밖에 없다는 것을 알기에 마음이 참 안 좋았다. 나 역시 부모의 사랑과 보호를 받지 못하고 자라 더 안타까웠던 것 같다.

그러던 어느 날이었다. 그 날의 수업 도서는 '왕따'와 관련된 『무서운 학교 무서운 아이들』(송재찬 글, 푸른책들)이었다. 친구들로부터 왕따를 당해 힘들어하는 주인공의 이야기를 하던 중 기영이가 갑자기 말이 없더니 서럽게 울기 시작했다. 불과 몇 분 전만해도 웃으며 나를 맞이해 준 아이였기에 찰나의 당황은 있었으나 이내 아이가 울 수밖에 없는 상황이 짐작이 되어 그저 바라보아 주었다. 방 안이 꽉 차도록 꺼이꺼이 소리를 내며 서럽게 울기를 10분, 그 10분이 지나자 아이는 자연스럽게 자신의 이야기를 꺼내놓았다.

며칠 전 화장실에서 일을 보고 나오려는데 평소 자신을 놀리던 친구들 몇 명이 화장실 구석에 있던 통에 물을 받아서 자기의 바지에 뿌려버렸다는 것이다. 하의가 완전히 젖어버린 기영이는 그 자리에 꼼짝 못하고 서서 한참을 울었다고 했다. 교실로 갈 수도 없고 무엇을 할 수도 없이 안절부절못하며 마냥 서 있었을 아이의 모습이 상상이 되어 나도 함께 눈물을 글썽이고 말았다. 그 순간의 수치심이 얼마나 힘겨웠을까. 얼마나 괴로웠을까.

아이 혼자 감당하기에는 분명히 힘들었을 거라 그 마음을 어떻게 풀었는지 궁금해 그 사실을 부모님께 말씀드렸는지 물었다. 기영이는 말씀드리지 않았다고 했고 아직까지도 자기만 아는 이야기라고 했다. 그리고 묻어둔 그 이야기는 책대화를 하던 중 자연스럽게 튀어나온 것이다. 평소에 친구들에게 놀림을 받는다는 사실을 나 역시 알고 있었지만 아이에게 조금 더 상처가 되었을 그 이야기는 지금 떠올려도 참 마음 아프다.

더 마음 아픈 것은 기영이가 그 이야기를 부모님께 하지 않은 이유였다. 아빠는 늘 게임하느라 말을 걸어도 쳐다보지 않으시고 엄마는 늘 아픈 것 같아서 말을 걸기가 무섭다고 했다. 비슷한 이야기를 한 적이 있으나 '사내 녀석이 뭘 그런 걸 가지고'라는 대수롭지 않은 반응에 상처를 입은 것 같기도 했다.

기영이 부모님을 탓하고 싶은 마음은 없다. 기영이의 부모님 또한 누구나 그렇듯이 어른이 되어가는 중에 있을 수도 있고 나름의 사연과 힘겨움이 있으실 것이기 때문이다. 아무리 오래 만났어도 주 1회 만나는 선생님이 함부로 남의 가정에 대해 이렇다 저렇다 할 자격도 없다. 다만 그 동안 많은 가정을 보면서 어떤 가정이든 아이들은 모두가 상처가 있고 적절한 치유를 받지 못하는 경우가 많다는 사실이 가슴 아플 뿐이다. 더 마음이 아픈 것은 아이의 힘든 마음을 눈치 채지 못하는 부모님들이다.

이야기책 읽기로 치유하기

⋮

이야기책은 살면서 누구나 겪는 아픔을 치유해 준다. 오늘 상처가 오늘 치유될 수는 없겠지만 약을 발라주고 서서히 낫게 하는 역할을 한다. 어제 겪은 일 뿐만 아니라 저 어릴 적으로 거슬러 올라가 그 누구에게도 말하지 못하는 상처도 치유해 준다. 이런데도 우리가 이야기책 읽기를 소홀히 해야 할 이유가 과연 있을까. 성인이 될 때까지 한 번도 위로 받지 못한 내면 아이는 관계 속에서 커다란 문제를 일으켜 삶을 힘들게 한다는 것을 꼭 기억해야 한다. 날마다 만날 수는 없어도 이야기책을 읽을 때면 다시 빼꼼히 고개를 내밀어 위로를 바라는 내면 아이. 그 아이를 만날 기회는 이야기책을 읽을 때이다. 물론 읽기를 넘어 나누고 위로하는 과정이 있다면 더 좋겠지만 그저 읽는 것만으로도 치유가 된다.

학부모님들께 아이들이 책을 읽을 때 방해하지 말아달라는 부탁을 드리곤 한다. 5살 꼬마 아이도 그림책을 보면서 자기 마음을 위로해주는 시간을 보낼 수 있기 때문이다. 같은 책을 수십 번 읽으면서 읽을 때마다 마음이 어루만져지고 행복해지는 경험을 하기에 책이 너덜너덜해질 때까지 읽어도 그냥 두어야 한다. 이야기책 읽기로 마음을 치유하도록 고요히 책 읽는 시간을 허락하는 것은 엄마가 아이에게 줄 수 있는 최고의 배려이다. 더불어 필연적으로 상처를 줄 수밖에 없고, 타인에게 받은 상처를 다 치유해줄 수 없는 완전치 못한 부모가 줄 수 있는 최고의 선물이다. 부모도 사람이라 완벽할 수 없다. 그런데 부모를 대신할, 심지어 부모가 먼저 세상을 떠나도 아이를 위로하고 달래주는 책이 있다는 사실은 정말 감사한 일이 아닐까.

그 날 수업을 마칠 때 즈음 환히 웃던 기영이 얼굴을 나는 아직도 기억한다. 선생님 앞에서 큰 소리로 운 것이 쑥스러웠는지 자기 걱정은 하지 말고 다음 수업도 잘 하시라는 문자까지 보내왔다. 하루하루가 바쁜 우리 아이들은 상처 받을 일은 많아도 치유 받을 기회는 없다. 지금 우리 사회에 마땅한 장치도 없을뿐더러 간혹 이렇게 부모님마저도 아이 마음을 들여다보지 않는다면 아이의 마음은 날마다 더 곪아갈 것이다. 부모에게 내 아이 '행복'보다 더 중요한 일이 과연 있을까. 학습지 몇 장보다, 문제집 몇 권보다 이야기책 한 권이 살아가는데 더 필요하다는 것을 많은 부모들이 알았으면 한다. 책 안에서 우리 아이들이 스스로 상처를 치유할 줄 아는 건강한 어른으로 자라기를 소망한다.

지식 정보책에 대한
오해 풀기

지식정보책은 외우는 것?

어린이책은 크게 문학과 비문학으로 나뉜다. 문학은 이야기책, 비문학은 지식정보책을 이야기한다. 지식정보책을 수업한 날이면 학부모님들의 문의가 종종 있다. 아이가 책을 제대로 읽었는지 궁금하시다는 것이 대부분의 공통된 질문이다. 아이가 읽는 모습을 분명히 보았는데 내용을 물어보면 대답을 못하니 대충 읽은 것은 아닌지 궁금하실 만하다.

반복 읽기로 자연스럽게 기억하기

3학년 아이들과 사회과 연계 도서인 『우리나라 지도책』(이형권 글, 아이세움)이라는 책으로 수업한 적이 있다. 판형도 제법 크고 각 페이지마다 우리나라 각 지역의 특징이나 특산물, 역사 유적지 등이 소개되어 있다. 흥미로운 내용이 많아서인지 아이들은 책을 보며 끊임없이 이야기를 쏟아냈다. 이곳은 우리 할아버지가 사는 곳이라거나 여행을 가 본 곳이라는 말부터 이 책을 보고 3.1운동이 일어난 곳을 알게 되어 좋았다는 말을 한 아이도 있었다.

그런데 이렇게 대화를 하며 즐겁게 읽어도 막상 책을 덮으면 생각나는 게 없다. 지역 이름도 헷갈리고 그 지역에 어떤 것들이 있었는지 기억하기도 어렵다. 분명 읽기는 했는데 기억나지 않으니 질문에 대답하지 못하기라도 하면 '제대로 안 읽었다'는 오해를 받기 딱 좋다.

혹시라도 오해를 받는 억울한 아이를 만들지 않으려면 우선 학습의 원리를 알아야 한다. 책읽기는 학습이 아니지만 지식 정보책 읽기의 목적은 지식 습득이기 때문에 '학습'과 비슷한 면이 많아 이해를 돕기 위해 설명해 보려고 한다.

'지식'은 받아들이는 순간 망각이 시작된다고 한다. 학습한 후 20분이 지나면 학습한 것의 58%만 기억하고, 한 달이 지나면 21%만 남아 있다고 한다. 이 점을 고려해 보았을 때에 지식정보책을 읽은 아이가 시간이 흐를수록 기억하지 못하는 것은 뇌의 자연스러운 현상이다.

그렇다면 기억하지 못하는 것이니 지식 정보책읽기는 의미가 없는 것일까? 그렇지 않다. 여기서 또 한 가지 알아야 할 것이 단기기억과 장기기억이다. 처음 접한 지식은 단기 기억 장치에 저장이 된다. 그러다 망각이 되거나 다른 지식에 밀려난다. 그렇다고 실망할 필요는 없다. 접한 지식이 장기 기억 장치에 저장이 되기 위한 방법이 있는데 바로 반복적으로 읽는 것이다.

『우리나라 지도책』의 예를 다시 들어보려고 한다. 책을 읽고 알게 된 지식은 아이의 기억 어딘가에 가만히 자리 잡고 있을 것이다. 그러다가 비슷한 책을 통해 다시 접하게 되면 잠들어 있던 기억과 더해져 조금 더 명확히 기억되어 새롭게 자리 잡는다. 그리고 또 다시 책을 통해 같은 지식을 접하는 과정을 반복하면서 종국에는 완전히 알고 있는 자기 지식이 된다. 이 때 비로소 장기 기억장치에 저장이 되었다고 말할 수 있다.

만약에 같은 책을 읽고 '더' 많이 기억하는 아이와 '덜' 기억하는 아이가 있다면 두 아이의 지능의 문제라기보다는 그 전에 관련 도서를 얼마나 더 많이 읽었느냐의 문제일 때가 많다. 지도 관련 도서를 더 읽었던 아이는 당연히 더 기억할 것이고 처음 읽은 아이는 잘 기억하지 못할 것이다. 같은 책을 읽고 우리 아이보다 더 많이 기억하는 아이가 있다면 부러워하기보다는 독서량을 늘리는데 힘써야 한다.

꾸준한 책읽기가 정답

:

그럼 같은 지식정보책을 공부하듯 여러 번 읽어야 하는 것일까? 그렇지 않다. 아이가 스스로 원한다면 모를까 그렇지 않다면 억지로 여러 번 읽히지 않아야 한다. 그렇게 하면 아이가 내용을 더 많이 기억할는지는 모르겠지만 책을 지겨워하게 되어 꾸준한 독서로 이어지지 않을 가능성이 많다.

책읽기를 꾸준히만 한다면 언젠가 다시 비슷한 지식책을 접하게 될 것이고 그런 자연스러운 반복 속에서 자기 지식이 될 수 있다. 간혹 지식정보책에 심취하여 같은 책도 그 자리에서 여러 번 읽는 아이도 있지만 어디까지나 자발적이기 때문에 여러 번 읽어도 즐겁게 읽을 수 있는 것이다.

책을 사면 흔히 본전 생각하기 쉽다. 그래서 이왕이면 같은 책도 여러 번 읽기를 바라게 된다. 도서관에서 빌렸다고 해도 반납하기 전에 여러 번 읽어서 최대한 많이 기억하는 것이 효율적이라는 오해 또한 있을 수 있다. 하지만 아이들은 책읽기마저 공부로 여기고 싶어 하지 않는다. 그저 즐겁게 읽고 싶을 뿐이다. 같은 분야의 지식이 담긴 책도 여러 출판사에서 다양한 형태로 많이 나오고 있기 때문에 주제는 같아도 다양한 구성과 형식의 여러 출판사 책을, 적당한 간격을 두고 두루 읽는 것이 바람직한 지식 정보책 읽기이다.

나중에 또 읽으면 되니까 지금 대충 읽어도 된다는 것으로 오해는 하지 말기를 바란다. 지식정보책 읽기 목적이 지식 습득이므로 단 한 권을 읽더라도 다양한 읽기 전략을 구사하여 최대한 잘 이해하도록 돕는 것은 중요하다. 나역시 지식정보책 수업을 할 때면 OX 퀴즈, 신문 만들기, 독서 퀴즈 만들어 보기, 과학 용어 카드 만들기 등 다양한 수업 방식을 취한다. 아이가 책에서 멀어지도록 너무 무리하게 반복 읽기를 시키지는 말자는 뜻이다.

서서히 증명되는 지식정보책 읽기의 힘

실제 나는 수업 현장에서 아이들이 지식정보책 읽기를 통해 자기 지식을 만들어가는 것을 두 눈으로 목격하는 행복한 순간을 자주 맞이한다. '자석'에 관한 도서로 수업하던 3학년 아이가 1학년 때 함께 읽고 수업했던 또 다른 자석 도서의 내용을 기억하면서 '아, 그 말이 이런 뜻이었구나'라며 스스로 자기 지식으로 만들어가는 과정을 볼 때 뿌듯했다. 한국사 책읽기를 시작한 친구들이 1, 2학년 때 인물 수업을 통해 함께 읽은 '장보고'를 떠올리며 그 날 읽은 신라 시대를 더 잘 이해할 때 아이들 스스로 지적인 충만을 느끼는 모습을 보았다. 심지어 6학년 아이가 1학년부터 읽었던 비문학의 내용들을 조금씩 끌어와 그 날 읽은 책을 더 잘 이해하는 모습을 볼 때면 아이의 독서 역사를 함께 일구어온 그 사실이 뭉클해지기까지 한다.

가정 독서지도가 실패하는 여러 이유 중 한 가지는 책읽기의 결과를 조급하게 바라기 때문이다. 책읽기의 목적을 학습에 두는 것 또한 실패의 원인이다. 책읽기의 결과는 눈에 잘 보이지도 않을뿐더러 오늘 우리 아이가 읽은 책이 언제 아이에게 영향을 줄지는 아무도 모를 일이다.

책읽기는 힘이 세다. 하지만 지혜롭게 했을 때에만 그 힘을 발휘한다. 당장의 지식 습득보다는 꾸준한 읽기가 되도록 '외우는' 책읽기가 아니라 '즐기는' 책읽기를 하는 아이들이 많아지기를 바란다.

위인전 읽기,
이제는 달라야 한다

어느 집에나 있는 위인전 한 세트

:

내가 어릴 적에는 어린이책이 지금처럼 많지 않았다. 어디선가 주워오거나 물려받은 낡은 책은 좀 있었지만 어린이책을 만드는 출판사도 한정적이었고 질 높은 단행본은 더 찾아보기 힘들었던 것 같다. 그럼에도 불구하고 한 두 권쯤은 꼭 꽂혀 있는 책이 있었으니 아마도 명작동화와 전래동화가 아니었나 싶다. 그리고 또 한 가지는 위인전이었다.

지금도 아이가 있는 가정이라면 위인전 한 세트 정도는 있지 않을까. 달라진 점이 있다면 다양한 출판사에서 다양한 기획으로 나온다는 점이다. 구성도 매우 방대하여 100권에 달하는 세트도 있다. 각 회사의 책마다 장단점과 차이점이 있기 때문에 두루 읽히려는 목적으로 두 세트 이상 구비하는 가정도 어렵지 않게 볼 수 있다.

위인전을 처음 구입하는 시기는 다양하지만 대체적으로 취학 전 7세~1, 2학년 정도에 많이 구입한다. 실제로 취학 전 아이들을 대상으로 기획된 위인전도 많으며 학교 가기 전 왠지 위인전 한 세트는 기본으로 읽어야 할 것만 같은 생각이 드는 것도 사실이다.

본받기 위해 읽어야 할 위인전?

:

많은 부모가 위인전을 읽었으면 하고 바라는 이유는 무엇일까? 한 번쯤 짚고 넘어가야 할 문제이다. 우선 '위인(偉人)'이라는 말은 사전에 '위대하고 훌륭한 사람'이라고 나와 있다. 위대하고 훌륭한 사람의 이야기를 읽도록 하는 이유는 어쩌면 우리 아이도 그들의 모습을 닮아 역시 훌륭하고 위대한 사람이 되기를 바라는 마음이 바탕에 깔려있기 때문은 아닐까.

생각해 보면 지금 부모 세대가 어릴 적에 그런 독서지도를 받은 것 같다. 위인전을 읽어야 훌륭한 사람이 될 수 있다는 말을 한 번쯤 들어보았을 것이다. 그래서였을까? 위인전 독후감의 형태는 대체로 '이 사람은 어떤 일을 했으며 그래서 훌륭하다. 나도 본받아야겠다.' 였던 것으로 기억한다.

그런데 수업을 하다보면 요즘의 위인전 독서지도도 크게 다르지 않다는 것을 느낀다. 내 어릴 적 독후감과 크게 다르지 않은 '본받아야겠다'는 말이 꼭 말미에 있는 것을 보면 말이다. 가끔은 지도하는 엄마나 선생님이 '무엇을 본받을지, 훌륭한 점이 무엇인지' 쓰도록 유도하기도 한다.

　이러한 지도 방식 때문인지 웃지 못 할 일도 벌어진다. 어떤 아이는 화가의 이야기를 읽고 화가가 되겠다고 하더니 정치가의 이야기를 읽고 또 대통령이 되고 싶다고 한다. 음악가를 읽고는 지금 피아노를 배우니 작곡가가 되겠다고도 한다. 물론 하루에도 몇 번씩 장래희망이 바뀌는 아이들에게는 자연스러운 현상이기는 하나, 그런 이유 때문이 아니라 모든 인물 이야기는 '본받아야 한다'는 초점으로 읽기 때문에 생기는 현상이라는 것이 문제이다.

　또 한 가지 재미있는 현상이 있다. 한 때 내가 만난 아이들의 대부분의 꿈은 '사무총장'이었다. 온라인에서도, 다른 선생님들의 이야기를 들어보아도 사무총장이 꿈이라는 아이들이 상당히 많았다. 그 이유는 바로 그 당시 유엔사무총장에 한국인이 당선되었기 때문이다. 덕분에 서점가에도 해당 인물에 대한 위인전이 쏟아져 나왔고 그 영향으로 아이들의 꿈은 천편일률적으로 UN 사무총장이 되었다. 김연아 선수가 유명해지면서부터는 역시 김연아 선수관련 책이 쏟아져 나왔고 미래의 피겨스타가 되겠다는 아이들은 삼삼오오 피겨 링크장으로 모여들었다. 최근에는 인공지능(Artificial Intelligence)과 대결한 이세돌이 한동안 이슈에 오르자 동네에 바둑학원 학생 모집 현수막이 눈에 띄기도 했고 실제 바둑학원으로 몰린 초등생이 많아졌다는 기사도 나왔다.

업적에만 치중된 위인전 읽기의 문제

:

이와 같은 현상이 벌어지는 이유가 무엇일까. 위인전을 읽을 때에 그 인물의 업적에만 치중하여 읽기 때문이다. 위인전을 읽으면 자연스럽게 본받을 점을 찾아야 한다는 선입견 때문인지 독서지도를 하는 이의 질문이 그렇게 흘러가는 경우도 있다. 어떤 점이 훌륭한지, 어떤 점을 배워야 하는지 말이다. 그런 질문을 받은 아이들은 어쩔 수 없이 인물의 '업적'을 가장 먼저 떠올린다. 업적은 표면에 드러나 있지만 그 업적을 이루기까지의 노력이나 인물의 가치관과 고뇌는 잘 드러나 있지 않기 때문이다.

부모 세대의 위인전은 특히 더욱 업적 중심의 내용이 주를 이루었다. 세종대왕은 한글 창제, 에디슨은 전구, 장영실은 측우기가 자동 반사로 떠오르는 것만 보아도 알 수 있다. 사실 그나마 실제와 다르거나 인물이 이룬 일 중의 극히 일부부인 경우가 많다. 그런데 지금도 그러한 위인전 읽기가 지속되고 있다.

그런데 실제로는 위인전을 읽고 감동받았다거나 정말 훌륭해서 꼭 본받고 싶다는 아이들을 찾아보기는 힘들다. 다수의 아이들은 위인전을 재미없어 하거나 오히려 인물의 행동을 의아하게 생각하기도 한다.

하나의 예로 얼마 전 수업한 '장기려' 위인전 이야기를 해 보려고 한다. 장기려 선생님은 의사로 한국 전쟁으로 인해 가족과 헤어진 상처를 안고도 평생 환자들을 위해 희생하신 분이다. 청십자의료조합을 만들고 간대량(肝大量) 절제술을 성공하는 등의 의학 분야 업적도 많이 남기셨다.

이 책을 읽은 초등 4학년 아이들의 반응은 모두 비슷했다. '책이 지겹다, 어

장기려 박사(출처 : 장기려 기념관)

렵다, 장기려 선생님이 한 일이 이해가 되지 않는다. 왜 도둑에게 돈을 주었는지 생각할수록 이상하다' 등의 반응이었다.

장기려 선생님의 삶을 보면 아이들 반응이 충분히 이해가 된다. 길가다 만난 거지를 보고 잔돈이 없어 그 날 받은 월급인 수표를 전부 주는가 하면 집에 든 도둑이 책을 가져가자, 그것은 필요 없을 테니 다른 것을 가져가라고도 하고, 도둑이 놓고 간 물건을 쫓아가 전해 주었다는 일화도 있다. 간대량 절제술을 성공하여 해외에서 상을 받으신 것을 비롯해 여러 상을 받을 기회가 있었지만 그 시간에 환자를 돌보는 것이 옳다고 생각하여 상을 거부하셨다. 가난 때문에 치료받지 못하는 사람들이 많은 것을 가슴 아파하시며 지금의 건강보험의 시초가 되는 청십자의료보험도 만드셨다. 나라에서 배려하여 북한에 있는 가족을 만날 기회도 있었으나 의사의 특권으로 다른 이를 제치고 먼저 갈 수 없다며 거절하시기도 했다.

아이들이 장기려를 읽고 '훌륭하다'거나 '배울 점이 있다'고 느끼지 못하는 이유는 바로 그 업적의 위대함은 보통 사람은 하기 힘든 위대함이기 때문이다. 더불어 당시 나라의 상황, 사회 모습 등의 이해가 선행되지 못한 것도 이유이다. 의료보험제도에 대해 자세히 알지 못하는 아이들이 청십자의료보험을 이해하기는 어렵다. 비교적 풍요롭게 자라고 자신의 것에 대한 구분이 명확한 요즘의 아이들 눈에는 남을 위해 평생을 희생하고 돈 없는 환자를 그냥 보내준 장기려 선생님의 행동이 그저 '바보 같아' 보였을 수도 있다. 사회적 배경이나 상황에 대한 배경지식을 알려준다고 해도 직접 경험하지 못한 아이들은 그 당시 상황을 이해하는데 한계가 있다.

유명한 독립운동가인 안중근의 이야기도 '업적'중심으로만 읽게 하면 아이들은 혼란스러워 할 수 밖에 없다. 만약 안중근의 업적이 조선을 침략한 이토 히로부미를 사살한 것이라고 한다면 일제강점기라는 시대적 상황을 고려한다고 하더라도 아이들은 선뜻 무엇을 본받아야 하는지 구체적으로 생각하기 힘들 것이다. 그 외 김구나 유관순 등의 일제강점기 인물들 또한 훌륭한 분이심에 틀림없지만 '업적'을 배워야 한다면 무엇을 배워야 하는 것인지 의아해 할 것이다. 지금은 일제강점시대, 즉 같은 상황이 아니기 때문이다.

업적 중심으로 읽으면 안 되는 다른 이유도 있다. 위인에 대한 평가는 시대에 따라 달라진다. 위대한 정복자라고 평가되었던 나폴레옹이 정말 정복자인지 침략자인지에 대한 논의는 이미 한참 전부터 있었다. 콜럼버스가 신대륙을 발견한 위대한 세계사적 인물인지 구대륙을 침범한 침략자인지도 따져보아야 한다고들 한다. 조선의 과학 발전에 힘쓴 이가 장영실 한 사람만 있는 것도 아니다. 흔히 이순신이 거북선을 만들었다고 알고 있으나 이순신은 장군이지 과학자가 아니기에 혼자 만들었을 리는 없다. 임진왜란 또한 수많은 영웅들이 이끈 전쟁이지 이순신 혼자 이긴 것은 아니다.

물론 언급한 위인들의 평가가 잘못되었다거나 훌륭하지 않다는 뜻은 아니다. 업적 중심의 위인전 읽기는 비판적 사고 없이 그 사람이 한 일을 무조건 '선(善)'이라고 이해하도록 하기에 위험하다는 뜻이다. 또한 뚜렷한 업적이 있는 위대한 '한' 사람만의 영웅만을 기억하게 하고 그 이면에서 피땀 흘린 이들을 기억하지 못하게 한다는 점에서도 업적 중심의 위인전 읽기는 위험하다.

가치관과 삶의 태도를 살피는 위인전 읽기

:

그렇다면 어떻게 읽어야 할까. 갈수록 나아지고 있기는 하나 여전히 인물의 특정 일화나 주요 업적 중심으로만 서술된 위인전이 많다. 내용이 많이 요약된 저학년용 책이라면 더욱 그렇다. 축약은 오해를 전제로 한다. 일부러 업적만을 내세우려고 하지 않았어도 그 내용만 나온다면 아이들은 그게 전부라고 오해할 수 있다.

그렇다면 업적 중심으로 읽기보다는 그 인물의 가치관이나 삶의 태도를 중심으로 읽도록 도와야 할 것이다. 그 인물이 어떠한 시대에 살았는지, 그 인물이 한 일은 그 시대와 어떠한 연관이 있는지, 그의 업적이 그 당시에는 어떤 의미가 있었는지 생각하며 읽게 하는 것이다.

이런 면을 고려했을 때에 위인전은 어느 정도 비판적 사고를 할 수 있고 여러 인물이 처한 역사적 배경을 조금씩 이해할 수 있는 최소 4학년 이상에서 읽는 것이 적당하다. 어떤 학부모는 초등 저학년 때 위인전 한 세트를 읽고 는 '다 뗐다.'라는 표현을 하기도 하는데 책읽기에 있어 어느 한 분야를 한 시기에 다 끝낸다는 것은 있을 수 없는 일이다.

더구나 저학년 대상 도서는 축약도 심하고 앞서 말한 대로 일부 일화나 업적만 간략히 서술해 놓아 아이들이 위인에 대한 왜곡된 시선을 가질 수 있다. 또한 요즘은 책 출판 분위기를 보아도 그러하듯이 위인전이라는 말보다는 '인물 이야기'라고 부르는 것이 바람직하다. 용어만 달라져도 인물을 객관적으로 평가할 수 있는 시선을 가질 수 있다.

부모가 진정한 위인

어느 가정이나 한 세트 정도는 있는 위인전. 내 아이가 훌륭하게 자라기를 바라는 막연한 마음에 한 세트 정도는 읽었으면 하지만 정말 위인이 누구인지 생각해 보아야 하지 않을까. 진정한 위인은 우리 부모들, 나아가 어른들이어야 한다. 위인 전집을 들여놓아 두 세트, 세 세트 읽었다고 하여도, 날마다 같이 생활하는 부모에게서 본을 찾을 수 없다면 아이는 부모가 바라는 '훌륭한' 사람이 될 수 없을 것이다. 부모가 삶으로 보이지 않고 책에서만 배우도록 한다면 아이는 오히려 혼란을 느낄 수 있다.

어릴 적 그렇게 위대해 보였던 부모도 나이가 들어감에 비례해 그저 나약한 한 인간임을 알게 된다. 하지만 그렇기 때문에 우리를 키워내신 그 사랑과 노력이 얼마나 '위대한지' 더 잘 알게 된다. 위인은 멀리 있지 않다. 진정한 어른이 없고 진정한 스승이 없는 이 시대에 '위인전' 안에서만 위인을 찾기를 바라는 것은 난센스가 아닐까.

★ **위인전을 바르게 읽게 하기 위한 질문**

1. 인물이 살던 시대는 어떤 상황이었니?
2. 인물이 그 일을 하는데 도움이 된 사람이 있다면 누구일까?
3. 인물이 그 일을 한 이유가 무엇일까?
4. 인물이 그 일을 하기 위해 포기한 것이 있다면 무엇일까?
5. 인물의 성격을 보았을 때에 지금 우리가 사는 시대에 살았다면 어떻게 살았을 것 같니?
6. 인물이 그 일을 하지 않았다면 우리 생활은 어떻게 달라졌을까?
7. 인물이 그 일을 이룬 것에 대해 어떻게 생각하니?
8. 인물의 좌우명은 무엇이었을까?
9. 인물이 그런 일을 할 수 밖에 없었던 이유가 있다면 무엇일까?
10. 인물이 한 일을 평가해 보자.

5

교과연계도서 읽기,
바르게 알고 읽자

교과연계도서 읽기 열풍

:

새 학년이 되거나 교과서가 바뀌면 온라인 커뮤니티 여기저기에서 교과수록 도서목록을 찾는 엄마들을 쉽게 볼 수 있다. 유명한 전집 출판 회사들도 우리 회사에서 출판한 전집들의 제작 기준이 '교과연계'라는 것을 강조하며 판매에 열을 올리기도 한다. 서점을 가도 가장 먼저 눈에 띄는 입구 판매대에 있는 도서를 보면 3학년 과학 동화, 2학년이 꼭 읽어야 할 위인, 5학년 교과서 수록도서 등의 이름을 훈장처럼 달아놓고 엄마들의 손길을 기다린다. 예전에 대형 서점에 갔다가 서가에 꽂힌 책보다 교과연계도서라고 표시된 곳의 책들이 주로 팔리고 있는 현장을 보기도 하였다.

많은 학부모가 교과연계도서를 찾는 이유는 무엇일까? 아마도 그 중에 한 가지는 교과와 연계된 책을 읽히면 공부도 잘 할 것이라는 막연한 공식이 있기 때문이 아닐까 한다. 특히 어떤 책을 골라 읽혀야 할 지 잘 모르는 학부모들에게는 교과연계도서는 마치 친절한 책 선택 안내서처럼 느껴질지도 모르겠다. 더구나 요즘은 아이들이 어른보다 더 바쁘기 때문에 '경제적' 책읽기를 하게 하려는 의도도 보인다. 책을 많이 읽히라는 이야기는 상식처럼 알고 있으나 막상 그 많은 책을 어떻게 읽히나 싶을 때 교과연계도서를 읽으면 왠지 딱 필요한 것만 경제적으로 읽을 것 같은 느낌이 드는 것도 사실이다.

하지만 교과연계도서를 읽힐지 말지는 중요한 문제가 아니다. 바르게 알고 읽힌다면 효과를 거둘 것이고 그렇지 않다면 의미 없을 것이다. 우선 교과연계도서가 무엇인지 간단히 설명하려고 한다. 교과연계도서는 말 그대로 교과서에 수록된 작품의 원작, 혹은 교과서에서 배우는 내용과 연계된 내용의 책을 말한다.

초등학교 1, 2학년 과정에는 국어와 수학, 통합교과라는 과목이 있다. 3학년~6학년은 국어, 수학, 사회, 과학, 영어 외 예체능이 몇 과목 더 있다. 초등에서는 깊이보다는 다양성을 추구하므로 모든 학문의 기본을 맛보기 하듯이 배운다. 그리고 그 다양한 학문과 관련된 책들이 교과연계라는 이름이 붙은 도서가 된다.

모든 어린이책은 교과연계도서이다

그런데 '교과연계'도서라는 이름이 붙은 도서만 교과연계도서는 아니다. 다음은 2017년도의 교육 과정 중 3학년~6학년 사회과 과정의 대단원만 정리한 내용이다.

학년	1학기	2학기
3학년	1. 우리가 살아가는 곳 2. 이동과 의사소통 3. 사람들이 모이는 곳	1. 우리 지역, 다른 지역 2. 달라지는 생활 모습 3. 다양한 삶의 모습들
4학년	1. 촌락의 형성과 주민 생활 2. 도시의 발달과 주민 생활 3. 민주주의와 주민 자치	1. 경제생활과 바람직한 선택 2. 사회 변화와 우리 생활 3. 지역 사회의 발전
5학년	1. 살기 좋은 우리 국토 2. 환경과 조화를 이루는 국토 3. 우리 경제의 성장과 발전 4. 우리 사회의 과제와 문화의 발전	1. 우리 역사의 시작과 발전 2. 세계와 활발하게 교류한 고려 3. 유교 문화가 발달한 조선
6학년	1. 조선 사회의 새로운 움직임 2. 근대 국가 수립을 위한 노력과 민족운동 3. 대한민국의 발전과 오늘의 우리	1. 우리나라의 민주 정치 2. 이웃 나라의 환경과 생활 모습 3. 세계 여러 지역의 자연과 문화 4. 변화하는 세계 속의 우리

내용을 보면 알겠지만 '사회'라는 이름 아래 다양한 영역을 배운다. '나'를 중심으로 시작하여 나를 둘러싼 고장을 넘어서 우리나라의 역사까지 영역이 점점 확대되어 간다는 것을 알 수 있다.

그 중에서 한 단원만 살펴보자. 4학년 1학기 3단원은 '민주주의와 주민 자치'이다. 이와 관련된 도서는 찾아보면 시중에 많이 있다. 예를 들어 『정치야 정치야 나 좀 도와줘』(박신식 글, 삼성당)이나 『세상에서 가장 가난한 대통령 무히카』(미겔 앙헬 캄포도니코 글, 올파소), 『국회의원 서민주, 바쁘다 바빠!』(안점옥 글, 사계절), 『강직한의 파란만장 시장 도전기』(김찬곤 글, 사계절) 등이다.

과학과도 살펴보자.

학년	1학기	2학기
3학년	1 우리 생활과 물질 2 자석의 이용 3 동물의 한살이 4 지표의 변화	1. 동물의 생활 2. 지층과 화석 3. 액체와 기체 4. 소리의 성질
4학년	1 무게 재기 2 식물의 한살이 3 화산과 지진 4 혼합물의 분리	1. 식물의 생활 2. 물의 상태 변화 3. 거울과 그림자 4. 지구와 달

5학년	1. 온도와 열 2. 태양계와 별 3. 식물의 구조와 기능 4. 용해와 용액	1. 우리 몸 2. 용해와 용액 3. 물체의 속력 4. 태양계와 별
6학년	1. 지구와 달의 운동 2. 생물과 환경 3. 렌즈의 이용 4. 여러 가지 기체	1. 생물과 우리 생활 2. 전기의 작용 3. 계절의 변화 4. 연소와 소화

　과학의 영역에 속하는 물리, 지구과학, 화학, 생물 등에 해당하는 단원이 3~6학년에 걸쳐 고루 분포되어 있다. 이 또한 사회과처럼 시중에서 구할 수 있는 많은 도서들이 초등에서 배우는 내용과 연계가 된다.

　3학년 1학기 2단원에서 배우는 '자석의 이용'을 예로 들어 보면 『자석총각 끌리스』(임정진 글, 해와나무)이나 『자석과 전기』(박종규 글, 지경사 펴냄), 『길버트가 들려주는 자석 이야기』(정완상 글, 자음과모음) 등이 있다.

　사회/과학과 단원명과 예시로 도서명을 언급한 이유가 있다. 두 단원만 예로 들었지만 사실 동네 도서관이나 서점에서 쉽게 구할 수 있는 책들은 대부분 교과연계도서라는 사실을 말하기 위해서이다. 국어교과서에 수록된 수많

은 작품들도 마찬가지이다. 일부러 찾지 않아도 아이가 지금 읽고 있는 책이나 읽었던 책, 도서관이나 서점에서 쉽게 구할 수 있는 책들이 대부분 교과연계도서이다. 즉, 우리 아이 독서지도가 잘 되고 있다면 굳이 교과연계도서를 따로 찾아 읽을 필요는 없다.

교과연계도서 읽기의 위험성

교과연계도서에 집중할 필요가 없는 이유가 또 있다. 온라인에서 검색만 하면 교과연계도서를 쉽게 찾을 수 있지만 의외로 또 잘 정리된 것은 찾기 어렵다. 교과서가 개정되면 더욱 그렇다. 그럴 때 엄마들이 유혹에 빠지는 것이 바로 전집 구매이다. '교과연계'라는 이름을 달고 나오는 사회 전집, 과학 전집이 엄마들을 유혹한다. 심지어 문학작품까지도 교과연계라며 전집으로 묶여 나온다.

하지만 도서관, 서점 등 아이 주변에 있는 모든 도서가 교과연계도서임을 말했듯이 굳이 무리해서 전집을 들일 필요는 없다. 전집이 무조건 나쁘다는 것이 아니라 도서 선택의 지혜를 갖자는 것이다.

교과연계도서 읽기에만 집중하면 다양한 작품 감상의 기회를 놓칠 수 있는 것도 문제이다. 예를 들어 중학교 교과서에 단골손님처럼 수록되는 고전 중 한 가지로 '홍길동전'이 있다. 그래서인지 어른이나 아이들이나 '홍길동전'은 읽어봤다고 하고 각 가정에 한 권쯤은 구비하고 있다. 그런데 생각해 보자. 고전이 홍길동전만 있는가. 전우치전, 구운몽, 사씨남정기, 심청전 등 매우 다양하다. 그런데 교과서에 많이 실렸다는 이유로 홍길동전만 읽는 것은 책읽기가 아니라 그저 공부의 연장일 뿐이다.

교과연계도서 읽기에 치중하는 것이 위험한 가장 큰 이유는 우리 아이를 책에서 멀어지게 할 수 있다는 점이다. 어디선가 구한 교과연계도서 목록표를 보면 엄마는 그 목록대로 책을 읽히려고 할 것이다. 그런데 교과연계도서는 우리 아이 현재 독서력과 맞지 않을 때가 많다. 학년이 같은 아이들도 독서력은 저마다 다르다. 아이 독서교육을 잘 하는 비결 중 한 가지는 현재 우리 아이의 독서력과 관심사에 맞는 책을 읽도록 돕는 일이다. 그런데 교과 연계 도서는 아이 독서력에 맞지 않을 수도 있고 아이 관심사와 전혀 다른 책일 수도 있다.

앞에서 사회, 과학과의 한 단원과 연계된 도서 이름 몇 가지를 적었다. 그런데 그 책들은 그 해당학년 수준과 맞지 않는 것도 꽤 있다. 4학년 연계도서인데 어떤 책은 저학년 수준인가 하면 어떤 책은 중학생에게 적당하기도 하다. 그 이유는 대부분 교과연계도서는 말 그대로 그 학년, 그 과목에서 배우는 '주제'와 연계된 내용이 있다면 수준과 상관없이 선정하는 경우가 있기 때문이다.

따라서 교과연계도서를 꼭 읽히고 싶다면 도서가 아이 독서수준과 흥미에 맞는지 반드시 고려해 보아야 한다. 교과연계도서를 읽히는 목적을 성적 향상에 두어서도 안 된다. 아이가 현재 읽고 있는 책, 시중의 모든 책이 모두 교과연계도서라는 것을 기억하고 그저 '바른 독서지도'에 힘쓰기를 바라는 마음이다.

국어교과 수록도서를
읽는 이유

앞 장에서 교과연계도서 읽기는 큰 의미가 없다는 것을 이야기하였다. 그런데 이 장에서는 '국어 교과서에 수록된 작품을 읽는 이유'를 이야기하고자 한다. 의미를 모르고 읽힌다면 독이 되는 것이 교과연계도서이지만 잘 알고 읽도록 돕는다면 어느 정도 효과를 거둘 수 있는 점도 분명히 있기 때문이다.

원작을 읽었다는 오해 또는 착각

『몽실 언니』(권정생 글, 창비)라는 작품이 있다. 1984년에 출간된 이 작품은 대한민국 국민이라면 모두 읽어야 할 우리의 아픈 역사와 역사 속의 우리를 그

리고 있다. 주인공 몽실이는 동생 난남이를 업어 키
우며 한국 전쟁 시대를 살아간다. 우리 시대 수많은
몽실이를 대변하는 주인공의 모습에서 깊은 아픔이
느껴지기에 많은 이들의 사랑을 받은 작품이기도 하
다. 어린 몽실이가 겪는 온갖 고난과 아픔을 따라가
다 보면 너무도 안쓰러워서 책 속으로 들어가 안아
주고 싶을 지경이다.

그런데 나는 부끄럽게도 성인이 되어 독서지도를 시작하면서 원작을 처음
읽었다. 그 동안 몽실 언니를 읽었다고 착각하고 있었음은 원작을 읽는 내내
여실히 드러났다. 무엇보다 원작을 읽으면서 몽실이에게 거듭 닥치는 시련들
에 놀라고 가슴 아파 훌쩍이면서 과연 내가 알고 있던 몽실 언니는 어떤 이
야기였나 의심하지 않을 수 없었다. 기억을 되돌려보니 내가 몽실 언니를 읽
었다고 오해하고 있던 이유는 바로 중학교 때 국어 교과서에 작품 일부가 실
려 있었기 때문이다. 정확히 기억은 나지 않으나 아마도 몽실이가 동생 난남
이를 업고 고생하던 몇 장면들이 실렸던 것 같다.

국어를 좋아했던 나는 학창 시절 국어 성적이 늘 상위권이었다. 하지만 원
작을 읽지 않은 상태에서 일부 지문만 읽고 공부한 후 문제를 맞혔다고 해서
그 작품을 이해했다고 할 수는 없다. 더구나 4지선다 혹은 5지선다가 대부분
이었고 이미 뚜렷한 학습 목표를 기반으로 작품의 주제나 소재 등을 미리 배
웠기 때문에 원작을 읽지 않아도 좋은 점수를 받을 수 있었다.

게다가 그 경험 때문에 원작을 읽었다고 착각하고 있었으니 이는 비단 나
뿐만은 아닐 것이다. 『몽실 언니』를 비롯해서 교과서에 자주 실렸던 『어린 왕

자』를 비롯한 몇몇 명작과 고전들을 읽었다고 말하는 사람들이 많다. 하지만 가만 들여다보면 지극히 일부 내용만 알고 있는 경우도 있다. 학창 시절 교과에서 일부를 맛보았기 때문일 것이다. 그렇게 우리는 교과서 덕분(?)에 작품의 원작의 의미를 잘 모르고 제대로 감상조차 못했다. 그리고 이 사실은 지금 초등학교에서도 똑같이 재현되고 있다.

원작의 본래 의미와 상관없는 국어과 지문

『숨은 쥐를 잡아라』(보물섬 지음, 웅진주니어)라는 도서는 2017년 교육과정 4학년 1단원에 수록되어 있다. 이 책은 '집에 숨은 과학'이라는 부제처럼 집의 구조나 특징 등에 대해 알려주는 지식정보책이다. 다만 많은 어린이 지식정보책이 그러하듯이 아이들의 흥미를 끌고 지식을 쉽게 전달해 주기 위하여 문학적 요소, 즉 '스토리'를 가미하였다. 달궁이네 가족이 쥐를 잡기 위해 온 집안을 구석구석 다니면서 집에 대하여 자세히 알게 된다는 설정이다.

이 도서를 바르게 읽으려면 이야기도 즐겨야 하지만 무엇보다 책 중간 중간 나오는 집에 대한 설명들도 읽어야 한다. 그런데 국어 교과서에 이 작품이 실린 목적은 '등장인물의 성격을 파악하기' 위해서이다. 등장인물의 성격이 워낙 뚜렷한 작품이라 이 작품이 선정되지 않았나 싶다. 그래서 이 책에서 중요한 '집'에 대한 과학적 사실은 교과서에 아예 실려있지 않다. 결국 아이들이 원작을 읽지 않고 교과에 수록된 작품만 읽는다면 이 책의 갈래는 물론이고 전체 줄거리와 책이 전하고자 하는 '집의 구조'에 대한 과학적 지식을 얻을 수 없다.

개정 전 5학년 1학기 4단원에 수록되었던 『받은 편지함』(남찬숙 글, 우리교육)이라는 작품도 살펴보고자 한다. 주인공 순남이는 어렵고 힘든 환경에서 살고 있지만 우연히 읽은 책의 작가 선생님과 이메일을 주고받게 되면서 생활의 활력을 얻는다. 더불어 자신보다 잘나 보여 멀게만 느껴졌던 친구와 가까워지

면서 위로받고 성장한다. 교과서에 이 작품이 실린 목적은 '서평 쓰기'를 배우기 위함이었는데 서평은 나오지만 작품이 실려 있지 않다. 결국 서평만 읽으면 서평 내용도 완전히 이해하지 못할뿐더러 오히려 작품의 본래 주제를 왜곡해서 받아들일 우려가 있다. 작품 자체를 보기 전에 남이 쓴 서평을 먼저 읽으면 자신도 모르는 사이 작품의 의미를 잘못 받아들일 수 있다는 사실은 책 읽기를 하는 이들이라면 알 것이다.

『빨강연필』(신수현 지음, 비룡소 펴냄)이라는 작품 또한 국어 교과서에 수록된 적이 있다. 무엇이든 술술 써지는 요술 연필을 갖게 된 민호가 잠시의 유혹에 흔들리기도 하지만 자신의 마음을 열고 진심을 보이는 법을 배운다는 이야기이다. 가족 안에서의 상처를 치유해 가는 민호의 성장도 아름답게 다가온

다. 이 작품이 교과에 수록되면서 아이들이 배울 학습 목표는 '말하는 이의

관점'을 찾는 것이었다. 그 관점은 '거짓말을 하는 것은 잘못된 것이다.'이다.

하지만 이 작품의 주제는 '거짓말을 하는 것은 나쁜 것이다'가 아니다. 저절로 글이 써지는 빨강 연필로 인해 민호가 거짓 글을 쓰게 되면서 잠시 '거짓말'을 한 것은 사실이지만 그것은 작품의 주제 전달과 흐름을 위해 나온 내용의 일부이다. 오히려 민호는 그 거짓말을 포함한 일련의 사건들로 진심을 말하는 법을 배우며 한층 성숙해진다.

간혹 어떤 작품은 교과서에 실리면서 재미가 덜해지는 것도 있다. 요즘은 좀 나아졌지만 예전만 해도 교과서에 실리기 위해 원작의 상당 부분이 수정되거나 표현이 완곡해지는 경우가 많았다. 문학작품에서 허용되는 등장인물들의 비속어 등은 비교적 보수적인 교과서에 실리는 순간 완곡한 표현으로 바뀐다. 실제 작품의 독자보다 더 어린 독자들이 읽어야 하는 학년에 실리게 되면 그 학년에 맞추느라 내용의 수정 또한 이루어진다. 특히 그림책의 그림은 글만큼이나 작품 이해와 감상에 중요한데 교과서에 실리면서 삽화가 밋밋하게 다시 그려지는 경우도 있다.

원작 읽기의 소중함

⋮

국어 교과서에 수록된 작품의 원작을 읽어야 하는 이유는 결국 책의 본래 갈래를 알고 그 갈래의 특성에 맞게 책을 잘 이해하기 위함이다. 문학이라면 그 본질적 요소 그대로, 저자가 전하는 요소 그대로 받아들여야 한다. 작품을 있는 그대로 이해하고 감상할 수 있는 자유도 얻어야 한다. 앞에서 말한 여러 이유는 차치하고라도 원작 전체가 아니라 일부가 실렸다는 사실 한 가지만으로도 작품에 대한 온전한 감상의 기회를 빼앗긴 것이나 마찬가지이므로 원작을 읽을 기회를 주어야 한다.

초등 저학년 교과서에는 간혹 원작의 내용 전부가 실릴 때도 있다. 그런 경우라면 군이 원작을 찾아 읽어야 하나 의아하기도 할 것이다. 하지만 원작보다 단 1%라도 달라진 점이 있다면 내용이 다 실렸다고 해도 분명 원작을 감상하는 것과 완전히 같지는 않을 것이다. 책은 글자라는 텍스트 뿐 아니라 그 책 한 권이 온전히 하나의 작품이 된다. 표지의 그림, 재질, 책의 판형, 작가의 서문과 맺음말, 전체 구성 등이 모여 하나의 책이 되고 그 모든 것이 책 한 권을 온전히 감상할 수 있도록 돕는다는 점을 생각한다면 반드시 원작을 읽어야 한다.

과학도서 읽기로
진짜 실력 키우기

나누어 배워 어려운 과학

:

초등학교 때의 성적은 무의미하다. 실제 이해력이나 공부력과 상관없이 문제집 풀기를 반복하면 웬만큼의 성적은 거둘 수 있다. 이것이 가능한 이유는 초등에서 배우는 각 과목의 영역은 고등학교까지를 기준으로 보았을 때는 극히 일부분이기 때문이다. 그래서 아이의 성적만 보고 공부 좀 하는구나 안심하다가 중학생이 되면서부터 성적이 급속 하락하여 놀라는 경우도 종종 본다.

그리고 어느 순간부터 성적이 급락하는 여러 이유 중 한 가지는 가짜 공부를 해왔기 때문이다. 가짜 공부는 문제집 요약 내용 암기와 문제풀이 반복으로 문제집에 나온 딱 그 정도의 지식만 함양하는 것이다. 이해를 바탕으로 한 것이 아니라 단편 지식만 암기하는 것도 가짜 공부이다. 진짜 공부는 교과의 내용이 전부가 아님을 알고 책읽기를 통해 이해를 바탕으로 공부하는 것이다. 오늘 공부는 넓은 밭에 씨앗 하나 뿌렸을 뿐임을 알고 당장 싹이 나지 않음을 조급해 하지 않는 공부이다.

진짜 공부를 할 수 있는 방법 중 최고는 역시 책읽기이다. 아래 교과 내용을 통해 좀 더 자세히 살펴보려고 한다.

학년	1학기	2학기
3학년	1. 우리 생활과 물질 화학 2. 자석의 이용 물리학 3. 동물의 한살이 생물 4. 지표의 변화 지구화학	1. 동물의 생활 생물 2. 지층과 화석 지구화학 3. 액체와 기체 화학 4. 소리의 성질 물리학
4학년	1. 무게 재기 물리학 2. 식물의 한살이 생물 3. 화산과 지진 지구화학 4. 혼합물의 분리 화학	1. 식물의 생활 생물 2. 물의 상태 변화 화학 3. 거울과 그림자 물리학 4. 지구와 달 지구화학
5학년	1. 온도와 열 화학 2. 태양계와 별 지구화학 3. 식물의 구조와 기능 생물 4. 용해와 용액 화학	1. 우리 몸 생물 2. 용해와 용액 화학 3. 물체의 속력 물리학 4. 태양계와 별 지구화학
6학년	1. 지구와 달의 운동 지구화학 2. 생물과 환경 생물 3. 렌즈의 이용 물리학 4. 여러 가지 기체 화학	1. 생물과 우리 생활 생물 2. 전기의 작용 화학 3. 계절의 변화 지구화학 4. 연소와 소화 화학

과학은 이렇게 물리, 지구과학, 화학, 생물학 등 여러 영역으로 나뉜다. 그리고 각 영역은 커다란 하나의 숲이라고 할 수 있다. 그런데 초등학생의 발달 단계나 학습력 등을 고려하여 하나의 분야에 해당하는 내용을 위와 같이 각 학년에 나누어서 학습하게 된다. 예를 들어 '화학'영역에 해당하는 내용을 보면 3학년부터 6학년까지 조금씩 나누어 배운다는 것을 알 수 있다.

그런데 이런 점이 오히려 아이들에게 혼란을 주기도 한다. 하나의 영역을 나누어 배우다보니 큰 그림을 그리기 어려워하는 것이다. 본래 숲을 보고 나무를 보아야 하는데 나무부터 보는 격이다.

다 안다는 오해

:

책읽기 없는 문제풀이식 공부는 다 아는 것이 아닌데 다 안다는 오해를 갖게 한다. 예를 들어 3학년 1학기 3단원 '동물의 한살이' 학습을 마치고 나면 동물에 대해 다 안다고 생각하기 쉽다. 해당 단원에서는 '배추흰나비의 한 살이'와 '여러 가지 동물의 한 살이'를 배운다. '동물'에 해당하는 것이지만 전부는 아니다. 그런데 일단 '동물'을 배웠으니 그 분야에 대해 다 안다고 오해하기 쉽다.

대부분의 아이들은 공부를 문제집으로 한다. 학습 목표와 각 단원에서 배울 내용을 먼저 큰 시선으로 볼 수 있는 교과서는 미뤄두고 일단 문제집부터 편다. 문제집은 교과서의 내용을 요약해 놓고 그 요약 내용을 공부한 후에 문제를 풀도록 되어 있다. 요약되어있을 뿐만 아니라 요즘 문제집은 중요하다는 별 표시와 형광펜 표시, 밑줄까지 되어 있다. 단언하건데 아이보다 공부를 잘하는 사람은 그 문제집을 만든 사람일 것이다.

정리하자면 초등 과학 교과는 학문의 큰 숲을 먼저 보여주고 나무를 보여주는 형식이 아니라 쪼개고 쪼개서 단절된 일부분만 보여준다는 것, 더구나 아이들은 그조차 요약된 문제집으로만 공부하면서 진짜 지식이 아닌 단편 지식만을 습득하고, 그것만 알면 그 분야는 다 안다고 오해한다는 것, 이것이 현재 많은 초등 아이들의 공부 방식이자 한계이다.

과학도서 읽기만이 진짜 지식함양의 길

그렇다면 어떻게 해야 바른 과학 지식을 함양할 수 있을까. 답은 이미 나왔다. 위 단절된 지식을 모아 하나로 보여주는 책을 읽어야 한다. 그것이 진짜 공부이다. 과학도서 읽기의 목적이 '성적 향상'이어서는 안 되지만 잘 읽으면 성적 향상은 당연한 결과로 돌아온다.

물론 모든 과학도서도 한 분야를 다 아울러 보여주지는 않는다. '동물'에 대해 전부 나오는 것이 아니라 동물 중에서도 '배추흰나비'에 대해서만 나오기도 한다는 뜻이다. 그럼에도 불구하고 책읽기는 의미 있다. 교과서보다 설명과 삽화가 풍성하다는 점에서 그렇다. 삽화가 많고 내용 서술이 긴 책보다 문제집에 짧게 정리된 내용이 쉬울 것 같지만 절대 그렇지 않다.

예를 들어 보자. 4학년 1학기 3단원 '화산과 지진'에서 '화산'에 대한 설명은 교과와 문제집에서 대체로 아래와 같이 한 문장으로 서술되고 만다.

화산은 땅속 깊은 곳에서 암석이 높은 열에 의하여 녹은 마그마가 분출하여 생긴 지형이다.

위 내용을 읽고 화산에 대해 다 알 수 있을까? 무작정 암기하여 당장 시험 성적을 잘 받을 수는 있겠지만 제대로 이해할 수는 없을 것이다. 땅속 깊은 곳의 암석에 대해서도 알아야 할 것이고 마그마는 어떻게 생기는지, 분출이란 무엇인지, 지형은 무엇인지 알아야 한다. 더 들어가서는 땅 속에서 그런 변화가 일어나는 이유를 알기 위해 지구의 구조에 대해서도 알아야 한다.

이런 점들을 자세히 서술해주는 것이 바로 '책'이다. 화산과 관련된 책 중에서 『부글부글 땅 속의 비밀 화산과 지진』(함석진, 신현정 글, 웅진주니어)이라는 책이 있다. 이 책은 지구의 구조부터 마그마의 탄생 과정까지 상당히 많은 페이지를 할애하여 설명해 준다. 더불어 아이들이 이해하기 쉽도록 '마그마'가 귀여운 캐릭터로 표현되어 화산과 지진에 대해 알려준다는 설정도 아이들의 이해를 돕는다. 이렇게 문제집에 한 문장으로 설명된 것을 자세히 설명해 주어 바른 이해를 돕는다는 점은 책이 가진 큰 장점이다.

이해를 돕기 위하여 화산 분출물 중 '용암'에 대해 설명된 부분을 살펴보려고 한다.

문제집의 일반적 설명	『부글부글 땅 속의 비밀 화산과 지진』 책의 서술
용암 : 화산이 분출할 때 땅 위를 흐르는 붉은색의 물질로 마그마가 지표면을 뚫고 나온 것임.	와, 드디어 시뻘건 액체가 땅 위로 흘러나와! 마치 검붉은 혓바닥이 날름대는 것 같아. 이것은 용암이야. 화산 가스를 빠져나간 마그마가 땅 밖으로 흘러나온 것을 용암이라고 해. 용암은 섭씨 800도가 넘어서 공기에 닿으면 겉이 딱딱하게 굳어. 하지만 안쪽은 딱딱하게 굳은 겉이 공기를 차단하므로 용암이 액체 상태로 계속 흐르게 돼. 그런데 안쪽에서 용암이 계속 흐르다보면 딱딱하게 굳은 겉이 갈라져. 그러면 갈라진 사이로 용암이 드러나고 드러난 용암의 겉이 또 굳고, 안쪽으로 용암이 흐르면서 겉이 또 갈라지지. (62쪽, 이하 생략)

용암에 대한 설명만 보아도 문제집에 간략히 설명된 것보다 책의 서술이 훨씬 친절하고 자세하다는 것을 알 수 있다. 지면상의 문제로 일부만 실었지만 실제 책에는 용암에 대한 이야기가 계속 이어진다. 그리고 삽화가 이해를 더 돕는다.

용암에 대한 짧은 내용을 이해 없이 무조건 암기하는 것과 책에 서술된 긴 내용을 읽는 것 중에서 어떤 방식이 더 용암에 대해 잘 이해할 수 있을까? 어떤 것이 진짜 지식을 함양할 수 있을까? 암기형 공부는 점수를 잘 받아도 진짜 지식이라고 할 수 없다는 사실을 이해했으리라 믿는다.

시험만 보고 돌아서면 잊는 가짜 공부는 학년이 오를수록 더 힘든 공부가 된다. 교과 공부는 아래 학년에서 배우고 이해한 것의 바탕 위에 새로운 학년의 지식을 쌓아야 한다. 즉, 아래 학년의 지식을 제대로 이해한다는 전제하에 다음 학년의 공부도 의미가 있다. 그런데 책을 읽지 않고 문제집만 푸는 이런 공부법은 학 학년의 교과를 제대로 이해하고 넘어가는 것이 아니다보니 학년이 오를수록 공부가 더 어려워질 수밖에 없다.

사고력도 키워주는 과학도서 읽기

:

과학도서 읽기가 비단 교과 내용을 제대로 이해하기 위한 것만은 아니다. 3학년 2학기 1단원 '동물의 생활'에서는 땅, 하늘, 물, 사막 등 환경에 따라 동물들이 어떻게 생활하는지, 어떤 신체적 특징이 있는지 배운다. 이와 연계된 도서 『WHAT? 동물』(조선학 글, 왓스쿨)은 주인공 오소리가 동물들마다 사는 곳이 다르다는 것을 의아해하며 자기도 다른 곳에 살고 싶어 동물들을 찾아다닌다는 설정으로 이야기가 펼쳐진다. 오소리는 여러 동물을 만나 왜 그곳에 사는지 물어보는 과정에서 자신이 왜 동굴에 살아야 하는지를 깨닫고 다시 집에 돌아온다.

오소리의 이야기를 따라가며 읽다보면 각 동물이 환경에 적응하기 위하여 어떻게 살아가는지, 어떤 신체적 특징을 갖게 되었는지를 자연스럽게 알게 된다. 그 과정에서 읽는 아이들도 환경에 적응하는 것의 중요성에 대해 생각하면서 사고력이 자란다. 누가 어디에 사는지만 알고 넘어가는 학습이 아니라 왜 그런지 생각해보는 과정이 책읽기를 통해 실현되는 것이다.

이는 비단 과학도서 뿐 아니라 분야를 막론하고 책읽기가 주는 힘이다. 책은 한 권 안에 저자가 말하고자 하는 내용이 기승전결의 구조로 서술되어 있다. 과학적 지식도 한 권의 책이 되는 순간 지식을 넘어선 어떤 메시지를 전달한다. 그리고 과학도서 읽기는 지식 뿐 아니라 그 메시지를 읽어가는 과정이기도 하다. 위 책을 읽고 환경에 따른 동물들의 생활양식을 알게 되는 것 뿐 아니라 사는 곳의 중요성과 내가 사는 환경에 대해 생각해 볼 수 있다는 것이다.

긴 한 권의 책보다 다섯 줄짜리 설명을 읽고 문제를 푸는 것이 당장은 더 효율적인 공부일 것 같지만 그것이 얼마나 허무한 공부인지는 이 글을 읽고 충분히 이해했으리라 믿는다. 간혹 아이가 책을 읽고 있으면 '책 그만 읽고 공부하라.'고 말하는 엄마가 있다. 이 말이 얼마나 모순인지 생각해 보았으면 한다. 당장의 공부와 학교 성적보다 장기적으로 진짜 지식을 함양해 가는 것이 더 중요하지 않을까?

문제풀이에만 중점을 둔 공부는 위험하다. 다 이해하지 못했음에도 단순 암기로 성적이 잘 나오기도 하니 아이들은 '다 안다.'는 위대한 착각 아래 더 이상 탐구하려 하지 않는다. 과학적 지식은 호기심과 탐구심이 있을 때에 더 충족될 수 있다. 내가 다 아는 것이 아니라는 사실을 인지했을 때에 읽고자 하는 마음도 생긴다.

실제 학교에서 배우는 교과와 관련된 책을 선정하여 수업하려고 하면 아이들이 '배워서 다 안다'고 하다가 읽고 난 후에는 반응이 완전히 달라진다. 과학 문제집 한 번 풀고, 시험 점수 잘 받았으니 공부도 끝이라는 생각을 버려야 진짜 공부가 시작된다.

늘 그렇듯 수능 만점자는 '교과서 위주로 공부했다.'는 거짓말 같은 참말을 한다. 이 말을 잘 이해해야 한다. '교과서 위주'로 했다고 하였지, 교과서만 했다고 하지 않았다. 교과서를 중심에 두고 다양한 방식으로 더 심층적인 공부를 하였다는 의미이며 그 중 한 가지는 책읽기임에 틀림없다.

좋은 어린이책이 무척 많다. 즐겁게 공부할 수 있는 재료가 이토록 풍요로운데 문제풀이만 반복하는 공부는 이제 멈추어야 하지 않을까.

진짜 공부 실력을 위한 학년별 추천 과학도서

3학년 1학기

3학년 스토리텔링
과학동화

자석 총각 끌리스

하얀 휴지의 공포

큰배추흰나비는
번데기를 어떻게
만들까?

3학년 2학기

신통방통 플러스
동물 이야기

WHAT?
화석과 지층

돼지 삼총사 보글
보글 화학 레시피

WHAT?
빛과 소리

4학년 1학기

4학년 스토리텔링
과학동화

신통방통 플러스
들이와 무게

식물, 어디까지
아니?

부글부글 땅 속의
비밀 화산과지진

4학년 2학기

나무들이 재잘거
리는 숲 이야기

똑똑한 융합과학씨
물을 생각해요

우주에서
콜라를 마시면
어떻게 될까

똑똑한 융합과학씨
빛과 놀아요

5학년 1학기				
	오르락내리락 온도를 바꾸는 열	태양계 여행안내서	파브르에게 배우는 식물 이야기	소금이 꼭 필요해
5학년 2학기				
	재미있는 날씨와 기후변화 이야기	산과 염기 이야기 33가지	힘과 운동	똑똑한 우리 몸 설명서
6학년 1학기				
	맛있는 과학 지구와 달	환경을 지키는 영웅들	현미경 속 비밀	환경보고서 공기
6학년 2학기				
	꼬물꼬물 세균대 왕 미생물이 지구를 지켜요	자석과 전자석 춘천가는 기차를 타다	맛있는 과학 계절. 낮과 밤	꼬마 철새 딱딱이의 위험한 지구 여행

초등 역사책 읽기 지도는
어떻게 할까

암기해서 더욱 어려운 역사

한국사 열풍이 분 지 꽤 되었다. 초등 뿐 아니라 요즘은 성인들도 역사에 많은 관심을 보인다. 그 시작은 2017년부터 수능에 한국사가 필수과목이 된다는 발표가 나면서부터가 아닐까 한다. 초등 사회 교과에서도 한국사를 배운다. 6학년에 배우던 것이 5학년 1학기로 내려오더니 다시 5학년 2학기와 6학년 1학기에 걸쳐 배우고 있다. 어떠한 목적성에 의해서만 한국사에 대한 관심도가 달라지는 것은 바람직하지 않다고 생각하지만 어쨌든 한국사의 중요성이 널리 퍼지는 것 같아 내심 반갑다.

5학년 사회과에서 한국사를 배운다고 하니 학부모의 마음은 저학년부터 벌써 분주해진다. 옆집에 가니 벌써 역사 전집이 책장을 가득 채우고 있고 역사 논술을 한다, 탐방을 한다 여기저기에서 움직이는 모습도 보인다. 역사에 관심이 많은 옆집 아이는 벌써 김유신이니 삼국통일이니 하면서 줄줄 외고 다니기도 한다. 이런 모습을 보는 엄마는 불안할 수밖에 없다.

　하지만 역사라고 해서 무언가 특별한 학문인 것은 아니다. 학문의 가치를 논하자는 것이 아니다. 사회과, 과학과 연계도서를 읽히는 것처럼 역사도 그저 책읽기로 익혀나가면 된다는 뜻이다. 거듭 강조하지만 진짜 지식은 책읽기를 통해 만들어진다. 역사도 여러 가지 과목 중의 한 가지, 학문의 한 가지인데 유독 역사를 더 어렵게 느껴지는 것은 아마도 지금 학부모 세대의 학창 시절 기억에서 기인한 것이 아닌가 한다.

　나만 그랬는지 모르겠으나 나는 한국사는 물론 세계사도 무척 싫어했다. 난해한 지도와 유물 유적 사진이 여기저기 산발적으로 흩어져 있는 사이사이로 빼곡히 들어찬 글씨들은 나를 마치 글을 읽지 못하는 양 무력하게 만들었다. 어려운 역사를 더 어렵게 만드는 요인 중 한 가지는 때로는 '국사 선생님'이다. 너무도 졸린 목소리로 판서만 하시거나 책을 줄줄 읽으시는 국사 선생님을 만난 해에는 더욱 힘들었다. 시험을 보기 위해서라도 어쩔 수 없이 달달 외우고 공부를 했지만 점수를 마주할 때마다 역사가 어렵다는 사실만 확인할 뿐이었다.

책읽기로 감동을 선사받는 역사공부

:

그런데 지금 생각하면 왜 그랬을까 싶다. 이토록 재미있고 공부할수록 아련한 과목이 역사인데 말이다. 그 당시 의미 없는 암기식 공부를 할 수밖에 없었던 이유는 아마도 역사를 이해할 수 있도록 돕는 자료가 풍부하지 않았기 때문은 아니었을까. 읽기 자료가 풍부하거나, 영상 자료를 다양하게 보거나 혹은 누군가의 재미있는 역사 스토리텔링이라도 있으면 덜 했을 텐데 그저 교과서 하나뿐이었기에 지겨웠다고 한다면 그저 한 학생의 핑계일 뿐일까.

역사는 암기과목이 아니다. 이해를 해야 하는 과목이다. 누군가 암기해야 하는 부분이 있다고 주장해도 나는 이해 과목이라 말하겠다. 암기 또한 제대로 된 이해의 바탕 위에 가능하기 때문이다. 그리고 이해하며 알아갔을 때에 역사 공부는 재미를 넘어서서 지식이 지혜가 되는 감동을 맛보게 한다. 그것이 자발적으로 한국사책을 읽으며 공부하는 이들의 가슴 저린 공통된 마음이 아닐까 한다.

그렇다면 우리 아이들에게는 어떻게 역사를 읽혀야 할까. 역사 역시 책읽기로 그 참맛을 알아가야 한다. 현재 시중에는 어린이 한국사 관련 도서들이 쏟아져 나오고 있는 상황이다. 종류가 많아 선택의 어려움이 가중될 수 있을지 모르지만 어쨌든 좋은 책이 많다는 것만으로도 학부모에게는 희소식이 아닐까 한다.

하지만 유의해야 할 점이 있다. 아이들에게 한국사를 읽히기 위해서는 반드시 아이들의 역사의식 발달 단계를 알아야 한다는 점이다. 그것은 다시 현재 교과에서 한국사를 왜 5학년에 편성하였는지 생각해 보면 답이 나올 것이다. 사실 초등 교과의 한국사는 정말 새 발의 피라는 말도 무색할 만큼 맛보기일 뿐이다. 시대별 골자만 아주 간략하게 배우고 넘어간다. 하지만 그럼에도 불구하고 그 정도의 내용을 이해할 수 있는 학년이 5학년이라는 뜻은 아닐까. 다음은 초등 사회과에서 다루는 한국사 영역이다.

초등 5학년과 6학년에 걸친 한국사 영역(2015 초등 역사 교육 과정)

※ 2017년 현 교육과정을 2015 교육과정이라 부른다.

5학년 2학기	1. 우리 역사의 시작과 발전	① 선사 시대의 생활 모습 ② 최초의 국가 고조선 ③ 고구려, 백제, 신라의 건국과 발전 ④ 삼국 통일과 발해의 건국
	2. 세계와 활발하게 교류한 고려	① 후삼국 통일 ② 세계 속의 고려 ③ 북방 민족의 침입과 극복 ④ 고려 문화의 발전
	3. 유교 문화가 발달한 조선	① 조선의 건국 ② 조선의 문화와 과학의 발전 ③ 유교의 전통과 생활 ④ 임진왜란과 병자호란
6학년 1학기	1. 조선 사회의 새로운 움직임	① 전란의 극복 ② 새로운 문물을 받아들인 조선 ③ 서민 문화의 발달 ④ 조선 시대 여성의 삶 ⑤ 조선을 뒤덮은 농민의 함성
	2. 근대 국가 수립을 위한 노력과 민족 운동	① 조선의 개항 ② 자주독립 국가의 선포 ③ 나라를 지키기 위한 노력 ④ 나라를 되찾기 위한 노력

3. 대한민국의 발전과 오늘의 우리	① 8.15 광복과 대한민국 수립 ② 민족의 상처, 6.25 전쟁 ③ 자유 민주주의의 시련과 발전 ④ 경제 발전과 사회·문화의 변화 ⑤ 대한민국의 미래와 평화 통일

　5학년 2학기에는 임진왜란, 병자호란 양란까지, 그리고 6학년에 들어서서 양란 이후 대한민국까지 배운다. 이런 구성을 흔히 '통사 구성'이라고 한다. 사전에서 '통사(通史)'의 의미를 찾아보면 '시대를 한정하지 아니하고 전 시대와 전 지역에 걸쳐 역사적 줄거리를 서술하는 역사 기술의 양식, 또는 그렇게 쓴 역사'라고 한다. 지금의 부모 세대가 배운 것처럼 선사시대부터 시작하여 시대순서대로 역사의 큰 줄거리를 배운다는 뜻이다. 교과서 구석구석에 인물의 이야기를 간략히 싣는 등의 인물사적 요소나 원래 통사 구조가 가지고 있는 정치사 요소도 있으나 어쨌든 큰 뼈대는 통사 구조이다.

한국사를 배울 때 필요한 것들

:

　그래서인지 엄마들이 아이들에게 역사책을 읽힐 때 실수하는 것이 있다. 바로 아이의 학년과 상관없이 '선사시대'부터 서술이 된 책을 구입해 순서대로 읽히려고 하는 것이다. 심지어 1학년인데 벌써 시대 순을 외우게 하는 엄마도 본 적이 있다. 통사책을 한 세트 읽었는데 시대를 못 외워서 속상하다는 말도 함께 남기셨으나 내 마음이 더 속상했다. 그 이유를 알아보려고 한다.

한국사를 배울 때 가장 중요한 것은 무엇일까? 전체적인 큰 흐름을 알아야 한다. 위의 물이 아래로 흐르는 것과 같은 단순한 흐름이 아니라 서로 뒤엉켜 앞서거니 뒤서거니 하며 뻗어나가는 거대한 흐름을 이야기한다. 다시 말하면, 한국사 안에 얽히고설킨 다양한 사건들이 어떠한 연유로 그렇게 되었는지, 그 사건들은 후에 어떻게 진행되며 어떤 것에 영향을 미쳤는지와 같은 커다란 맥락 안에서의 큰 흐름이다. 그런 관점에서 보면 세계 역사를 먼저 배우는 것이 맞지만 초등 교과에서 다루기에는 그 방대함과 난해함 때문에 한국사부터 배우는 관계로 한계는 있지만 그래도 흐름은 중요하다.

또 한 가지는 인과 관계에 대한 이해이다. 어떠한 사건은 반드시 어떠한 원인에 의해 발생한다. 그리고 원인이 이해가 되어야 그에 따른 결과도 이해가 된다. 예를 들어 조선 후기 농민들이 왜 봉기를 일으켰는지를 알려면 그 원인이 되는 사건과 사회 현상들을 이해해야 한다. 역사적 사건들의 원인과 결과는 단순하지 않아 때로는 하나의 사건을 이해하기 위하여 아주 오래전으로 거슬러 올라가야 할 때도 있다.

과거, 현재, 미래에 대한 인식 또한 필요하다. 역사를 배우면 수많은 연도가 등장한다. 아이들은 연도가 나올 때면 역사를 배우면서 만나는 수많은 사건들이 지금 내가 사는 이 시기와 어느 정도의 거리감이 있는지 궁금해 한다. 그것을 몇 천 년 전, 몇 백 년 전이라고 숫자로 표현해 주었을 때의 대략의 거리감을 이해하는 것, 과거의 사건이 현재를 만들었고 지금이 또 미래의 역사에 영향을 준다는 사실을 이해해야 한다.

한국사를 배우는데 있어 무엇보다 가장 중요한 것은 역사적 사건들이 지닌 의미에 대한 이해이다. 다양한 사건들의 사회적 배경에 따른 의미를 이해하려면 어느 정도의 생활 경험이 있어야 한다는 사실은 말하자면 입 아프다. 사람들이 부딪쳐 사는 사회에서의 다양한 갈등과 이해관계, 그로 인해 벌어지는 수많은 사건에 대한 이해를 하려면 인간 사회에 대한 이해가 있어야 한다.

한국사 통사를 이해함에 있어 기본적으로 필요한 요소들을 다시 정리하자면 인과 관계에 대한 이해, 과거와 현재 미래에 대한 인식과 어느 정도의 사건을 이해할 수 있는 생활 경험이다. 이것들이 어느 정도 충족되는 나이가 바로 5, 6학년 이상이다. 그래서 교과에서도 5학년에서 한국사 통사를 배우는 것이다.

학년에 따른 한국사 접근 방식

∶

그렇다면 5학년 이전에는 한국사를 배워서는 안 되는 것일까? 참 감사하게도 우리에게는 '책'이 있다. 다양한 출판사들이 열심히 만드는 소중한 책들은 5학년 이하의 아이들도 한국사를 재미있게 접할 수 있도록 돕는다. 그래서 학년별로 어떤 방식으로 접근해야 하는지 설명해 보려고 한다.

우선 저학년 아이들은 인물사 방식을 추천한다. 말 그대로 역사를 이룬 시대별 인물의 이야기를 읽는 것이다. 앞서 '위인전 읽기, 이제는 달라야 한다.'에서 말한 '위인'의 개념과는 다르다. 그렇다고 일반적으로 구입 가능한 위인전이 아닌 다른 책을 읽혀야 한다는 것은 아니다. 물론 지금은 시중에 역사 인물이라는 테마로 역사 인물만 묶어서 따로 나오는 책도 많다. 하지만 출판사의 기획 의도, 혹은 저자 나름의 기준으로 선정한 인물일 뿐 모든 인물은 역사 인물이다.

저학년의 인물 이야기 읽기는 배우고 본받는다는 개념이 아니라 역사를 이룬 인물들이 어떤 일을 했는지 아는 것이면 충분하다. 광개토대왕이 무엇을 했는지, 세종대왕은 어떤 왕이었는지, 안창호는 어느 시대 어떤 일을 한 사람인지 알면 나중에 큰 줄거리 통사를 배울 때 도움이 된다. 다만 저학년에게 이해하기 어려운 인물까지 굳이 읽힐 필요는 없다. 그 인물이 어느 시대 사람인지도 애써 알 필요는 없다. 그냥 옛이야기처럼 이런 사람이 살았고 이런 일을 했다는 정도만 이해하며 읽으면 충분하다.

인물 이야기와 함께 저학년이 읽기 좋은 방식은 생활사이다. 생활사는 '옛날 사람들은 어떻게 살았을까?'의 느낌으로 서술된 책들을 말한다. 사실만 서술되지 않고 스토리 중심으로 서술된 책들도 있어서 아이들이 재미있게 읽는다. 역시 옛날이야기처럼 편하게 읽도록 하면 된다. 출판사에 따라 저학년에게도 적당한 책이 있는가 하면 고학년이 읽어도 어려운 것이 있으므로 내 아이에게 맞는 도서를 선정하면 될 것이다.

삼국유사와 삼국사기는 중학년 정도의 아이들이 읽기에 좋다. 비록 역사 전체를 다루는 이야기는 아니지만 일화 중심이기 때문에 아이들이 즐겁게 받아들이며 읽는다. 역사용어와 인물도 당연히 등장하지만 스토리 중심이기에 부담스럽지 않다. 어린이 도서로 기획된 것들은 삽화도 다양하게 싣다보니 아이들이 흥미롭게 보는 편이다. 보통 취학 전에도 많이 읽히지만 어느 정도 이해하려면 2, 3학년이 적당하다.

이렇게 다양한 방식으로 한국사를 이루는 부분부분을 맛 본 아이들은 자연스럽게 전체 역사를 알고 싶어 한다. 인물 이야기를 읽던 아이가 나에게 김유신과 장영실 중에 누가 먼저 살았는지 질문하기도 하였다. 여러 역사적 사건을 알게 된 아이가 그 사건들의 관계를 궁금해 하기도 했다. 이렇게 호기심이 생길 때 접해 줄 책이 바로 통사 구성의 책이다.

다만 통사로 된 책을 권할 때 주의할 점은 처음부터 너무 긴 구성의 책을 권유하지 말아야 한다는 것이다. 관심이 많이 없는 아이라면 더욱 유의해야 한다. 읽다가 질려버릴 수도 있다. 처음에는 한 권으로 나온 책에서 많아도 3권을 넘지 않는 것이 좋다. 역사를 많이 읽어서 조금 더 상세한 역사 알기를 원하는 아이들에게만 5권 이상의 도서를 권한다.

통사 도서를 읽거나 읽으려는 고학년이 함께 읽으면 좋은 것이 있다. 바로 역사 동화이다. 역사 동화는 실제 역사적 사건을 기본 토대로 하여 작가의 상상력을 덧대어 만든 이야기이다. 등장인물이 주로 책을 읽는 독자인 아이들과 비슷한 나이다보니 아이들이 동질감을 느끼며 즐겁게 읽는다. 통사 중심의 도서는 다소 딱딱한 느낌이 있고 역사를 이룬 인물들의 업적은 표현되어도 그 내면 세계를 이해하기 어렵다는 단점이 있다. 하지만 역사 동화는 스토리이기 때문에 역사 인물들의 내면도 이해할 수 있고 그것이 곧 역사에 대한 바른 이해로 확장된다.

따라서 통사 도서와 역사 동화를 병행해서 읽으면 그 배경이 되는 역사가 더 잘 이해될 뿐만 아니라 등장인물과 함께 호흡하면서 성장하는 성장 동화를 읽는 것과도 같은 효과도 볼 수 있다. 특히 역사에 비교적 관심이 덜한 여아들은 역사동화를 먼저 접하면 거부감이 덜하다는 장점도 있으니 상황에 맞게 역사책 읽기의 지혜를 발휘해야 한다.

다양한 역사 관련 도서

역사 인물 이야기	비룡소 새싹 인물전 / 비룡소(2~3학년) 한국을 빛낸 위인 23 / 아이즐 (1~2학년) 아하 그땐 이런 인물이 있었군요 / 주니어 김영사 (3~6학년) 우리 시대의 인물 이야기 1~10권/ 사계절 (5~6학년) 다큐 동화로 만나는 한국 근현대사 1권~15권 / 주니어 김영사 (5~6학년) 박병선 박사가 찾아낸 외규장각 도서의 귀환 / 스코프 (5~6학년) 우리 역사를 움직인 맞수들 1,2권 / 가나출판사 (4~6학년) 어린이 백범일지 / 푸른나무 (5~6학년) 나는 여성독립운동가입니다 / 상수리 (5~6학년) 재상 정도전 / 살림어린이 (5~6학년)
삼국유사와 삼국사기	퍼킨스 어린이 삼국유사.삼국사기 / 한국 삐아제 (2~3학년) 삼국유사 / 아이즐북스 (1~3학년) 어린이 삼국유사 1권~5권 / 주니어김영사 (3~5학년)
스토리텔링 한국사	역사스페셜 작가들이 쓴 이야기 한국사 시리즈 / 한솔수북 (2~4학년)
생활사·문화사	우리나라 오천년 이야기 생활사 / 계림북스 (5~6학년) 돌도끼에서 우리별 3호까지 / 아이세움 (5~6학년) 유물과 유적으로 보는 한국사 1,2 / 생각을담는어린이 경복궁에서의 왕의 하루 / 문학동네 (2~4학년) 사계절 역사 일기 1권~10권 / 사계절 (3~5학년) 옛날 사람들은 어떻게 살았을까 / 창비 (5~6학년)
통사	안녕 한국사 1~5권 / 풀빛 (2~3학년) 용선생의 시끌벅적 한국사 1~10권 / 사회 평론(3~5학년) 그림으로 보는 한국사 1권~5권 / 계림북스 (3~4학년) 한국사 편지 1권~5권 / 책과함께어린이 (5학년~중등)

역사 동화	★ 고학년
	하늘의 아들 단군 / 푸른책들
	아, 호동 왕자 / 푸른책들
	찾아라 고분 벽화 / 창해
	꿈꾸는 수렵도 / 샘터사
	새벽을 여는 온조 / 베틀북
	마지막 왕자 / 푸른책들
	대륙을 호령한 발해 / 랜덤하우스코리아
	첩자가 된 아이 / 푸른숲주니어
	초정리 편지 / 창비
	어린 임금의 눈물 / 주니어 파랑새
	진짜 선비 나가신다 / 샘터사
	서찰을 전하는 아이 / 푸른숲주니어
	나도 조선의 백성이라고! / 파란자전거
	책과 노니는 집 / 문학동네 어린이
	창경궁 동무 / 생각과 느낌
	압록강은 흐른다 / 다림
	마사코의 질문 / 푸른책들
	몽실 언니 / 창비
	명혜 / 창비
	제암리를 아십니까 / 푸른책들
	민들레의 노래 1,2 / 사계절
	우리땅 독도를 지킨 안용복 / 산수야
	헤이그로 간 비밀편지 / 스푼북
	오월의 달리기 / 푸른숲주니어

역사책 읽힐 때 유의하자

:

초등 저학년부터 접할 수 있는 방식과 도서를 정리하였지만 아이가 거부한다면 굳이 저학년부터 읽힐 필요는 없다. 역사도 결국 사람이 사는 이야기, 살아온 이야기이기 때문에 인간 삶에 대한 이해가 있어야 한다는 점을 다시 강조한다. 그러기 위해서는 우선 생활 동화를 비롯한 문학을 많이 읽어야 한다.

또한 요즘은 EBS에서 역사 관련 영상을 무료로 볼 수 있고 다양한 역사 탐방의 기회도 있다. 눈으로 직접 보고 경험하는 것도 중요하니 무조건 책읽기만 강요해서는 안 된다.

초등학교 때 사회과에서 역사를 배우다보니 사회 문제집 몇 권 풀고는 시험 점수가 좋았다는 이유로 한국사가 해결되었다고 생각하는 학부모님을 간혹 만난다. 초등 교과서의 역사는 그저 맛보기일 뿐임을 재차 언급한다. 중학교 역사에서나 그나마 조금 자세해진다는 것을 생각하고 역사책 읽기로 진짜 역사지식을 만들어가야 한다.

역사적 사실과 지식도 중요하지만 역사책 읽기를 해야 하는 가장 중요한 이유는 바른 역사관을 심어주기 위해서가 아닐까 생각한다. 단편 지식들만 암기해서는 역사관이 정립될 수 없다. 우리 조상들이 어떻게 살았는지 서술된 역사책을 읽으면서 아이 스스로 역사의 중요성을 깨닫는다면 올바른 역사 인식이 정립될 것이다. 그런 아이만이 어른이 되어 어떤 일을 하든 세상을 바로 보는 건강한 삶을 살 수 있다.

엄마와 아이
모두 행복한
진짜 독서교육

진짜 독서를 하며 자란 아이는
건강한 미래를 맞이한다.

적성을 알려면
다양하게 읽어야 한다

　아이들과 다양한 도서로 수업을 하다 보면 도서 종류에 따라 아이들의 관심도가 상당히 다르다는 사실을 알게 된다. 성별에 따라 나뉘기도 하지만 개인별 관심사나 적성에 따라 다르기도 하다. 이처럼 다른 아이들의 반응을 살피며 수업을 하다 보면 참 반가운 순간이 있다. 자기가 너무도 읽고 싶던 책이라면서 적극적으로 읽는 경우를 보았을 때이다. 어떤 분야에 대해 어렴풋한 관심은 있었으나 무언지 정확하게 모르던 것을 책으로 만났을 때에 아이가 느끼는 그 만족감, 그 모습을 지켜보는 것이 독서지도사로서 내가 누리는 큰 행복 중 한 가지이다.

책 속에서 꿈을 찾아가는 아이들

불합리한 제도나 여러 사회 문제에 관심이 있던 하민이는 『어린이를 위한 신도 버린 사람들』(나렌드라 자다브 글, 주니어김영사)이라는 책을 읽고 약간 흥분하는 모습을 보였다. 이 책은 불가촉천민 출신으로 태어나 온갖 고난 속에서 살지만 모든 역경을 극복하고 인도 총장으로 촉망받는 나렌드라 자다브의 자전적 동화이다. 차별과 핍박 속에서도 꿈을 이루어가는 주인공 다무와 그의 아들인 저자 나렌드라 자다브의 의지를 보면서 이 사회의 모순과 부조리도 해결할 수 있을 거라는 희망을 보았다는 하민이. 적성과 직결되지 않을 수도 있으나 하민이는 적성의 바탕이 되는 관심사를 책에서 만나면서 무언가 꿈의 첫 단추를 찾은 듯한 모습이었다.

국제구호나 봉사활동에 관심이 많던 민정이가 관심을 보인 책은 『어린이를 위한 지도 밖으로 행군하라 1,2권』(한비야 지음, 푸른숲주니어)였다. 수업 연계도서로 책을 빌려주고는 하는데 제목을 보자마자 빌려가더니 단숨에 읽어 내려갔다고 했다. 이내 2권도 빌려달라고 하길래 아이의 설렘을 이어가게 하고 싶어 급히 구입해서 빌려주었고 역시 재미있었다면서 비슷한 책을 구해달라고까지 했다.

두 아이 모두 막연히 생각하던 것들을 책에서 만나면서 자신들의 적성을 조금 더 정확히 알게 되고 그것을 꿈으로까지 연결시켜 생각하고 있었다. 그리고 자연스럽게 관련 도서를 더 찾아 읽기 위해 애쓰는 모습을 보였다. 그리고 두 아이가 이런 모습을 보인 것은 바로 다양하게 읽어오던 책 중에 '한 권'을 만났기 때문이다.

책읽기 없는 진로 선택의 위험

반면에 안타까운 사례 또한 있다. 특목고를 목표로 준비하던 중학교 3학년 서희와 한 두 달만 독서활동을 하며 기록을 남겨달라는 학부모님의 요청이 있었다. 정해진 분량을 채우기에는 부족한 시간이었지만 간절한 요구에 최선을 다해보겠노라고 하고 서희와 책읽기를 시작하였다. 우선 읽어야 할 도서가 자신의 진로와 관련된 도서여야 하기에 서희와 이야기를 나누어보니 아이는 유엔 사무총장이 되고 싶다고 하였다.

관련된 여러 도서를 제시해 주었고 다행히도 독서력은 부족하지 않아 술술 읽어나가며 잘 진행되는 듯 하였다. 그러던 어느 날 서희가 고백하듯이 말하였다. 책들을 읽어보니 자신이 원한 것은 그것이 아니었던 것 같다고 말이다. 그간 사무총장이 꿈이라고 생각했는데 막상 책을 읽으니 생각했던 것과 너무도 다른 이야기들이 펼쳐져 있었던 것이다. 아이의 말에 당황하였지만 더 당황한 것은 서희의 어머님이셨다. 서희의 어머님은 잠시 생각하시더니 일단은 독서 이력 서류 제출이 코앞이라 꿈을 유엔 사무총장으로 해야겠다고 결론지으셨다. 결국 아이는 꿈이 사무총장인 채로 그렇게 관련 도서들을 읽고 독서 이력을 작성하여 제출했던 기억이 난다.

서희의 사례가 생길 수 있었던 이유는 무엇일까. 여러 가지가 있겠지만 그 중 한 가지는 바로 독서의 부재이다. 전교 1등이라던 서희는 초등 4학년 정도까지는 독서광이었다고 한다. 하지만 그 이후로 숙제 많고 수업시간도 긴 영어학원과 수학학원에 모든 걸 바치면서 책과는 점점 멀어졌다. 사춘기가 시작됨과 동시에 자아에 대한 탐구가 시작되고 진로를 찾아가는 중요한 시기에 책과 멀어진 것이 위와 같은 결과를 초래했다.

서희가 초등 5학년~중3까지 5년이라는 시간 동안 독서를 해 왔다면 분명 자신의 적성이 무엇인지 파악할 수 있었을 것이다. 독서를 통해서 다양한 사람들의 삶의 모습과 직업 등을 보며 여러 일에 대한 바른 시각도 갖게 되었을 것이다. 또한 책읽기는 자신을 들여다보는 거울이듯이 적성을 찾는데 기본이 되는 자신의 성향도 알게 되지 않았을까. 그런데 서희는 자신의 '성향'을 알아가려는 노력도 부족했고 더불어 자신이 꿈이라고 생각한 직업에 대한 탐구도 부족했다. 초등 저학년 시기에 갖게 된 꿈을 중3까지 막연히 품고만 있었다.

초등학생 때의 꿈은 수십 번씩 바뀐다. 그 이유 중 한 가지는 아직 넓은 세계에 대한 탐구가 부족하고 나아가 자기 자신에 대한 탐구도 부족하기 때문이다. 이 세상에는 참 다양한 직업이 있는데 그 직업에 대해서도 겉으로 드러난 정보들로 막연한 생각만 하고 있을 뿐 비교적 정확히 아는 아이들은 별로 없다. 부모님의 욕구가 은연중에 주입되거나 혹은 매스컴 등을 통해서 피상적으로 접하게 된 것들을 막연히 '꿈'이라고 하는 아이들도 많다.

이런 아이들이 자신에 대해 알고 더불어 넓은 세계를 알아가면서 자신에게 맞는 적성을 찾기 위해서는 반드시 다양한 독서를 통한 간접 경험과 지속적인 내면의 성장이 필요하다. 물론 더 중요한 것은 직접 부딪치며 배우는 직접 경험이겠지만 모든 걸 경험할 수는 없으니 책읽기를 통한 간접 경험이 필요한 것이다.

점점 확대되는 대학 입시 전형 중 수시 전형인 학생부 종합전형의 평가 기준 중에는 '전공적합성'이라는 것이 있다. 말 그대로 그 학생의 전공적합 여부를 보겠다는 것이다. 고등 시절의 학생부가 반영이 되고 대학은 그 내용으로 학생의 전공적합 여부를 판단하지만 고등학생 때 전공 관련 활동이 있으려면 그 이전의 독서 경험을 통해 적성 파악이 우선되어야 한다.

초등 아이들에게 다양하게 읽힐 것을 권유하면 혹자는 한 권이라도 깊이 읽어야 하는 것이 아닌지 묻는다. 물론 깊이 읽기도 중요하지만 인생의 중요한 판단을 하게 하는 자신의 적성과 성향에 맞는 책을 만나기 위해서는 다양하게 읽기도 중요하다. 공부를 잘하기 위한 다양한 읽기를 말하는 것이 아니다. 읽기 경험이 풍부하지 않은 아이들은 세상에 어떤 책들이 있는지, 책 읽기를 통해 자신을 찾아가는 것이 무엇인지 잘 모른다. 그런데 다양한 도서 읽기를 시도하다보면 저절로 알게 되고 그런 아이는 종국에 좋아하는 분야만 읽어도 다양한 관점으로 해석할 줄 안다. 그래서 아이의 독서 분야를 면밀히 관찰하는 것이 중요하다. 엄마가 할 일은 한 발자국 뒤에 서서 아이를 잘 관찰하며 아이가 꿈을 찾아가도록 돕는 것이고, 그 중 한 가지가 아이가 관심 가질 만한 책을 권하는 것이다. 책상 앞에서 문제집만 푸는 아이는 꿈을 찾아가기 어렵다는 사실을 꼭 기억해야 한다.

아이의 독서분야를 파악하기 위한 독서 그래프

10								
9								
8								
7								
6								
5								
4								
3								
2								
1								
분야	문학	인물·역사	고전	과학·환경	문화·예술	철학	정치·경제	기타
		비문학						

아이가 읽은 책 제목을 각 분야에 맞게 적어보자. 아이가 많이 읽는 책의 분야를 한 눈에 볼 수 있다. 이는 무작정 다양하게 읽히기 위함도 아니고 한 분야만 파고들게 하기 위함도 아니다. 아이가 어떤 분야를 읽는지, 어떤 내용의 책을 읽는지 파악하여 어떤 방향으로든 아이의 독서를 돕기 위한 것이다.

📖 우리 아이 미래를 생각해 보기 위한 추천도서

『인공지능 시대의 삶』 한기호 글 | 어른의 시간
『내 아이가 만날 미래』 정지훈 글 | 코리아닷컴
『실컷 노는 아이가 행복한 어른이 된다』 김태형 글 | 갈매나무
『대통령을 꿈꾸던 아이들은 어디로 갔을까』 오찬호 글 | 위즈덤 하우스
『2030년 학력 붕괴시대의 내 아이가 살아갈 힘』 텐게시로 글 | 오리진 하우스

2
스토리를 새롭게 보는
책읽기의 힘

입시제도의 변화는 늘 학부모를 혼란과 불안의 늪으로 빠뜨린다. 입시제도가 변함에 따라 온갖 사교육이 새롭게 등장해 학부모를 선택의 기로에서 갈등하게도 한다. 심지어 이제 막 태어난 아이들의 교육 상품에까지 영향을 미친다. 사회가 변하고 원하는 인재상이 달라지기 때문에 어차피 늘 변화하는 입시제도, 불안해하기보다는 직시하고 대안을 마련하는 것이 더 현명하다.

내신과 수능 중심으로 학생을 선발하던 대학들이 점차 논술 전형을 늘리더니 지금은 수시모집과 학생부종합전형을 확대하여 학생을 모집하고 있다. 더불어 열풍인 것이 바로 학교생활기록부 중의 한 가지인 '자기소개서'이다. 대학들이 자기소개서를 중시하게 된 이유는 여러 가지가 있겠으나 우선 '점수'만으로 선발하던 학생들의 한계를 느꼈기 때문이다. 수능과 내신이라는 결과론적 평가방식인 '점수'로는 진정한 '인재'를 판별할 수 없다는 것을 알게 된 것이다.

이는 비단 입시 뿐 아니라 각종 기업들도 마찬가지이다. 스펙보다 스토리라는 말은 이제 고유명사처럼 느껴질 만큼 친숙하다. 너도 나도 스펙 쌓기에만 열중하다보니 변별력이 없어졌고, 결국 그 너머의 것을 통해 인재를 선발할 수밖에 없게 되었다. 스펙만 훌륭할 뿐 주체성이 결여되어 아무것도 할 줄 모르는 공부 잘하는 바보들에게 속은 기업들의 변화는 어쩌면 자연스러운 현상일지도 모르겠다. 이런 기업의 인재 선발 방식이 대학의 입시제도에도 영향을 미치는 것 또한 당연한 수순이다.

자기소개서에는 숫자로 표현할 수 없는 자신만의 스토리가 담긴다. 입시철만 되면 어두운 세계에서 고가의 비용을 받고 자소서를 대신 써 주거나 첨삭해 주는 등의 거래가 활발히 이루어지고 있지만 진정한 자기소개서는 자신만이 쓸 수 있다. 그래야만 내 삶의 스토리가 담긴 마음을 울리는 진짜 자기소개서가 될 것이고 대학들도 이를 구분할 줄 안다.

그렇다면 무언가 특별한 삶을 살아왔어야만 하는 것일까? 그렇지 않다. 많은 초등학생들이 '일기에는 특별한 사건'을 써야 한다고 생각하는 것처럼 그런 일기의 총집합물과도 같은 자기소개서에도 역시 특별한 사연이나 사건을 써야 하는 건 아닌지 오해할 수도 있다. 사실 자기소개서는 아주 오래전부터 기업 입사 시에 요구되었던 것이고 불우한 환경에서 고난을 이겨내고 그 자리에 왔음을 강조하여 자신의 성실함을 강조하던 것이 한 때의 흐름이었던 것 같기도 하다.

하지만 남들과는 차원이 다른 특별한 이야기를 담아야만 그럴듯한 자기소개서가 되는 것은 아니다. 남들과 다른 아주 특별한 경험이 모두에게 있을 수도 없다. 자기소개서에 담기는 스토리에 특별한 경험을 담는 것이 중요한 것이 아니라 평범한 것도 새롭게 볼 줄 아는 힘이 필요하다. 그리고 그것을 가능하게 하는 것은 자신만의 생각하는 힘, 즉 '철학적 사고'이다.

그렇다면 이는 어떻게 길러지는 것일까? 역시 책읽기를 통해 가능하다. 책읽기는 다양한 관점으로 세상을 보게 하고 위에서 말한 철학적 사유 능력을 갖게 한다. 우물 안 개구리라는 말이 있듯이 사람은 자신이 살고 있는 환경 안에서만 머물러 있으면 자칫 외골수적인 생각과 행동을 하기 쉽다. 폭넓은 사고는커녕 자신조차 제대로 볼 줄 모른다. 자신에게 일어나는 일에 가치를 부여하고 새롭게 볼 줄 모르기 때문에 삶의 행복조차 느끼지 못한다.

초등책읽기의 효용성에 대해 흔히 하는 말들이 있다. 사고력, 비판력, 문제해결력, 논리력 등이다. 여기에 한 가지 덧붙인다면 그것이 바로 철학적 사유 능력이 아닐까 한다. '철학'이라는 낱말은 사전에 '인간과 세계에 대한 근본 원리와 삶의 본질 따위를 연구하는 학문'이라 나와 있다. 책을 읽으면 사람은 자연히 인간과 세계에 대해 생각하게 되고, 고민을 하게 된다. 그 생각들은 또 다른 책을 읽었을 때에 다시 떠올라 새로운 내용과 결합하여 재생산되고 그 과정을 반복하면서 자신만의 '철학'을 갖게 된다. 그리고 그것으로 인간과 세계를 자신만의 관점으로 바라볼 줄 아는 힘을 '철학적 사유 능력'이라고 하지 않을까.

자기소개서에 담기는 스토리를 새롭게 보는 힘이 철학적 사유 능력으로 가능하다고 했지만 멀리 갈 필요 없다. 어차피 초등생 자녀를 둔 학부모에게 자소서니 뭐니 하는 이야기는 와 닿지 않을 것이기 때문이다. 지금 우리 아이들이 자신들의 일상을 어떻게 보는지 먼저 생각해보자. 우리 생활은 행복, 기쁨, 좌절, 우울, 절망, 환희 등 다양한 감정의 연속이다. 자신의 감정을 잘 파악하고 그 원인을 생각하며 하루하루 삶을 돌아보는 아이는 이미 철학적 사고를 하는 것과 마찬가지이다. 그 '돌아봄'은 앉아서 책을 한 권 펼쳐드는 것에서 시작된다.

책은 나를 보는 거울이다. 내가 무심코 지나친 일, 큰 의미 없다고 생각했던 일상의 순간에 많은 의미가 숨어 있음을 알기 위해서는 읽어야 한다. 책에서 만나는 구절들이 나를 돌아보게 한다. 책을 읽으면 만나는 감정들이 내가 느꼈던 감정을 불러일으켜 내 삶을 돌아보게 한다.

자신만의 스토리를 새롭게 보는 힘, 경험을 자신만의 해석으로 새롭게 만들 수 있는 힘은 책 읽는 아이만이 가능하다. 우리집 거실에 앉아 읽는 작은 책 한 권에 온 세계가 다 담겨 있고 아이는 그 세계를 누비고 있다는 사실을 기억하자. 작은 책이 결코 작게 느껴지지 않을 것이며 책을 읽고 있는 아이가 자신만의 스토리와 철학을 만들어가는 작은 거인으로 보일 것이다.

자기 삶의 리더가
되는 아이

삶의 리더가 되지 못하는 이들

　"Leader is Reader. 리더는 리더다." 라는 말이 있다. 책을 읽는 사람은 대체로 리더가 가지는 소양을 갖추게 된다는 의미라고 생각한다. 그렇다고 모든 이가 리더가 될 수는 없다. 개인의 성향 문제도 있겠지만 리더만으로 사회가 구성되지는 않기 때문이다.

　하지만 적어도 자기 삶의 리더는 되어야 한다. 언젠가부터 헬리콥터맘이라는 용어가 심심찮게 들려온다. 아이가 성장해서 대학생, 사회인이 되어도 아이의 모든 일에 간섭하는 엄마를 말한다. 헬리콥터맘이라고 하면 일부 사람들의 이야기구나 생각할 수 있지만 사실 주변을 돌아보면 생각보다 어렵지 않게 볼 수 있다.

아이가 어릴 적부터 주체적으로 생각하고 행동하는 연습을 하도록 돕기보다는 어리다는 생각에 일단은 나서서 도와주고 먼저 해결해주다보면 어느 새 아이는 자립심을 잃게 되고 온전한 성인으로 성장하지 못한다.

종종 듣게되는 결정 장애라는 단어가 이런 현상과 연결된다고 단정 지어 말할 수는 없지만 어느 정도 반영은 하는 것 같다. 소소하게는 자기가 먹을 음식부터 시작해서, 사용할 물건을 넘어서서 진로 문제, 대학의 학과 혹은 대학 문제, 직장 문제, 심지어 결혼 문제까지 스스로 판단에 의해 결정을 내리지 못하고 부모에게 혹은 타인에게 의지하는 경우가 점점 많아지고 있다. 자기 삶의 리더가 되지 못하는 것이다.

자기 삶의 리더가 되기 위한 조건

자기 삶의 리더가 되지 못하는 이유는 무엇일까. 자신이 어떤 사람인지 모르기 때문은 아닐까. 자기가 어떤 사람인지를 안다는 것은 어떤 성향의 사람인지, 어떤 것을 좋아하는지, 잘하는 것, 좋아하는 것은 무엇인지, 언제 어떤 일을 할 때에 행복한지를 안다는 것이다. 그리고 자신을 알기 위해서는 끊임없이 자신과 만나고 자신에 대해 탐구해야 한다.

자신에 대한 탐구는 더불어 사는 삶을 통해 타인과의 관계 속에서 이루어지기도 하고, 여러 경험 속에서 이루어지기도 한다. 다양한 경험을 하다보면 자신이 잘하는 것과 못하는 것 좋아하는 것과 싫어하는 것을 알게 되고 더 나아가 그야말로 자신이 어떤 사람인지 알게 된다.

또 한 가지는 책읽기이다. 책읽기는 끊임없는 자신과의 만남이다. 남이 쓴 글이지만 그 속에서 자신을 만난다. 다양한 책 밖의 산 경험 속에서 일차적으로 자신을 알아갔다면 책읽기는 그것을 확인하고 확신을 얻는 과정이다. 이 과정의 반복을 통해 아이는 자기 삶의 리더가 될 수 있다.

자기 삶의 리더가 되어야 하는 이유

:

자기 삶의 리더가 되는 아이는 남에게 묻지 않는다. 조언을 구할지언정 타인의 선택에 의지하지는 않는다. 자신에 대해 잘 아니 자신이 원하는 바대로 삶을 이끌어간다.

살다보면 생각한 것과는 다른 결과가 나타나기도 하고 나의 선택이 잘못되었을 때에 책임을 져야 순간도 온다. 선택하지 않은 것에 대해 포기도 해야 한다. 자기 삶의 리더가 되어 스스로 선택한 아이는 그것에 대한 책임도 질 줄 안다. 생각해 보라. 부모나 타인의 선택에 의지하는 아이는 그 선택의 결과가 좋지 않은 경우 누구를 원망하겠는가.

자기 삶의 리더가 되어야 하는 가장 중요한 이유는 자기 삶의 리더가 되는 이들만이 바른 리더를 세울 수 있기 때문이다. 자신에 대해 생각할 줄 안다는 것은 자신을 둘러싼 것들, 자신이 원하는 세상에 대한 생각도 있다는 것이다. 자신이 원하는 세상을 안다면 그 세상을 이끌어 줄 바른 리더를 세울 수 있다.

하지만 자신에 대해 잘 모르는 이들은 자신의 욕구를 모르니 그저 좋은 세상을 만들겠다는 관념적 말만 늘어놓는 우매하고 사악한 리더에게 지배당한다. 아무리 1등을 하고, 좋은 직장을 다닌다고 해도 우매하고 사악한 리더가 이끄는 삶 속에서만 존재하는 것이라면 그것이 다 무슨 소용이 있겠는가.

리더를 세우기 위한 엄마의 역할

:

엄마는 습관적으로 어느 학교에 보내야 하나, 학원은 언제 어디를 보내야 하나, 어떤 전공이 우리 아이에게 맞을까, 어떤 직업이 어울릴까를 끊임없이 생각한다. 하지만 더 중요한 것은 아이가 서 있는 자리가 어디든 지간에, 자신의 위치에서 만나는 수많은 상황과 문제들을 어떻게 받아들이고 어떻게 해결하며 사느냐가 아닐까. 그 순간의 결정들이 행복한 삶을 만들어 가는데 중요한 요소가 되니까 말이다.

태어나자마자 문화센터부터 시작해서, 이른 문자 교육을 포함한 온갖 교육 상품, 학원에 휘감겨 사는 아이, 길들여져 산 아이는 스스로 생각할 수 없고 스스로 선택할 수 없고, 자신이 삶을 스스로 가꾸어나가지 못한다. 그리고 늘 무언가를 했지만 진짜 무언가를 해야 하는 순간에는 어쩔 줄 몰라 하며 힘없이 무너져 버린다.

"엄마, 아빠가 다 알아서 할 테니 너는 걱정 말고 공부만 해."라는 말을 하는 부모가 많다. 아직 어린 아이들에게 삶의 무게를 주고 싶지 않은 것이다.

하지만 정말 아무 걱정 없이, 아무 생각 없이 공부만 한 아이는 위험하다. 자신도 모르는 사이 어떤 거대한 권력의 담론에 휩쓸려 살게 될 것이며 그 삶의 끝에는 허무함과 후회만 남을 것이다.

생각할 줄 아는 아이, 자신의 삶의 리더가 되는 아이, 바른 리더를 세워 건강한 사회 속에서 자신의 꿈과 희망을 더욱 마음껏 펼칠 줄 아는 아이가 되어야 한다. 정답은 주도적 책읽기에 있다. 책읽기를 통해 주관을 가진 아이, 끌려 다니지 않고 삶의 리더가 되는 아이로 키우자.

📚 자기 삶의 리더가 되는 아이로 키우는 책 (고학년~중등)

『수일이와 수일이』 김우경, 권사우 글 | 우리교육

『영모가 사라졌다』 공지희 글 | 비룡소

『나는 나』 배봉기 글 | 한겨레아이들

『꽃들에게 희망을』 트리나 폴러스 글 | 시공주니어

『마당을 나온 암탉』 황선미 글 | 사계절

책읽기로 삶을
만드는 아이

부모 뜻대로 자라는 아이가 만드는 무서운 미래

아이가 뜻대로 되지 않아 힘들다는 엄마의 이야기를 종종 듣는다. 내 자식인데 왜 이리 뜻대로 안 되는 걸까 답답할 만도 하다. 자식이 부모 뜻대로 되지 않는 것은 사실이지만 부모 뜻대로 되는 것도 위험한 일이다. 생각해 보라. 부모가 생각하는 아이의 이상향이 모두 바람직한 것일까? 그대로 되었을 때에 아이는 과연 행복할까?

『생명이 들려준 이야기』(위기철 지음, 사계절)라는 책이 있다. 아이언하트라는 미국의 발명가가 모든 생명체를 속성 재배하는 기계를 만든다. 일을 할 사람

이 필요한 미국은 부모들에게 아이를 원하는 훌륭한 어른으로 만들어주겠다고 한다. 부모들은 너도 나도 몰려들어 자신들이 원하는 직업의 어른으로 되게 해달라고 한다. 의사, 기업가, 대학 교수 등이 된 아이들은 초반에는 일을 잘 하는 것 같다가 이내 끔찍한 현실을 만든다. 천천히 자라면서 삶의 소중함을 맛보지 못했기 때문에 남의 삶을 짓밟는 일을 서슴없이 한다. 정치가는 전쟁을 일으켜 수많은 이들을 죽이고, 과학자는 사람을 죽이는 무기도 아무렇지 않게 개발하고, 법률가는 이런 나쁜 일도 정당화시켜 주는 등의 비양심적이고 잔인한 일을 아무렇지 않게 한다.

이 책은 1991년에 쓰여졌지만 지금의 사회 모습과도 비슷하다. 아이들이 기계 속에 들어가 부모가 원하는 직업을 가진 어른으로 속성 재배되지는 않지만, 학원 지옥이라는 기계 속에 들어가 살면서 은연 중에 부모가 원하는 방향으로 자라고 있는 경우가 많다. '네가 원하는 것을 해.'라고 말하는 부모도 많지만 그 '원하는 것'도 결국 부모가 허용하는 범위 내에서만 가능하다.

그 결과는 어떠한가. 고학력에 학벌도 좋은 이가 수두룩하지만 이 세상은 돈과 권력 밖에 모르는 이들이 주축이 되어 세상을 제멋대로 뒤흔들고 그 권력 아래에서 나도 잘 살아보겠다고 양심을 버리고 아부 떠는 이들 천지이다. 정치인, 법률가, 사업가 할 것 없이 서로가 서로를 등에 업고 자기들만 잘 살겠다고 약자를 짓밟고 농락하는 것을 일상으로 하면서도 눈 하나 꿈쩍하지 않는다.

비단 이들 뿐일까. 돈 앞에서는 패륜을 저지르는 일도 심심찮게 일어나고 있으며 그런 극단적 경우까지는 아니더라도 남을 귀히 여길 줄 모르고 자신 밖에 모르는 이기적인 이들도 많다. 내 눈 앞의 이득을 위해서 타인에게 피해를 주는 것쯤은 아무렇지 않게 여기는 어른으로 키운 이들은 과연 누구인가.

은연중에 부모가 원하는 아이로 키워지는 아이들에게 진정한 미래란 없다. 자신의 미래는 자신이 만들어가야 한다. 부모 뜻이 아니라 자신의 뜻대로 살아야 한다. 자신의 주관으로 삶을 만들어갔을 때에 그 삶에서 일어나는 수많은 문제와 이변에 대해 기꺼이 받아들이고 대응할 수 있는 회복력 강한 사회인이 될 것이다.

주관은 사전적 의미로 '자신만의 견해나 관점'을 말한다. 자신의 생각, 옳다고 생각하는 바, 세상을 보는 시선 등이다. 태어나면서부터 갖추어서 태어나는 것은 아니지만 많은 부분은 부모의 영향을 받고 또 많은 부분은 삶의 경험과 책읽기를 통해 갖추게 된다. 그것들이 모여 아이의 미래가 된다.

책읽기로 가꾸어 가는 미래

책읽기가 어떻게 아이의 미래를 만드는지 구체적으로 설명해 보려고 한다. 유아기의 아이들에게 가장 좋은 책은 옛이야기이다. 옛이야기는 삶의 가치와 지혜를 알게 한다. 옛이야기를 읽다보면 주인공이 고난을 헤쳐 가는 모습을 보면서 용기와 희망을 얻는다. 효와 우애, 우정 등 우리 삶의 중요한 가치를 자연스럽게 배우게 된다. 근면하고 성실한 삶 끝에 희망과 행복이 온다는 사실은 아이들에게 미래에 대한 두려움보다 용기를 가지게 한다.

초등학생이 되면 생활 동화를 읽으면서 나와 친구를 이해한다. 내가 겪는 아픔은 친구도 느낄 수 있다는 것을 알고 친구 마음을 이해할 줄 안다. 더불어 다양한 친구들과 만나면서 겪는 크고 작은 문제들을 해결하는 것도 생활 동화를 읽으면서 터득한 지혜를 적용하여 스스로 풀어나간다. 친구 관계 속에서 상처도 받겠지만 상처 속의 깨달음이 더 크다는 사실도 안다.

인물 이야기는 자신의 가치관대로 살아가는 인물의 행동을 통해 내가 소중하게 여기며 살아가야 할 가치에 대해 생각하게 한다. 인물의 실패와 성공을 보며 실패 또한 삶의 중요한 요소임을 알고 실패를 두려워하지 않으며 도전하는 삶을 살게 한다. 내가 사는 시대 속에서 어떤 가치를 추구하며 살 것인지 고민하는 아이가 되게 한다.

성장 동화는 살면서 만나는 수많은 좌절의 순간에 일어서는 힘을 준다. 아픔의 과정이 있어야 진정한 어른이 될 수 있음을 알고 자신이 처한 수많은 상황과 고민을 해결할 힘을 얻게 한다.

정치, 경제, 법 관련 도서들은 우리 삶의 기본과 근본을 알게 하고 이치에 밝은 아이로 자라게 한다. 역사책은 내가 사는 지금 이 시대 모습의 뿌리를 찾아가게 하고 더 나은 세상을 만들기 위해서는 나 자신이 바로 서야함을 알고 바른 사고와 역사관을 가진 아이로 자라게 한다.

'나는 읽는 대로 만들어진다'라는 제목의 책이 있다. 아이들도 읽은 대로 만들어진다. 자라면서 꾸준히 읽어온 책들이 아이의 내면에 자리하여 아이만의 견해와 생각, 세상을 보는 시선, 옳고 그름에 대한 판단을 할 줄 아는 아이로 자라게 한다. 그 과정에서 아이는 서서히 자신만의 가치관을 만들어간다. 그리고 자신의 뜻대로 살아간다.

그 과정은 지난하지만 소중하다. 스스로 읽고 살고 깨닫는 과정 속에서 만든 미래, 내가 만든 미래라면 어떤 삶이든 소중히 여길 것이고 의미 있는 삶이 될 것이다.

제 2의 부모, 책

:

부모는 삶으로만 가르칠 수 있다는 말이 있다. 하지만 모든 부모가 완벽할 수는 없다. 부모가 나빠서가 아니라 인간 자체가 완벽하지 않은 존재이기 때문이다. 아이가 태어나면 부끄럽지 않은 부모가 되어야겠다고 굳게 다짐하지만 말처럼 쉽지 않다. 아이를 키우며 당장 눈앞의 문제들을 해결하며 살다보면 본의 아니게 실수도 하게 되고 모범적이지 못한 모습을 보이기도 한다.

삶으로 다 보일 수 없다면 결국 책이 제 2의 부모가 되게 해야 한다. 맞벌이라 아이 곁에 많이 있어주지 못한다면 책을 친구 삼도록 해 주어야 한다. 부모가 다소 부족하더라도, 실수를 많이 했더라도 걱정할 것 없다. 책을 읽으며 바르게 자란 아이는 부모의 어떤 모습이든 포용할 수 있는 어른보다 더 큰 힘을 가지고 있다.

어느 방송에선가 아이들 심리치료하시는 분의 이야기를 듣고 마음이 아팠던 기억이 난다. 공부와 성적에 시달린 아이들이 마음의 병이 깊어 병원에 찾아오면 엄마들은 참회의 눈물을 흘리고 아이를 닦달하고 공부 속으로만 밀어넣었음을 후회한단다. 하지만 상담 치료이든 무엇이든 일단 아이가 빨리 낫기를 바라는 이유는 다시 예전처럼 마음 건강한 아이가 되어 결국 공부 잘하기를 바라서라는 것이다. 마음이 아파 치료받는 동안 놓치고 있을 공부 진도가 염려되는 것이다. 물론 기본 학교까지는 마쳐야 사회에서 제대로 구실을 하지 않을까 하는 부모의 마음도 이해 못하는 바는 아니다. 하지만 아무리 다 갖추었어도 마음이 아프면 다 소용없다. 인간이 인간으로 태어나 살면서 삶의 가치를 느끼며 행복하게 사는 것보다 더 중요한 일이 무엇이 있을까.

이 세상에는 수많은 직업이 있다. 부모가 아는 직업은 아주 일부에 불과하다. 특히 많은 부모가 원하는 흔히 사회적으로 인정받는 몇몇 가지 직업들은 더 이상 유망 직종도 아닐뿐더러 오히려 사라질 수도 있다. 미래 사회에는 살면서 최소 10번은 직업을 바꾸어야 한다고 미래학자들은 말한다. 심지어 시대에 맞는 새로운 직업을 창조도 할 수 있는 시대이다. 이런 미래를 살아갈 우리 아이들에게 필요한 것은 날마다 학원 지옥 속에서 문제 풀이만 해대며 생각할 줄 모르는 아이로 크는 일이 아니다.

좋은 대학 나와 좋은 직장에 가기를 바라는 모든 부모의 마음은 하나이겠지만, '막연히' 잘 사는 미래를 위해 지금의 행복을 저당 잡는 우를 범하지는 말아야 할 것이다. 『생명이 들려준 이야기』의 한 구절을 빌어 말하고자 한다.

'아이들은 어른이 되기 위해 태어나지 않았다.
그저 자라서 어른이 될 뿐이다. 천천히 자라면서 아름다운 삶을 맛본 아이만이 행복한 어른이 될 수 있다.'

그러기 위해서는 천천히 사는 삶 속에 책도 더해져야 한다. 그리고 역시,

부모가 먼저 읽어야 한다. 그리고 아이의 책읽기, 부모의 책읽기 모두 '진짜' 책읽기여야 한다.

📖 책읽기로 먼저 삶을 만들어가고 싶은 엄마를 위한 추천도서

『나는 읽는 대로 만들어진다』 이희석 글 | 고즈윈

책, 그대는 사원의 황금 그릇이요,
언제까지 손에 들고 있어야 할 타오르는 등불이다.
- R.D.베리 -

부록

독서교육, 부모님들이 많이 하는 질문들
독서기록장 (저학년용)
독서기록장 (고학년용)

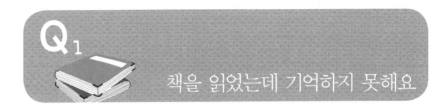

● 독서교육, 부모님들이 많이 하는 질문들 ●

Q1

책을 읽었는데 기억하지 못해요

지식정보책은 한 번 읽고 기억할 수 없다.

　지식정보책이라면 기억하지 못하는 것이 당연하다. 이는 앞서 4장의 '3. 지식정보책 읽기에 대한 오해 풀기'에서 자세히 설명하였기에 생략한다.

능동적으로 읽은 것인지 살펴보자.

　책읽기에서 가장 중요한 것은 능동성이다. 자신이 원해서 읽은 경우에는 상당히 주도적으로 읽기 때문에 비교적 기억을 잘 할 것이다. 하지만 숙제, 혹은 강요로 읽게 된 책읽기, 또는 어떠한 보상 때문에 권수만 채우려고 읽는 것은 대충 읽을 수밖에 없기 때문에 기억을 잘 하지 못할 것이다. 이런 경우에는 아이가 자발적으로 읽도록 책읽기를 우선 '즐겁다고' 느끼게 하는 노력이 필요하다.

읽기 목적이 없다면 읽어도 날아간다.

　읽기 목적도 중요하다. 수업 중 나는 종종 읽기 목적을 제시해 준다. 예컨대, '주인공이 왜 그 곳에 갈 수 밖에 없었는지 생각하며 읽어보렴.' 또는 '동물들의 모습이 왜 다른지 발표할 테니 그 점을 염두하고 읽어보자.' 등이다. 목적을 제시해 주면 아이들의 책 흡수력은 몰라보게 달라진다. 바꾸어 말하면 목적 없는 읽기는 그저 글자만 읽는 행위이므로 기억하지 못할 수밖에 없다. 이 또한 자발적 책읽기가 아닌 경우에 그렇기 때문에 책을 함께 읽으며 적절한 목적을 제시해 주거나 그 목적을 달성해야 하는 동기부여를 해 주어야 할 것이다.

표현하기 어려운 저학년이라면 기억해도 말하기 어렵다

저학년은 아직 문장 구사력이나 어휘가 부족하다. 그래서 읽고 기억하고 있다고 해도 말로 표현하기를 어려워하는 경우가 많다. 머릿속에는 있는 것 같아도 입 안에서만 맴돌 뿐 좀처럼 입 밖으로 나오지 않는다. 표현했다고 해도 어휘를 잘못 사용하거나 적절한 어휘, 문장을 만들지 못해서 어른이 듣기에는 엉뚱한 이야기를 하는 것처럼 보이기도 하니 그 점을 고려해야 한다. 그럴 때는 아이가 책 내용을 잘 이야기하도록 중간 중간 문장을 이어주거나 적절한 어휘를 제시해 주어야 한다.

기억하는 것보다 중요한 것은 아이의 성장과 행복

아이가 책을 읽고 나서 엄마가 가장 쉽게 할 수 있는 질문은 내용 이해 질문이다. 그렇다보니 엄마도 모르는 사이에 누가 나왔는지, 무엇을 했는지 묻게 된다. 하지만 책읽기에서는 그보다 더 중요한 것들이 많다. 아이가 얼마나 성장했는지, 책을 통해 행복함을 누리는지 등이다. 내용은 기억해도 성장과 행복이 없는 책읽기는 의미가 없다. 따라서 읽고 기억하고 있는지에 초점을 맞추기보다는 내적인 행복과 성장을 살펴보기를 권한다.

또한 아무리 흥미롭게 읽어 강하게 각인되어 있다고 해도 시간이 흐르면 점점 잊히게 되어 있다. 나 역시 감명 깊게 읽은 소설도 지금 생각하면 주인공 이름이나 몇몇 사건들은 희미하다. 하지만 그 책을 읽고 남은 것이 없다고 할 수는 없다. 그 당시에 책을 통해 얻은 감명과 행복은 여전히 나에게 위안이 되고 나를 성장하게 한다. 책은 기억하기 위해서가 아니라 행복과 성장을 위해 읽는다는 사실을 알고 적절한 독서지도를 했으면 한다.

Q₂ 책을 안 읽는데 논술학원에 보내면 어떨까요?

많은 학부모님들이 논술 때문에 고민을 한다. '논술'이라는 말만 듣고 초등학생이 무슨 논술이냐는 말이라도 들으면 조급한 건가 싶다가도 주변에서 1학년부터 보낸다고 하면 또 불안함이 올라온다. 영어, 수학 보내기도 힘든데 논술까지 하려니 경제적 부담도 무시할 수는 없다. 게다가 아이가 책을 점점 멀리하는 모습을 보면 갈등은 더 심화된다.

실제 나에게 수업을 요청하는 학부모님들 중 상당수는 '아이가 책을 읽지 않는다'는 고민을 말씀하신다. 논술 학원에 다니면 조금이라도 더 읽지 않을까 기대하시는 것이다. 그럴 때마다 내가 드리는 말씀은 같다. '가정에서도 독서교육을 해 주셔야 논술 학원을 보내시는 의미가 있습니다.'라는 말이다. 이에 대해 더 설명해 보려고 한다.

초등논술은 책읽기 교육

우선 초등논술에 대한 많은 오해부터 풀어야 할 것 같다. 초등학생은 아직 논술이 이르다는 생각은 '논술'이라는 용어에 대한 오해에서 비롯된다. '논술'하면 대체로 입시논술을 떠올리기가 쉽고 초등부터 한다고 생각하니 '무슨 벌써 논술을'이라는 생각을 하게 되는 것도 무리는 아니다. 하지만 초등논술은 본질적으로 입시논술과는 다르다. 편의상 '논술'이라고 부를 뿐 독서교육, 독서지도에 가깝다. 아이들의 발달단계와 학년에 맞추어 책을 잘 읽는 법을 배우는 것이다. 더 나아가 고학년이 되면 토론과 글쓰기로 자신의 생각을 다져가며 사고하는 힘이 커지도록 돕는다. 굳이 '논술'이라 불러야 한다면 토론과 논리적 글쓰기의 기초가 가능한 5, 6학년 정도에만 써야 할 것이다.

책을 잘 읽는 법도 배워야 하는지에 대해서는 따로 설명하지 않겠다. 이 책의 이 부분까지 읽은 분이라면 초등 책읽기가 저절로 되는 것이 아니라는 것을 아셨으리라 믿기 때문이다. 그 어떤 과목보다 지난한 과정이며 꾸준히 해야 한다. 기초가 약하면 무너진다는 말이 가장 잘 적용되는 것이 독서라 생각한다.

그렇다면 책을 안 읽는 아이는 논술 학원에 보내면 되겠다고 생각하기 쉽다. 하지만 간과하면 안 되는 사실이 있다. 현재 우리나라 초등논술학원의 대부분의 형태는 각 학년별로 회사나 교사가 선정한 필독서를 함께 읽고 토의토론하고 생각을 글로 정리하는 형식이다. 4학년이라면 보통의 4학년 수준에 맞는 도서가 미리 선정이 된다. 아이들 개인별 독서력이 반영되기에는 모둠 수업이라는 한계와 운영 시스템의 전반적인 문제가 있다.

초등 책읽기는 자신의 독서력에 맞는 책을 고르는 일부터 시작해야 한다. 같은 학년이어도 독서력은 제각각이며 고학년으로 올라갈수록 편차가 심해진다는 사실을 꼭 인지해야한다. 독서력이 떨어지는 아이도 수업도서라는 이유로 4학년 도서로 정해진 책을 읽고 수업한다면 어려울 것이다. 그 과정이 반복되면 책은 정말 어렵고 지겨운 것이라는 생각에 오히려 더 멀어질 수 있다. '수준별'을 외치지만 수업의 효율성 면에서 모둠 수업을 추구하는 독서논술 수업의 특성상 실제는 그렇지 못한 경우가 많다. 학부모도 학원의 한계를 알고 인정해야 한다.

그렇다고 문제만 있는 것은 아니다. 아이들 각자 수준에 맞는 책읽기를 하는 형태의 학원도 등장했고, 개인별 독서능력에 맞게 책을 읽도록 다양한 방법을 취하는 곳들도 있다. 아이의 독서력 문제로 1:1 수업을 선택하는 학부모도 있다. 전반적인 시스템 문제라고 표현했으나 그 문제를 해결하기 위해 수많은 독서지도사가 현장에서 애쓰고 노력하고 있다. 나 역시 각 팀별로 수준에 맞는 도서를 선정하기 위해 늘 고심하며 수업 도서 외 다양한 도서 대출을 하여 개인별 수준에 맞는 책읽기를 하도록 돕고 있다.

독서교육의 기본은 가정에서

　그래도 결국 아이 독서교육의 가장 큰 책임은 가정에 있다. 가정에서 쌓아온 독서의 힘이 학원에서 발휘된다. 고학년 아이들과 수업해 보면 그동안 어떻게 독서를 해왔는지에 따라 수업 결과가 달라진다. 예를 들어 어떠한 주제로 토론을 한다고 하더라도 그 토론을 하기 위한 배경지식과 논리력, 사고력은 그동안의 책읽기를 통해 만들어졌어야 한다. 수업을 통해 더 성장하기도 하지만 어느 정도는 기반으로 갖추고 있는 것이 필요하다.

　그럼 결국 1학년부터 학원에 의지해야 하는지 궁금할 것이다. 또는 언제부터 학원의 도움을 받는지도 궁금할 것이다. 가정 독서지도가 잘 이루어지고 있다면 고학년에 보내도 효과를 얻을 수 있다. 하지만 가정 독서지도가 어렵다면 어려워지는 시기부터 도움을 받으면 된다. 쉽게 이야기하면 우리 아이가 책을 좋아하고 잘 읽는 아이이며 제 학년의 독서력도 잘 갖추고 있으면 고학년, 혹은 그 이후에 보내면 되는 것이고, 가정 독서지도가 잘 안 되면 더 일찍 도움을 받으면 된다. 즉, 초등논술학원을 언제부터 보낼지에 대한 답은 지금 가정에서 어떻게 독서교육을 하는지 돌아보면 될 문제이다. 더 중요한 것은 보내고 안 보내고의 문제가 아니라 '제대로 지도하는 곳'을 보내야 한다는 것이다.

　따라서 언제부터 논술 학원에 보내야 하는지, 책을 안 읽는데 보내면 효과가 있을지를 고민하기보다 지금 당장 내 아이 독서력을 파악하여 이제부터라도 책읽기 습관을 들려주는 것이 급선무이다. 그 누구도 할 수 없는 일, 엄마만이 할 수 있는 일이다. 학원에 보낸다고 하더라도 전적으로 의지하기보다 엄마표 독서교육의 극대화를 위한 것이라는 관점에서 접근한다면 가정과 학원의 시너지 효과가 클 것이다.
학원은 공부할 수 있는 수많은 방법 중의 한 가지이자 대안일 뿐 완전한 해결책일 수 없다. 학원 의존이 깊어지는 학부모님들을 보면 늘 염려가 된다. 아이를 학원에 맡기며 '다 알아서 해 주세요.'라고 말하는 건 위험하다. 무엇이든 가정에서 바로 선 다음에야 학원도 의미가 있지 않을까.

책을 읽고 줄거리를 말하지 못해요

줄거리를 말하도록 돕는 학년별 방법

초등생이 줄거리를 말하는 것은 기본적으로 어렵다. 머릿속에 엉켜 있는 내용을 적절한 어휘와 문장으로 구사하기 어렵기 때문이다. 게다가 1, 2학년은 특성상 주로 '생각나는 장면', '인상 깊은 장면', '슬프거나 기쁜 장면'을 먼저 말한다. 그럴 때 굳이 '이야기 처음부터 말해봐'라고 하지 말아야 한다. 아이의 책 감상을 방해하는 요구이기 때문이다. 따라서 1, 2학년은 기억나는 한 두 장면 말하기 정도가 좋다. 또는 이야기를 5~6장면으로 쪼개어 각 장면의 그림을 그려 보여주고 그림에 대한 이야기를 이어가도록 하면 줄거리 말하기가 가능하다. 또는 이야기의 장면이 담긴 그림 카드를 늘어놓고 순서에 따라 나열하도록 해 보자. 말로 표현하지는 못해도 이야기 흐름을 파악하고 있는지는 확인할 수 있다.

3, 4학년의 경우 어느 정도 말할 수는 있겠지만 이야기의 구조가 조금 복잡하거나 등

장인물과 사건이 많으면 끝까지 말하기 힘들 수도 있다. 그럴 때는 엄마와 번갈아가며 이야기하면 좋다. 엄마가 문장을 다 완성하지 않고 이야기를 멈추어 아이가 나머지 문장을 완성하도록 하면 힌트를 얻은 아이는 더 자신 있게 할 것이다. 또는 다음 이야기의 단서가 되는 정도만 살짝 말해주어도 좋다. 『짜장 짬뽕 탕수육』(김영주 글, 재미마주)의 경우를 예로 들어보겠다.

엄마 : 3학년인 종민이가 도시로 전학을 왔다. 종민이네 부모님은
아이 : 장미반점이라는 중국 음식점을 운영하신다.

엄마 : 어느 날 종민이가 놀림 받는 사건이 생기는데,

아이 : 아이들이 화장실에서 왕거지 놀이를 하다가 거지 자리에 서게 된 종민이를 놀린 것이다.

엄마 : 속상해하던 종민이는 곧 좋은 꾀를 냈다. 그것은 바로,

아이 : 짜장 짬뽕 탕수육 놀이였다. 화장실에서 종민이가 짜장 짬뽕 탕수육을 외치자 망설이던 아이들이 서로 웃으며 멋쩍어했다.

엄마 : 종민이를 놀리던 큰 덩치도 슬그머니 놀이에 참여하며 서로 친해졌다.

 엄마가 하는 이야기를 들으면 다음에 어떤 내용을 말해야 하는지 단서를 찾게 되니 비교적 쉽게 말할 수 있다. 그런 식으로 이어가다보면 어느새 끝까지 말하는 아이를 발견할 수 있다. 더 나아가 이 연습이 잘 되면 아이가 말하는 비중을 늘리면 된다. 처음 부분에는 엄마 도움을 받아서 이야기하다가도 어느 순간부터는 자기 혼자 해보겠다고 할 수도 있으니 여러 번 연습을 해야 할 것이다.

 5, 6학년 친구들이 읽는 책은 다양한 인물이 등장하여 사건이 펼쳐지며 구조도 다양해서 더욱 말하기 쉽지 않다. 따라서 책의 특성을 잘 이해하고 특성에 따라 말하도록 도우면 될 것이다.

가장 편리한 방법은 목차를 보고 각 목차에 해당하는 이야기를 하는 것이다. 이는 책 전체 줄거리를 말한다는 부담에서 벗어나 비교적 수월하게 할 수 있다. 이 또한 엄마가 목차 하나씩 번갈아가면서 하면 아이가 부담을 덜느낀다. 각 인물의 특성이 강한 작품은 인물들 소개를 하다보면 어느새 줄거리가 완성된다. 다음은 『트리갭의 샘물』(나탈리 배비트 글, 대교출판)의 각 등장인물 소개이다.

 위니 : 마시면 영원히 사는 샘물을 마신 터크 가족의 이야기를 우연히 듣는다. 터크 가족과 생활하며 가족들의 고통을 알게 되고 함께 샘물을 마시고 영원히 살자

는 터크씨의 둘째 아들 제시의 제안을 받아들이지 않고 세상을 떠난다.

터크 : 영원히 사는 건 길가의 돌멩이처럼 의미 없는 일이라며 괴로운 나날을 보낸다. 자신의 가족의 이야기를 알게 된 위니를 데려와 한동안 생활한 인물이기도 하다.

매 : 터크씨의 부인으로 어쩔 수 없이 마신 것, 닥치는 대로 받아들여야 한다는 생각으로 살아간다. 샘물의 비밀을 안 노란 옷의 남자가 샘물을 팔겠다고 하자 재앙을 막아야겠다는 생각에 휘두른 권총 때문에 노란 옷의 남자를 죽이고 만다.

마일드 : 터크씨의 첫째 아들로 아버지처럼 숨어 지내는 것은 옳지 못하니 어차피 사는 거 이왕이면 쓸모 일을 하고 살자는 입장이다.

제시 : 터크시의 둘째 아들로 인생을 즐기는 거라며 영원히 살게 된 삶을 기꺼이 받아들인다. 위니가 자신과 같은 열일곱이 되면 샘물을 마셔 같이 세상을 누비며 살자는 제안도 하지만 위니는 이를 받아들이지 않는다.

등장인물 소개만 해도 각 인물들의 관계와 이야기의 줄거리를 알 수 있다. 그 밖에도 장소의 변화에 따라 사건이 일어나는 작품은 각 장소에서 어떤 사건이 일어났는지 말하면 줄거리 연결이 될 것이다. 핵심 단어를 미리 주고 말하도록 하는 것도 좋은 방법이다. 예를 들어 위 『트리갭의 샘물』이라면 아래와 같은 핵심 단어를 미리 제시하는 것이다.

숲, 샘물, 영원한 삶, 터크씨, 매, 마일드, 제시, 영원한 삶을 대하는 태도, 노란 옷의 남자, 제시의 제안, 위니의 거절, 위니의 죽음

핵심어를 보면 머릿속에서 이야기가 다시 떠오르고 또렷해지기 때문에 줄거리 말하기가 수월해진다.

위의 몇 가지 방법은 줄거리를 말하기 위한 직접적 방법이다. 하지만 매번 확인을

반복하면 아이들은 책읽기를 국어 공부로 오해하고 싫어한다. 더 좋은 방법은 같이 책을 읽고 간접적으로 확인하는 것이다. 가령 위 『짜장 짬뽕 탕수육』의 경우 '네가 종민이라면 화장실에서 왕거지 놀이 상황에서 어떻게 했을 것 같아?'라고 질문하며 자연스럽게 책 대화를 나누는 것이다. 질문을 받으면 줄거리 이해가 잘 되지 않은 아이는 자연스럽게 다시 책을 본다. 알아야 대답할 수 있기 때문이다.

줄거리 말하기를 요구하는 건 책을 제대로 읽었는지 궁금한 엄마들이 많이 취하는 가장 쉬운 방법이다. 그렇다고 엄마가 독서지도 전문가처럼 늘 위와 같은 방법을 적용하는 것도 현실적으로는 쉽지 않다. 그럴 때는 같은 질문이라도 다르게 해 보자. 잘 읽었는지 궁금하다는 말투의 질문보다는 '엄마가 정말 궁금한데 어떤 내용인지 말해 주면 안 될까?' 혹은 '엄마가 앞부분 읽고 못 읽었는데 그 다음 내용이 궁금해. 이야기해 주면 정말 고마울 것 같아.' 등 말만 바꾸어도 아이들이 달라진다.

마지막으로 당부하고 싶은 말은 줄거리 파악이 책읽기의 전부가 아니라는 점이다. 아주 일부분일 뿐이다. 책을 읽고 줄거리를 술술 말한다고 해서 책을 잘 읽었다고 할 수만은 없다. 반대로 줄거리를 조금 놓치고 읽었다고 한들 아주 무의미한 책읽기라 할 수도 없다. 책읽기는 사고가 자라는 과정이다. 행간을 읽어내면서 저자의 의도를 파악하여 재해석하며 삶에 적용하여 삶을 풍요롭게 만드는 과정임을 기억하며 줄거리 말하기에만 너무 집중하지 않도록 하자.

Q₄

책을 정독하지 않아요

정독에 대한 오해가 참 많다. 책은 처음부터 낱말 뜻 하나하나 다 이해해가며 읽어야 제대로 읽는 것이라는 생각으로 인한 오해이다. 책읽기를 공부의 일환으로 생각하면서 더불어 갖게 되는 욕심이기도 하다. 하지만 모든 책을 정독할 수는 없고 정독할 필요도 없다. 책의 종류는 다양하고 종류에 따라 읽기법이 다르다. 읽기 목적에 따라서 다르기도 하고 아이만의 성향, 나름대로 터득한 읽기법도 있다.

다양한 책읽기법 인정하기

자신이 좋아하는 분야의 지식정보책만 반복해서 읽는 아이들의 경우 주로 발췌독을 한다. 발췌독은 말 그대로 필요한 부분만 발췌해서 읽는 것을 말한다. 과학 동화를 좋아하는 아이의 경우를 예를 들어 보자. 이 아이는 자연스럽게 여러 출판사의 과학 동화를 읽을 것이다. 그런데 자신이 원하는 과학 지식 습득이 목적이기 때문에 처음부터 정독하기보다는 궁금한 내용만 찾아 읽는다. 이미 아는 내용은 빠르게 읽거나 넘어가고 얻고 싶은 지식이 있는 부분만 읽는 것이 자신의 읽기 목적에 맞기 때문이다. 이런 아이에게 처음부터 정독하라고 하면 아이는 오히려 독서 흥미를 잃을 수 있다. 대충 읽는 것이 아니라 스스로 알아서 독서진화를 시키는 과정임을 이해해야 한다.

같은 분야 도서를 많이 읽은 아이의 경우 책을 빠르게 읽는 경향이 있다. 분야마다 책의 구성이나 서술상의 특징이 있는데 많이 읽으면 그 분야 책의 구성에 익숙해서 빨리 읽을 수 있는 것이다. 이야기책을 많이 읽는 아이는 이야기책 읽기 배경지식이 형성되어 있어 빨리 읽을 수 있고 지식정보책을 많이 읽은 아이 나름의 지식정보책 읽기 방법으로 빨리 읽는다. 엄마가 보기에는 대충 읽는 것처럼 보일 수 있으나 크게 염려할 일은 아니다.

때로는 통독이 필요할 때도 있다. 통독은 '처음부터 끝까지 내리 읽어 내려가는 것'이다. 낱말 하나하나의 의미까지 다 읽는 정독과는 다르다. 나는 지식정보책을 잘 안 읽었던 아이에게 처음 접하게 해 줄 때 통독을 권한다. 내용이 다 이해되지 않아도 일단 끝까지 한 번 읽게 하는 것이다. 한 번 읽으면 모든 내용을 이해할 수는 없어도 책에서 어떤 이야기를 하는지 대략 파악이 된다. 그렇게 책을 큰 시선으로 보며 다양한 책을 읽다보면 자연스럽게 거부감을 덜 갖는다. 통독한 도서에서 조금이라도 얻은 것은 다른 책 읽기의 배경지식이 되기 때문에 의미 없는 읽기 또한 아니다. 만약 지식정보책을 처음 읽는 아이에게 낱말 하나하나 다 이해하며 읽게 하는 정독을 권하면 아이는 다섯 페이지를 못 넘기고 지쳐 책은 어렵다고 인식할 것이다. 그리고 다시는 그 분야의 책읽기에 도전하지 않을 것이다. 이렇게 정독이 오히려 독이 되는 경우도 있다.

책을 무조건 정독을 해야 한다는 생각보다는 아이가 읽기 목적이나 자신의 독서 스타일에 맞게 읽어나가고 있는지를 살펴보는 것이 더 좋다. 만약 여러 상황상 정독을 해야 하는 경우인데도 정독하지 않는다면 아이가 자발적으로 읽는 것인지 살펴볼 필요가 있다. 읽고 싶어 읽는 것이 아니라 어떠한 의무감에 의해 읽는다면 재미가 없으니 정독하지 않는 것은 당연하다. 그럴 때는 정독을 하도록 하기보다는 아이가 원하는 책을 읽도록 하는 편이 좋다.

책을 좋아하는 아이는 자신에게 맞는 독서법을 터득해 나간다. 그 과정에서 스스로 독서실험도 해 볼 수 있다. 모든 책을 정독하게 하는 것은 그 기회를 빼앗는 것이다. 책읽기의 자유도 침해하는 것이다. 성인들도 모든 책을 정독하지는 않는다. 자신이 좋아서 읽는 책마저도 내용에 따라 빠르게 읽기와 정독을 반복하기도 한다. 다양한 독서법이 있음을 알고 정독만을 강요하지 않았으면 하는 바람이다.

Q5 성별에 따른 독서지도법을 알고 싶어요

『화성에서 온 남자와 금성에서 온 여자』라는 책제목처럼 여자와 남자의 거리는 화성, 금성만큼이나 멀고 또 다르다. 아이들도 성별에 따라 성향이 다르기 때문에 그에 맞는 독서지도를 해야 할 필요가 있다.

남아들의 독서지도법

우선 남아들은 긴 서술이나 설명을 싫어한다. 그래서 설명이 간략하거나 삽화가 많이 들어간 책을 주로 읽고 자연스럽게 만화책에 빠지기도 한다. 더불어 이야기책은 잘 읽지 않는다. 특히 3, 4학년 이상에서 많이 접하는 생활 동화를 읽고 시시하다는 표현을 하며 잘 읽지 않거나 판타지 동화에만 빠지기도 한다.

남아들이 이야기책을 싫어하는 이유 중 한 가지는 사건의 흐름이 밋밋하게 느껴지기 때문이다. 여아에 비해 공감 능력이 부족하다보니 등장인물들의 심리 파악이 어려운 점도 이야기책을 멀리하는 이유 중의 한가지이다. 특별한 사건이 나타나지 않는이상 웬만한 사건의 나열들이 지루하게만 느껴져서 사건이 어떻게 끝나는지 결과만 보려는 마음에 대충 읽기도 한다. 하지만 그럴수록 이야기책 읽기가 중요하다. 이야기책 읽기의 장점은 앞에서 이야기하였다. 더불어 또 한 가지는 이야기책 읽기로 길러진 힘으로 지식책도 읽을 수 있다는 점이다. 지식책을 읽기 위해서는 내가 아는 것과 모르는 것을 구분할 줄 아는 메타인지능력(metacognitive ability, 자기객관화)이 필요한데 이것이 이야기책 읽기로 길러진다. 실제로 이야기책 습관을 들려주지 않아 잘 읽던 지식정보책도 점점 멀리하는 경우가 많다.

남아들이 이야기책을 읽도록 돕기 위해서 가장 중요한 것은 책 대화를 나누며 책 속 이야기가 우리 일상 속에서도 일어날 법하다는 것을 알려주는 것이다. 『우리는 한 편이야』(정영애 글, 푸른책들)라는 도서를 읽고 수업한 적이
있다. 부모의 다툼이 이혼으로 이어질 것 같은 분위기 속에
서 두 남매가 서로 머리를 맞대어 여러 작전을 벌였고 즐거
운 에피소드들을 만들면서 부모님이 다시 화해한다는 이
야기이다. 이 이야기를 읽은 남아들은 크게 감흥을 느끼지
도 못했지만 무엇보다 부모가 다시 화해하게 된 심리적 변
화를 이해하기 힘들어했다. 아이들과 부모님의 다툼 이야
기를 나누면서 아이들은 책 속 등장인물들의 심리나 사건 전개를 이해할 수 있었다.

  이야기책 읽기 중에서도 생활 동화를 거부하는 아이는 남아가 주인공이거나 주로
남아들이 등장하는 이야기를 먼저 권하면 좋다. 『양파의 왕따 일기』처럼 여아들의
심리 묘사가 잘 드러난 이야기는 남아들의 공감을 끌기 어렵다. 남아들이 등장하는
이야기는 남아들이 그 나이쯤에 겪을 법한 심리적 고민이나 생활 이야기를 하기 때
문에 어느 정도 집중해서 읽을 수 있다. 2~3학년에게 적당한 『엄마 친구 아들』이나
남아들의 왕따 문제를 다룬 4학년 정도의 도서 『무서운 학교 무서운 아이들』이 있
다. 『내 짝꿍 최영대』도 남아들의 이야기로 2, 3학년이 읽기에 적당하다.

  반면 밋밋한 사건 때문에 이야기책이 지겨운 아이들은 판타지 요소가 들어간 작품
이나 모험을 다룬 이야기로 시작하면 좋다. 『수일이와 수일이』(김우경 글, 우리교육)는
4~5학년 정도가 읽으면 좋은 동화인데 자신과 똑같은 아
이가 생긴다는 설정이라 아이들의 흥미를 자극한다. 쥘 베
른의 명작인 『15소년 표류기』, 『80일 간의 세계 일주』 등도
남아의 모험심을 자극한다. 방정환의 『칠칠단의 비밀』은
긴장감이 있어 많은 아이들이 재미있게 읽는 4, 5학년 수준
의 동화이다. 고학년 수준의 『선생님이 사라지는 학교』라
는 책도 대체로 아이들이 좋아한다.

  만화책에 빠진 남아라면 일단은 흥미롭게 읽도록 두는 지혜도 필요하다. 만화책
도 '책'이고 만화책 읽기도 '읽기'이다. 지나치게 나쁜 내용의 만화만 아니라면 무엇

이든 일단 읽으면 그것이 곧 평생 독자가 되는 지름길이다. 다만 줄글 책은 만화책에서 얻을 수 없는 것들을 담고 있기 때문에 그 다음의 지혜 또한 필요하다. 먼저 아이가 보는 만화책의 종류나 소재를 유심히 살펴보자. 아이가 만약 '우주'에 관한 만화책을 보고 있다면 관련 줄글 도서를 접하게 해 주자. 인물 이야기를 만화로 읽는다면 해당 인물 도서를 살며시 쥐어주자. 아이가 읽는 만화의 주제와 비슷한 줄글 도서를 접하게 해주다보면 아이 스스로 느낀다. 만화에서 얻지 못한 것을 줄글 도서에서 얻을 수 있다는 사실을 말이다. 이 때 주의할 점은 너무 어려운 줄글 도서를 권하지 말아야 한다는 점이다.

근육량이 많아 기본적 움직임이 많은 남아들이 비교적 정적인 활동으로 느껴지는 책에 심취하기란 쉽지 않아 보인다. 하지만 그 활동성과 호기심을 책 안으로 끌어들인다면 책읽기를 정말 사랑하는 아이가 될 수 있다. 더불어 책읽기에 대해 배우고 함께 읽으며 이야기를 나눌 수 있는 남자 롤 모델이 필요하다. 가장 좋은 사람은 아빠이니 아빠 독서지도를 시작해 보자.

여아들의 독서지도법

여아는 대체로 남아와 반대이다. 이야기책에 빠지는 경우가 많다. 우리 삶 속에서 일어날 법한 일들이 펼쳐져 있는 이야기책을 읽으면서 울고 웃고 공감하며 성장한다. 이야기책을 많이 읽는 아이들 중에는 학년보다 훨씬 높은 수준의 책을 읽는 경우도 종종 있다. 실제로 나와 수업한 중학생 여아 중에서 성인 소설을 읽는 아이도 있었고 나 역시 초등 고학년과 중학생 때 어른들 소설을 읽었던 기억이 난다.

여아들이 지식정보책을 읽지 않는 이유 중 한 가지는 한마디로 말하면 자신의 관심사가 아니기 때문이다. 과학에 관심이 없는데 과학 동화를 읽을 리가 없고 환경에 관심이 없는데 읽을 리가 없다. 인물이나 역사 또한 여아들이 잘 읽지 않는 책이고 이는 '문제'가 아니라 일반적인 현상이다.

먼저 이야기책도 안 읽는 여아라면 이야기책 읽기로 시작해야 한다. 지식정보책은 그 다음의 이야기이다. 만약 이야기책을 잘 읽는다면 지식정보책은 아이가 읽고 있는 이야기책보다 수준이 한 두 단계 낮은 도서로 선정하되, 삽화나 그림이 많이 들어간 쉬운 책부터 읽히는 것이 좋다. 그 다음 아이의 관심사가 무엇인지 생각해 보고 그에 따른 지식정보책을 권해 보자.

내가 지도한 4학년 아이 중에서 동물에 관심이 많은 아이가 있었다. 반려 동물로 함께 하는 강아지도 있었고 길고양이 등에 대한 관심도 많은 아이였다. 이 아이에게 『토끼는 화장품을 미워해』(태미라 글, 스콜라)라는 환경 도서를 추천해 주었더니 푹 빠져 2번을 읽었다고 했다. 인간을 위해 희생당하는 동물들의 이야기가 마음을 자극한 것이다. 『왓? 동물』(조선학 글, 왓스쿨)은 동물에 관한 과학 동화인데 이 동화 역시 아이의 흥미를 끌기에 충분했다. 아이의 관심사를 관찰하여 그 관심사  와 연계된 다양한 지식정보책을 접하게 해 주면서 독서 분야가 확장될 수 있다. 물론 꾸준한 노력이 필요하다.

과학 동화의 경우에는 흥미를 끌 수 있는 실험이나 관찰을 함께 해 주면 좋다. 나 역시 저학년 과학 동화 수업 시에 다양한 실험으로 과학 도서에 대한 흥미도 주고 이해를 돕는다. 실험은 남아, 여아를 막론하고 모두 즐기고 좋아하기 때문에 좋은 책읽기 도우미가 된다.

인물 이야기에 흥미가 없는 여아라면 그 인물에 대한 정보를 먼저 다른 경로로 접하게 해 주자. 인물 동화 영상을 보여주는 것이 가장 손쉬운 방법이다. 유튜브(You-Tube.com)에서 검색하면 쉽게 찾아볼 수 있다. 직접 경험은 당연히 좋다. 서대문 형무소에 견학을 다녀온 아이에게 '유관순'관련 책을 권했더니 재미있게 읽었다며 더 알고 싶다고 한 적이 있다. 여성 인물들의 이야기 또한 여아들의 흥미를 끈다. 고학년에게 적당한 『나는 여성 독립운동가입니다』(김일옥 글, 상수리)나 『여자는 힘이 세다(한국편, 세계편)』(유영소 글, 교학사)도 좋을 것이다.

위에서 말한 직접 경험의 또 다른 좋은 예가 있다. 『임금님의 집 창덕궁』(최재숙 글, 웅진주니어)을 읽고 수업하며 학부모님들께 창덕궁에 다녀오실 것을 권했더니 실제 다

녀온 아이들이 꽤 있었다. 다소 어려운 궁궐 관련 도서였지만 경험을 통해 조금 더 잘 이해하게 되었을 것이다.

　역사는 여아들이 대체적으로 안 좋아하는 분야이다. 앞서 역사동화 접근법을 상세히 설명하였다. 통사 서술을 이해할 수 있는 5, 6학년이라고 해도 좋아하지 않는다면 굳이 통사책을 접하게 하지 않아도 된다. 역사의 부분부분 이야기를 알고 나면 궁금해서 스스로 찾아 읽을 수 있기 때문이다. 그럴 때 가장 좋은 접근법이 이야기책으로 나온 역사, 즉 역사 동화이다. 스토리텔링식의 역사나 동화 목록은 4장의 '초등 역사책 읽기 지도'에 소개하였으므로 생략한다.

남아와 여아로 구분하여 설명하였지만 모든 아이들이 성별 특성을 갖고 있지는 않다. 성별과 상관없이 이해하고 참고해도 좋을 것이다.

Q6 학년별 독서지도법을 알고 싶어요

　아이의 독서 역사를 쭉 함께 하다보면 연령과 상관없이 그에 맞는 독서를 하게 되어 있다. 하지만 다시 시작해 보려고 하거나 대체적인 기준이 필요할 때가 있기에 설명해 보려고 한다.

1학년

1학년은 그림책 읽기만으로도 충분하다. 그림책의 다양한 그림을 보면서 길러진 상상력이 추후 그림 없는 이야기책 읽기를 가능하게 한다. 이야기의 재미를 느끼고 참맛을 아는 것이 중요하기 때문에 아이가 고른 책 중심으로 즐겁게 읽어나가면 좋다. 더불어 삶의 지혜를 알게 하는 전래 동화도 계속 읽으면 좋다. 그림책을 넘어 그림이 조금 줄어든 책을 읽을 때에는 외국 창작도 좋지만 아름다운 우리 창작을 더 많이 읽으면 좋다. 외국 동화는 정서를 이해하기 어려운 측면도 있는 반면 우리 동화는 아름다운 우리말을 읽으며 어휘력 향상에도 도움이 되기 때문이다. 그림책이든 그림이 다소 적은 책이든 읽다보면 지식정보책도 자연스럽게 읽게 되기 때문에 일부러 지식정보책을 읽히려고 노력할 필요는 없다.

2학년

그림책은 여전히 읽어야 하며 더불어 글줄을 조금 늘리는 연습을 하면 좋다. 글줄을 늘릴 때에는 지금 읽는 책보다 조금 '더' 많은 책을 기준으로 삼으면 된다. 이야기책의 경우에는 50페이지 전후의 도서 정도면 적당하다. 1학년과 마찬가지로 이야기책 읽기에 힘쓰면 될 것이다. 2학년 후반으로 갈수록 조금씩 글줄을 늘리되, 글줄이 늘어난 도서는 반드시 엄마가 읽어주는 것으로 시작해야 한다. 글줄이 늘어난 도서를 끝까지 읽는 기쁨을 누리는 과정을 반복해야 두꺼운 책에도 부담을 갖지 않는다. 이야기책 중심으로 읽히되 아이의 관심사에 따라 과학이나 기타 지식책을 접하게 해주면 된다. 2학년까지는 듣기 능력을 키울 수 있도록 읽어주는 시간이 많아야 한다.

3학년

3학년은 타인에 대한 관심이 시작되면서 친구 관계에서 문제를 겪기도 하고 소소한 일상의 문제들을 겪는다. 생활 동화를 읽으면 자연스럽게 문제 해결력을 기를 수 있다. 더불어 본격적인 학습독서기로 지식정보책 읽기를 시도하면 좋다. 학교 교과와 연계된 도서로 흥미를 끌되 다소 글줄이 적거나 그림책 형식의 책이라도 괜찮다. 또는 삽화나 사진이 많이 들어가 쉽게 설명된 책이 좋다. 더불어 삼국사기나 삼국유사를 읽으면서 역사 이야기를 접하면 좋다. 역사지만 이야기 형식으로 부담 없이 읽을 수 있다. 지식정보책 비중은 30% 정도면 적당하나 책읽기를 즐기지 않는 아이라면 이야기책 비중을 더 높여야 한다. 여전히 읽어주면서 아이의 흥미를 유지시키는 것도 중요하다. 읽기 습관화가 정착되는 시기이므로 3학년까지는 독서습관과 읽기에 흥미가 사라지지 않도록 힘써야 할 것이다.

4학년

문학 읽기에 흥미가 붙은 아이들은 이 시기에 독서력이 많이 성장한다. 반면에 이때부터는 읽는 아이와 안 읽는 아이가 아니라 읽는 아이와 못 읽는 아이로 나뉜다. 읽기는 하지만 어떤 목적 때문에 억지로 읽는 아이들이 많아지며 이해력 편차도 커지기 시작한다. 제법 글줄이 많은 문학을 읽으면서 독해력 성장에 힘써야 한다. 여전히 삽화와 사진이 많은 지식정보책이 좋으나 조금씩 글이 많아지는 책도 읽을 수 있도록 도와야 한다. 인물 이야기 읽기를 시도하면 좋으나 인물에 큰 관심이 없다면 비룡소의 『새싹 인물전』처럼 2, 3학년 대상으로 나온 도서를 읽도록 해도 좋다. 교과와 연계된 경제 관련 도서도 읽을 수 있고 완역본이 아닌 조금 쉽게 나온 명작에도 관심을 보이므로 읽도록 도우면 좋다. 비문학은 3학년처럼 30~40% 정도면 충분하지만 문학에 심취해 있는 아이라면 비문학 비중이 더 적어도 상관없다. 늘 기억해야 할 것은 초등 시기의 문학 읽기가 지식정보책 읽기의 큰 힘이 된다는 점이다.

5학년

역사 동화를 읽으면서 이해할 수 있는 나이이다. 3, 4학년의 생활동화를 넘어서서 조금 더 심층적 주제가 담긴 책을 이해할 수 있다. 이때부터는 정말 읽지 못하는 아이가 급증하니 더 신경 써야 한다. 사회 문제에 관심을 갖기 시작하는 나이라서 사회 문제를 다룬 책들도 읽도록 도우면 좋다. 문학 중에서도 사회 문제나 친구와의 갈등, 가족 문제를 다룬 이야기를 읽으면서 자신만의 가치관을 만들어가는 시기이므로 지나치게 지식정보책에 치중하지 않도록 유의해야 한다. 문학을 꾸준히 읽어왔다면 독해력이 있어서 인물, 과학, 환경, 정치분야도 두루 읽을 수 있으나 아이의 관심사에 따라서 조금씩 서서히 접하게 해야 한다.

6학년

5학년도 그렇지만 이 시기의 아이들이 책을 읽지 못하는 이유는 단연 '시간 부족'이다. 그래서 5학년까지 잘 읽던 아이도 강제로 책과 멀어지는 경우가 상당히 많다. 나는 이를 '잠재적 읽기 부진아'라고 표현한다. 책읽기는 밥 먹듯이 꾸준히 해야 하는 일이다. 책을 잘 읽던 아이도 점점 멀어지면서 중학생이 되고 나면 쳐다도 안 보는 경우가 많다. 이 시기야말로 조금 더 심층적 읽기를 해야 한다. 모든 학년이 그러하지만 많이 읽기보다 적어도 잘 읽어야 하며, 독서토론을 통해 책을 다양한 각도로 보는 연습도 필요하다. 한국사를 잘 읽었다면 세계사 쉬운 책부터 접하게 해 주면 좋다. 명작 완역본 중에서 비교적 쉬운 책도 읽어낼 수 있다. 6학년 후반이 되면 중등 걱정에 무리하게 한국 단편문학을 읽히기도 하는데 아이의 독서력에 따라 조심히 해야 할 일이다.

위 기준은 차근차근 책읽기 지도가 잘 되고 있는 기준으로 쓴 것이다. 책을 읽지 않았다면 학년을 막론하고 아이 수준에 맞는 책읽기부터 재미있게 시도해야 한다. 책을 읽고 이해력과 사고력을 키워야 공부 그릇이 만들어진다. 그릇 없이 담기만 하는 아이들이 많다. 가장 중요한 것은 책읽기임을 잊지 말자.

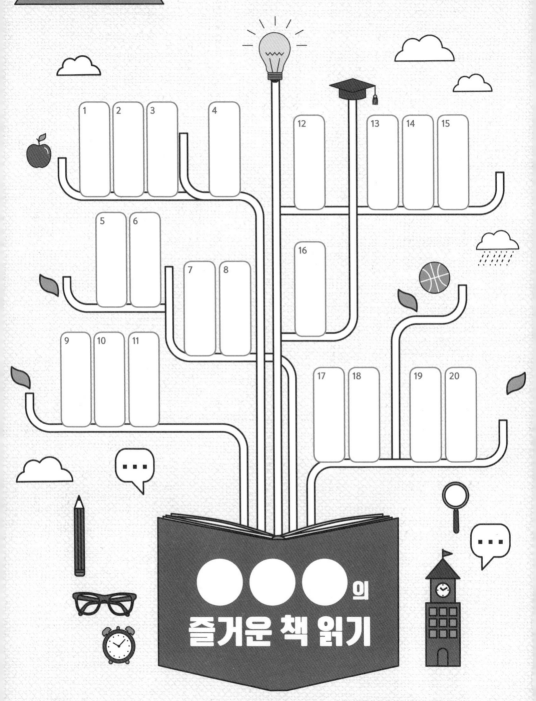

독서기록장 (저학년용)

★ 내가 읽은 책 제목을 쓰세요.

블로그 "오쌤의 독서교육이야기(http://blog.naver.com/few24)"에서 A4 크기의 원본을 내려 받을 수 있습니다.

★ 내가 읽은 책 제목을 쓰세요.

의 생각이 자라나는 책 읽기

1

2

3

4

5

6

7

8

9

10

11

12

13

삶의 영원한 친구, 책!

가난의 상징이었던 단칸방에 살던 한 아이가 있었다. 여느 때처럼 작은 방 한 켠에서 쓸쓸히 혼자 놀던 아이는 낡은 책상에 앉아 동화 『피노키오』를 읽다 잠이 들었다. 현실인 듯 자연스럽게 스며들어 간 꿈속에서 피노키오를 만난 아이는 고래 뱃속을 구경하며 피노키오와 신나게 놀기도 하고 제페토 할아버지와 이야기를 나누기도 했다. 오랜만의 따뜻함을 느낀 아이는 잠에서 깨어서도 아직 고래 뱃속인 듯 하여 한 동안 멍하니 있었으나 마음은 행복으로 충만했다.

피노키오와 만났다는 사실이 경이로웠고 함께 피노키오와 함께 말썽꾸러기 짓도 하는 것도 흥미로웠다. 고래 뱃속에 들어갔을 때는 무서웠지만 그조차 자신감 넘치고 신기한 경험이라 30년도 더 지난 지금까지도 그 순간의 느낌과 행복했던 기분을 잊지 못하고 있다. 살면서 힘든 순간마다 그 기분을 다시 느끼고 싶어 여러 차례 책 읽다 잠들어보기를 시도했으나 끝내 성공(?)하지 못하고 아쉬워했던 어린 아이. 책을 지독히 많이 읽는 책벌레는 아니었으나 삶의 힘든 순간마다 책과 마주하였다.

지치고 힘든 순간들, 책은 때로 움직일 수 있는 힘이 되어 주었다. 삶에서 필연적으로 마주할 수밖에 없는 고민의 순간들에 지침이 되어 주었다. 사람들 속에 얽혀 살면서 부딪치고 상처 받아 주저앉아 있을 때는 마음껏 울라고 도닥여주는 친구가 되어 주었다. 부모에게 물려받아 끝없이 이어진 가난 속에서도 인간다움을 잃지 않도록 일러주는 스승도 되었다. 그 가난을 극복하며 한 단계씩 도약할 수 있도록 도전도 되어주었다.

그 아이는 어른이 되어 아이들을 만나 책읽기의 힘을 전파하는 독서지도사가 되었다. 짐작했겠지만 아이는 바로 나다. 사람이 곧 한 권의 책인지라, 세상에 하나 뿐인 각각 다른 책인 아이들을 만나면서 나날이 더 성장해가는 축복을 누리는 행복한 선생님이다. 아이라는 한 권의 책을 만나 또 다른 책을 전하며 삶을 가꾸도록 돕는 일이 때로는 못 견디게 행복하다.

지금까지 그래왔듯이 앞으로 펼쳐지는 생(生)도 책과 함께 하려고 한다. 가진 것은 없지만 책이 있다는 생각이 나에게 희망이 되어준다. 어리석고 나약해서 흔들리고 쓰러질 때마다 나를 지탱하게 해 주는 책. 의지할 곳 없이 외롭게 살아온 나에게 책은 가장 든든한 친구일뿐더러 이미 모든 부를 얻은 느낌마저 갖게 해 준다.

많은 부모가 공부 때문에, 입시 때문에 아이에게 책을 읽으라 한다. 책을 읽어야 성공한다는 세속적 논리에 휘둘려 책과 관련된 상품을 끊임없이 소비한다. 아이를 중심에 둔 책읽기가 아니라 자본주의의 노예가 될 수밖에 없는 책읽기의 주도적 역할을 하며 아이를 더 아프게 한다.

고백하자면, 대한민국에서 비교적 존경받지 못하는 직업, 사교육을 하는 나도 결국 교육 '상품'을 판매하는 한 사람에 불과하다. 하지만 한 번도 내 직업을 후회해 본 일은 없다. 굶어죽지만 않으면 된다는 생각에 양심적 교육을 하기 위해 애써왔고 내가 만나는 상대가 순수한 아이들이라는 생각에 나부터 바른 사람이 되려 노력했기 때문이다. 세속적 수단으로의 책읽기가 아니라 삶의 행복 추구라는 책읽기의 본질을 이야기하기 위해 늘 애쓴 것도 독서지도라는 직업적 사명을 넘어서 인간적 사명이라 생각했기에 가능했다.

대한민국의 사교육자가 '성적'이 아닌 다른 논리를 내세워 학부모를 설득시키고 밥줄을 이어가는 것은 결코 쉬운 일이 아니다. 성적을 내세우지 않아도 굶어죽지 않는다는 사실을 증명하고 싶어 틈날 때마다 블로그에 책읽기의 진짜 목적을 강조하는 글을 쓰고 나 자신이 진짜 책읽기를 하려고 노력한 것도 내 직업에 대한 자부심을 높여주었다. 선생님으로서 덜 부끄러운 사람이 되고 싶어 늘 읽고 쓰는 삶을 위해 움직이려 노력한다.

그럼에도 불구하고 마음 깊은 속에는 직업적 원죄 의식이 자리하여 늘 나를 괴롭힌다. 자아를 실현하기 위해 직업을 갖는다는 고상한 이유를 내세우지만 어쩔 수 없이 생존의 본능에 의한 돈벌이이기도 함을 부정할 수 없기 때문이다. 그 원죄 의식에서 시작된 이 책이 단 한 가정이라도 책읽기의 세계로 이끈다면 더 이상 바랄 것이 없다.

1등만을 외치며 서로 밟고 올라서기를 바라는 사회 속에서 아이가 언제까지 경쟁하고 버틸 수 있을까. 누구나 1등이 될 수는 없는데 그 말도 안 되는 싸움 속으로 아이들을 밀어 넣는 이들은 누구일까. 학원만 돌고 돌며 공부에 지쳐 있다가, 그 삶 끝에 아무것도 없다는 것을 알았을 때의 아이의 좌절과 분노는 과연 누가 책임져 줄 수 있을까. 불행한 1등이 되게 할 것인지, 등수에 상관없는 행복한 아이가 되게 할 것인지는 지금 이 순간, 엄마의 선택에 달렸다.

얼마 후 다시 읽어보면 낯 뜨거울 졸작임을 알면서도 용기 있게 세상에 책을 내어놓는 이유는, 엄마부터 지금 이 순간 책 한 권 들기를 간절히 바라는 마음 때문이다.

독서논술교실을 운영하며 주로 엄마들과 소통하다보니 이 책에도 책 읽는 부모라 시작하고는 '엄마'를 주로 언급했다. 교육의 책임을 엄마에게만 전가한다는 느낌을 받으신 분들도 있을지 모르겠다. 내가 말하는 '엄마'에는 '아빠'는 물론 아이들을 둘러싼 이 시대 모든 '어른'이 포함된다는 다소 비논리적인 말로 사과를 구하고자 한다. 사실 책 읽는 아이를 위해 가장 애써야 하는 일은 이 일을 업(業)으로 삼고 있는 나 자신임을 잘 안다. 그 외 책 속의 특정 표현이나 언급, 사례에 행여라도 불쾌함을 느끼신 분들이 계시다면 미리 사과를 드린다. 어제 쓴 글이 내일 읽었을 때 부족하다는 것을 글을 쓰며 날마다 느낀다. 장미의 가시가 원치 않아도 남에게 상처를 낼 수 있는 것처럼 일방의 주장은 의도와 상관없이 타인에게 상처를 줄 수 있다는 사실에 늘 글쓰기가 조심스럽다. 그럼에도 불구하고 부족한 글을 끝까지 읽어주신 분들께 감사드린다. 다음 책에서는 조금 더 성숙한 사람, 성숙한 독서지도사, 성숙한 글쓰기인이 되어 있기를 소망하는 것으로 조금 홀가분해지련다.

우리 아이에게도 피노키오를!

어린 시절, 피노키오를 읽다 잠들어 피노키오를 만나고 제패토 할아버지를 만나 꿈속에서 겪었던 그 경이롭고 황홀했던 경험. 할머니가 되어서도 나는 내 안의 피노키오를 만나며 힘든 순간들을 이겨낼 것이다.

지금 이 순간, 우리 아이에게 필요한 것은 공부를 잘 하기 위한 무작정 다독이 아닌 그 어떤 삶에서도 희망을 가질 수 있는 단 한 권의 책은 아닐까. 엄마가 먼저 읽고 체험하지 않으면, 아이도 느낄 수 없다. 아이의 피노키오를 위해 엄마가 먼저 피노키오를 만나야 한다.

오늘 밤에는 엄마도 아이도 자신만의 피노키오를 만나기를 바란다. 부디.

도서출판 이비컴의 실용서 브랜드 **이비락**寒은 더불어 사는 삶에 긍정적인 변화를
가져다 줄 유익한 책을 만들기 위해 끊임없이 노력합니다.
원고 및 기획안 문의 : bookbee@naver.com